科特勒营销微语录

崔小西◎著

营销十宗罪+营销革命3.0

精华荟萃

一本能让你读懂科特勒的书

全球营销人员受益终身的常备锦囊

图书在版编目（CIP）数据

科特勒营销微语录 / 崔小西著. -- 上海: 立信会计出版社, 2015.1

（去梯言）

ISBN 978-7-5429-4393-4

Ⅰ. ①科… Ⅱ. ①崔… Ⅲ. ①市场营销学—通俗读物 Ⅳ. ①F713.50-49

中国版本图书馆CIP数据核字（2014）第263585号

策划编辑 蔡伟莉
责任编辑 蔡伟莉 彭钦
封面设计 久品轩

科特勒营销微语录

出版发行	立信会计出版社		
地　　址	上海市中山西路2230号	邮政编码	200235
电　　话	（021）64411389	传　　真	（021）64411325
网　　址	www.lixinaph.com	电子邮箱	lxaph@sh163.net
网上书店	www.shlx.net	电　　话	（021）64411071
经　　销	各地新华书店		

印　　刷	固安县保利达印务有限公司		
开　　本	720毫米×1000毫米	1/16	
印　　张	19.75	插　页	1
字　　数	250千字		
版　　次	2015年1月第1版		
印　　次	2015年1月第1次		
书　　号	ISBN 978-7-5429-4393-4/F		
定　　价	36.00元		

前　言

|PREFACE|

金融危机波及整个世界，中国也不能独善其身，现在股市低迷，经济疲软，物价上涨，房价上涨，虽然对于向来有良好储蓄习惯的中国百姓来说，这些还不会对自己的生活造成实质性的影响，但也要精打细算，越来越多的人开始关注理财，开始认识到理性消费的重要性。随着市场上各种各样产品数量和品种的不断增加，人们选择产品也越来越理性，越来越多的顾客会货比三家，通过不断地衡量，最终才决定购买。

随着网络技术的发展，人们更愿意在网上直接和厂家接触，购买自己喜欢的、更加实惠且好的产品。自中国加入WTO至今已超10年，国际跨国企业冲击中国市场，给本国企业带来了极大的竞争压力。

面对这些国际和中国市场环境的变化，以及顾客消费观念和消费需求的转变，企业正承受着日益激烈的竞争压力。如何才能在市场中站稳脚跟？怎样才能在日益激烈的市场上赢得自己一席之地？解决这些关于企业发展的问题成为企业领导者的当务之急。当然，还有很多企业，在发展中面临很多困惑，为什么自己的产品质量很好，就是销售不出去？为什么自己的营销团队工作积极性不高？该怎样解决销售中遇到的困难？也成了很多企业领导者需要急切解决的重要问题。这些困惑不仅在中国领导者中存在，世界各国的领导者在发展企业中也面临这样的困惑。而世界营销大师菲利普·科特勒帮助领导者解决了这些困惑。

这位营销大师认为，要想使企业能够在市场中站稳脚跟，需要有好的营销策略；要想使企业有更好的发展，就要找准自己的市场定位；要想提高营销团队工作的积极性，就要采取有效的激励措施，营销要围绕目标顾客来展开，营销要根据顾客的特点策划，等等。

科特勒多年来一直致力于营销战略与规划、营销组织、国际市场营销及社会营销的研究，同时，还开创性地提出了包括高科技市场营销，城市、地区及国家的竞争优势研究等在内的全新营销理念。他所创造的“反向营销”和“社会营销”等，已经被人们广泛应用。他的营销理论已经经过了实践的检验，并且帮助了很多企业走出销售困境。

他还见证了美国经济40年动荡起伏的历史，对于世界经济发展有着深刻的认识，他的理论影响了一代又一代美国企业家。特别是在美国超大型跨国企业的成长中，科特勒做出了巨大的贡献。

他的许多著作被译成几十种语言，传播于近60个国家，被世界营销人士视为营销宝典。他的《营销管理》是现代营销学的奠基之作，被誉为市场营销学的“圣经”，是全球最佳的50本商业书籍之一。

科特勒多次获得美国国家级奖项，包括“保尔·D·康弗斯奖”“斯图尔特·亨特森·布赖特奖”“营销卓越贡献奖”“查尔斯·库利奇奖”。他也是美国营销协会（AMA）第一届“营销教育者奖”的获得者。

他不仅非常熟悉美国经济的发展，也一直密切地关注着亚洲的经济发展和市场营销状况。他先后出版《营销管理（亚洲版）》《亚洲新定位》《科特勒看中国与亚洲》等著作，这些著作就是专门讨论亚洲市场和中国市场发展情况的。

所以说，他的营销理论足够解决中国领导者所面临的诸多问题，其中有很多关于企业营销方面的知识，会给他们带来启发和思考，对他们管理企业营销，提高企业销售力起到重要的启迪作用。

在这个商业化时代，人们的生活节奏越来越快，想要一本本拜读科特勒的著作，的确需要很长一段时间，为此，我们编写了这本《科特勒营销微语录》。书中集合了科特勒的《营销管理》《水平营销》等多本重要著作及其一些演讲的精华部分，集中撷取了科特勒所说的主要观点，摘取出来设为“科特勒微语录”内容。

同时，为了能够帮助广大领导者和营销人员更好地理解科特勒的思想，还特意在内容中设有“活学活用”内容，结合当今经济市场中各大企业的发展经验教训，共同探讨科特勒理论在实践中应用的问题，语言通俗，例子丰富、生动，理论性和实践性都很强，具有重要的参考价值，有着放之四海而皆准的指导意义。

希望广大领导者、营销人员及致力于在营销行业发展的读者能够仔细阅读此书，反复阅读，深入领会和体会科特勒每一句话中的真知灼见，不仅要读懂科特勒的思想，还要学会将科特勒的营销理论和方法应用到营销实践中去，真正做到学以致用。如此，广大读者必然能够在阅读中学习到更多的知识和一流的经营技巧。

目 录

|CONTENTS|

|营销计划篇| 谋定而后动才能决胜长远

第4章 了解自身和竞争对手，实现百战不殆

|细分市场篇| 占领并主宰更多市场

第5章 有效细分市场，提高占有率

第6章 从实际出发，理性选择目标市场

第7章 根据自身优势，找到合适市场定位

|产品开发篇| 营销不仅仅是卖产品

第8章 产品是含多个层次的整体概念

第9章 打造产品品牌，建立品牌认同

第10章 新产品开发与营销

|渠道整合篇| 从根本上解决渠道冲突

第14章 做好营销渠道的设计和选择

第15章 批发商、零售商、特殊渠道经营

第16章 物流渠道管理，控制流通环节

| 营销组合篇 | 充分激发顾客的购买欲望

营销计划篇　谋定而后动才能决胜长远

“谋定而后动”才能事半功倍，科特勒的营销学知识也启发企业首先要懂得制订营销计划，制订周密的营销计划不仅能让企业在实施的时候有目标可循，也能帮助企业检验计划的实施效果，总之，营销行动中要计划先行。

第1章　好的营销计划就等于成功了一半

营销是企业战略的核心

【科特勒微语录】

很多人认为，营销的主要任务就是为顾客和商家制造、推广、传递产品和服务。作为一名合格的营销人员应该善于为企业的产品刺激出需求。但是，如果这只是针对营销人员所从事的任务这样一点，则显得太局限了。

——科特勒《营销管理》

【活学活用】

所谓的营销就是指个人和集体通过创造，并同别人自由交换产品和价值，以满足自己的需求和欲望的一种社会活动和管理过程。它不同于销售，不仅仅是一种产品销售活动。销售的存在要远远早于市场营销，大概在人类有交换买卖后，销售就已经产生了，而营销则是在近代才产生的。随着人们之间交易的日益频繁和复杂化，并且随着竞争的日益激烈，企业需要对目标市场进行细分规划，并制订相应的销售策略，因此，市场营销部门就随之产生。营销是要先制订长远的销售战略规划，然后，再把实施过程分给各个销售部门去执行，发挥个人和集体的力量，共同实现上游营销到下游营销的最优承接，获得更高效的业绩。

在整个企业的运作过程中，不仅产品生产环节重要，营销环节也是重中之重。营销环节是实现将产品和顾客联系在一起的关键环节。这个环节做得好，产品才能更多地被卖出去，企业才能创造更多的收益，才能更好地生存、发展。这一环节是实现企业持续发展的基础。

美国威斯康星州Madison地区有一家Randall州立银行。这家银行并不大，所拥有的资源也很有限，但却试图以分行遍布各地和提供更多服务项目的方式，与大规模金融机构竞争。

于是，这家小规模银行掌握了人们对所处城市历史引以为豪的心情，与之建立了一种关系定位，1970年初期定位为“社会古迹的守护者”。该银行的标志也经过修改，以特别强调这种定位。该银行原来了无生气的墙壁，也装上当地巨幅的历史照片。配合这些改变，制作歌颂该城市历史的一系列电视广告，并阐述了“关心Madison，也关怀Randall州立银行”的主题，结果是几近魔术般地大获成功。

在新定位执行的第一年，原本年年衰退的存款，开始呈现大幅上升。值得一提的是，对于存款金额以及占有率的上升，银行并没有投入太多经费。

还有，关于美国可口可乐公司的雪碧营销事例。

你知道可口可乐公司生产的“雪碧”在美国叫什么吗？

“Sprite”的意思是鬼怪、幽灵、妖精、调皮捣蛋的人……是一个颇具叛逆色彩的另类名字。“Sprite”在美国十分畅销，然而来到中国却更名换姓了。这是因为可口可乐的经营者们深知中国传统文化，了解中国人对“鬼怪”和“妖精”的憎恶，想要开拓中国市场，就必须尊重中国顾客的心理。因此经过几个方案的比较，可口可乐公司慎重地决定将“Sprite”直译为“雪碧”。

这个命名可谓是煞费苦心，在保持原音的基础上又内涵十足。“雪碧”两字含有纯洁、清凉的意思。雪，让人联想到纷飞的白雪，顿生寒意；碧，清澈碧蓝，如一潭清澈的碧水，清凉冰甜。作为饮料名，“雪碧”令人在炎热夏季里一听名字就想大口畅饮，产生“挡不住的诱惑和冲动”。

这些都是营销，都是成功的营销方案，这些营销方案的成功，大大促进了产品的销售和推广；反之，如果营销失败，产品销售不出去，结果只能是库房的积压品越来越多，企业前进的步伐越来越沉重。

重视营销也体现了对市场的重视，企业只有关注市场，才能更清楚顾客的需求，在营销环节，才能有的放矢，更有效地满足顾客需求。

总之，市场营销计划与企业的战略规划是紧密相关的。企业的战略是对企业总体发展的谋划，在制定企业战略的同时，企业就要把市场营销放在重要位置考虑，用市场营销思维角度来制定企业的战略。

制订可行营销计划，势在必行

【科特勒微语录】

的确，制订计划并不是一件好玩的事情，并且它还要耗费大量的工作时间。但是，企业还必须制订计划。正确的计划会为各种各样的企业，不管其大小或新老，带来很多好处。

——科特勒《营销管理》

【活学活用】

营销计划是指通过对市场营销环境的考察分析，制订企业和各业务单位对营销目标以及实现这一目标所应采取的步骤、措施和策略的明确规定和详细说明。

企业做项目前，必须要做计划，没有计划，就等于没有前期准备，没有充分准备应对项目实施过程中遭到的各种可能的变故，那么，这样的项目，十有八九会流产。当然，有了计划，如果计划拟定得不清晰、不全面，没有考虑应对措施，那么，执行计划时，也会情况频出，或者艰难完成，或者中途失败。没有计划就成功的项目真是少之又少。但凡优秀的企业和团队，总是能清晰地制订好计划和坚定地执行，从而保证他们能用正确的方法做正确的事情。下面是麦当劳的营销计划书，我们可以看看它是怎样做计划书的。

第一，市场状况分析。

快餐食品市场的增长速度趋于缓慢，在传统的街区和郊区，市场已经接近饱和。目前，销售增长点主要集中在非传统销售网点，比如，火车站、商务办公楼以及机场等。

所销售的食品集中在汉堡、牛肉和薯条。但一些新开的专业化快餐食品销售网点，像帝·莱特斯则给成人提供了更多的食谱。帕史塔棒这些销售网点无形中又分食了麦当劳的市场，给麦当劳的发展造成了威胁，它们集中拓展单一快餐和成人市场，这一市场细分正是麦当劳缺少顾客忠诚的薄弱环节。

当然，也有好的事情，麦当劳已经成功地向市场投入了各种色拉和麦克德尔特三明治。儿童们对各类幸福快餐的需求还在持续增长。现在，麦当劳面临两大问题：①在巩固儿童市场的同时，麦当劳该怎样提高对成年人的吸引力；②当开发新的销售网点地盘变得越发困难的时候，该怎样继续保持良好的市场增长势头。

此外，麦当劳在广告宣传和促销方面的支出，远远高于竞争对手。比如，为了维持市场占有率，麦当劳每年要花费7亿美元，而柏格王只需花费2亿美元。

另外，竞争对手在扩张和赢利方面，很难保持赢利，这是对麦当劳比较有利的，但是，麦当劳虽然不至于亏本，在面临增加销售网点方面，也存在着重重困难，因为并不是每个销售网点的销量都好。

麦当劳已经成功地把业务扩展到国外，但是，在美国国内竞争日益激烈的情况下，海外的销售网点没有给企业带来多少利润，对麦当劳在美国国内保持增长势头毫无帮助。

第二，竞争对手分析。

肯德基炸鸡。该企业在增加销售网点的同时，还改进了食谱，把三明治加了进去，其“只有我们对鸡的烹调才是正确的”这句广告语非常有力量，有效地刺激了销售。照目前情况看，它的销售网点还会增加。

文帝。该企业的发展势头并不太好，特别是它中断了有效的“牛排在哪里”活动之后，其销量下降。

柏格。该企业最近遇到很多麻烦，广告宣传没有力量，也没有开发出新的产品。其唯一销量还不错的就是模仿麦当劳的幸福快餐，并增加它的早餐食品品种。

帝·莱特斯。该企业虽然还不足以和麦当劳竞争，但它所代表的一种思想，却影响到了麦当劳的发展。它用帕史塔棒加色拉食谱的办法吸引成年人，特别是它的午餐非常受顾客欢迎。同时，帝·莱特斯还向成年人提供了他们认为更为健康的快餐食谱。虽然，它在资金方面还存在问题，但它的很多销售点都很火爆。

第三，麦当劳面临的问题。

通过现场试验，可以发现顾客对麦当劳潜在的新快餐评价不同；未来能够满足麦当劳建立销售网点的地方并不多；帝·莱特斯在经营成年人快餐方面，潜力巨大，会吸引很多成年顾客；各竞争对手都已经相继推出自己的幸福快餐，文帝还配合土豆王玩具，使其幸福快餐销量迅速上升；顾客反映针对成年人市场而组织的两次游戏活动并不好玩，显得太复杂；麦当劳的食品质量和服务质量都在下降。

第四，麦当劳发展机会。

经过市场调查发现，麦当劳即将推出的自由挑选全营养小果子面包得到了顾客好评；麦当劳在非传统场所开设的销售网点经营很成功，另外，麦当劳的地区合作团体和当地特许经营组织的市场营销能力都是在同行业内实力最强的；麦当劳的各种色拉食品深受顾客喜欢。

第五，营销目标。

根据以上分析，麦当劳拟订营销目标如下：销售额110亿美元，毛利45亿美元，毛利率37%，净利12亿美元，市场占有率24%。

第六，实施方案。

为了能够实现这个目标，具体行动方案如下：通过开展营销活动，巩固儿童市场；集中针对成年人市场展开较大的促销活动，每三个月组织一次针对成年人的促销游戏；继续增加非传统销售点的数量。除以上活动外，还应该在新闻中宣传发表关于麦当劳食品营养性的文章；增加适合团体用餐的广告素材量；增加麦当劳主办的体育活动和有关活动的次数；提高罗纳德·麦克唐纳的曝光率。

第七，营销策略。

（1）广告宣传。

麦当劳继续坚持高投入，增加广告量，提高产品知名度。

针对儿童的宣传广告应该放在儿童电视节目中播出；针对成年人的广告应该在晚上或周末的电视节目中播出。

具体广告宣传按季度进行：第一季度，主要是针对成年人的游戏做促销广告。第二季度，主要是针对全体顾客宣传麦当劳各种全营养小果子面包。第三季度，主要是针对成年人的另一个游戏做促销广告。第四季度，主要是针对人们的怀旧心理，开展“麦当劳伴我成长”活动。

（2）促销活动。

在店内促销活动中，麦当劳将继续提供幸福快餐，并不断更新品种，同时降低儿童游乐场票价，鼓励更多销售网点销售游乐场票。

（3）公关活动。

开展各种竞赛活动，如篮球比赛，足球比赛等；增加罗纳德·麦克唐纳露面次数；发表介绍全营养小果子面包营养成分的文章，消除麦当劳不营养的误解；包装盒上注明产品的营养成分；对新品种的市场反应进行调研。

第八，营销计划的执行与控制。

这主要是指计划执行进度和执行计划的费用预算等控制项目。各个部门要提交执行计划书。

可见，一个好的营销计划书能够让员工清晰地了解企业在市场中所处的位置，企业所面临的外部机遇和挑战。同时这个营销计划书也能让员工明白未来自己该做什么，该怎样提高销售业绩，并具有可执行性。

当然，现在各个企业的营销计划书有很多不同，有的企业还在计划中写入了其他内容，那么，什么样的营销计划是比较严密的呢？科特勒认为，一份完整的营销计划书应该具备以下六个要素。

（1）情势分析。这也就是对内外环境的分析，立足市场环境写出的计划书才不是空想或妄想。

（2）制定目标。根据环境分析找到企业自身发展机会，制定明确的目标，目标一定要定量定性。这样能让员工未来的主攻方向更明确。

（3）市场战略。市场战略要对市场科学定位，做出合理的取舍，在各项运营活动中建立一种平衡。

（4）营销策略。这也就是目标达成的有效方式。很多企业有市场战略，却没有制定营销策略。这样会阻止计划的有效实施。

（5）资源保障。这也就是关于人、财、物方面的预算。领导者要注意把最有价值的资源用在最有意义的事情上。

（6）监控措施。定期进行评估，随时调整战略，或对计划进行适当修正。

正如艾森豪威尔将军曾经说的那样："在准备战役时，我总是发现计划是无用的，但计划的过程却是不可或缺的。"制订计划能够让企业的营销活动实施得更有效，当然，要记住营销活动也会随着内外环境的变化而变化的，所以，营销计划在实施过程中并非一成不变的，也需要适当调整。

部门战略规划和企业的规划应保持一致

【科特勒微语录】

一个企业的成功依赖于各个部门的顾客价值增加活动进行得如何，以及各个部门为顾客服务得如何。

——科特勒《市场营销教程》

【活学活用】

宝洁公司董事长兼首席执行官雷富礼认为，组织系统和架构是支撑竞争优势的工具。具有一个良好的组织系统和架构，就如同一台运转灵活的大机器，各个环节协调运转，机器才会更快更好地运行。

企业战略是企业的最高层面的战略，它是根据企业的发展目标，选择企业采取怎样的竞争模式和产品服务类型，从而合理配置企业资源，保证企业各个部门相互协调，实现整个企业的进步。企业战略之下就是各个部门制定的战略，各个部门的战略首先应该是不违背企业整体战略发展方向的，并且其所制定的战略应该对推动企业战略起到积极作用。

有些跨国企业在这方面做得非常突出。比如，有些企业打破了以往各个业务部门按国家划分的格局，而是将全球各个业务部门组成“矩阵”。以产品为划分标准，各个部门分别管理各自的产品领域，这样扩大了各个部门的市场，有利于各个部门发挥出自己的更大潜力。

同时，其各个大的部门内部，还存在一些小的职能部门，这些小的职能部门也是相互协调，通力合作。比如，在营销过程中，需要成千上万的内外人员的活动和决策。营销经理们不仅要决策市场、品牌、包装、定价以及促销活动，还要和其他成员保持联系，通过合作完成某项任务。比如，营销经理需要和产品设计人员讨论研究产品设计问题，与财务讨论预算问题，与外面的广告商讨论广告问题，等等。正是有了各个部门的协调合作，才保证宝洁公司这个庞大的生产帝国忙而不乱，各个环节顺畅发展。

那么，怎样才能让企业的各个部门都能实现如此高效、协调的运行，保证企业的战略目标的实现呢?

首先，企业在制定总的战略的时候，就应该考虑各个部门，保证战略规划能够让每个部门发挥出它们的优势和潜力。

其次，各个部门应该意识到自己在企业中起着不可或缺的作用，遇到与企业战略不同的地方，应该及时协调沟通。

企业之所以设定各个职能部门，就是希望各个职能部门能够更好地发挥出自己所长，推动企业战略目标的实施和实现，为企业的发展创造更大价值。每一个部门对于企业来说都是不可少的，而各个职能部门也应该意识到自己只有在整个企业的战略下发展才能将自己的效能发挥到最大化。否则，自己单打独斗，没有任何意义。总之，各个部门应该认识到自己对企业整体战略发展的重要作用，肩负起其职能部门的责任，为整个企业的发展提供支持。

业务战略计划的谋略性

【科特勒微语录】

业务战略计划直接指导企业各项业务的开展，它的制订不仅仅是简单的工作程序的安排，而且还具有很强的谋略性。

——科特勒《营销管理》

【活学活用】

业务战略计划是企业的各具体业务单位根据企业的总体战略而制订的具体战略计划。企业业务战略的目的就是通过企业自身具有的竞争优势，实现与竞争对手的产品、服务差异化，赢得更多顾客，实现企业收益最大化。由此可见，就如科特勒所言，与其说业务战略计划是工作程序，不如说它是一种谋略。

鲁花花生油通过分析食用油市场发现，该市场的竞争焦点主要有两方面，不同油种之间的竞争和同类油种之间的竞争。为此，鲁花独辟蹊径，从上市初就定位于自己是花生油，并且一直坚持这样的品类区分。鲁花成功的可贵之处在于，一直坚持不懈地向顾客传递其定位："鲁花就是花生油，花生油就是鲁花"。这种不断的分类定位强化，使其更加清晰自己在市场上所扮演的角色。通过花生油品类的定位，在顾客心目中建立起了认知，从而使鲁花走出了一条与众不同的发展之路，当很多企业都在色拉油和调和油这两个类别中竞争的时候，鲁花却找到了生存的"蓝海"。

另外，还有美乐淡啤酒和一般高热量啤酒之间的竞争，美乐淡啤酒区别于市场上普遍存在的高热量啤酒，塑造了一种全新的淡啤酒形象，赢得了广大顾客青睐，是成功的营销战略典范。由于淡啤酒的市场大幅成长，使得美乐淡啤酒重新定位为优先选购的领导品牌，以防止被其他淡啤酒影响市场地位——"只有一种淡啤酒……那就是美乐淡啤酒"。

雀巢公司在泰国，把自己的熊牌浓缩牛奶加以改进，又开发出了新的加蜜熊牌浓缩奶。由于蜂蜜在热带国家是一种不常见的食品，产品的这一分类延伸定位收到了很好的成效，年销售增长达到了15%。雀巢产品在货架上占据了更多的空间，从而防止了竞争者入侵未被占领的市场。

这些业务战略规划成功实施的案例表明：好的战略规划能够挖掘企业自身的优势，能够将这种优势得到最大化的发挥，实现企业利益的最大化。

那么，在进行业务战略规划中，企业具体应该考虑哪些问题呢？百安居中国区总裁卫哲提出，在制订企业业务规划时，首先应该先问问自己，在某一个领域我们赢了没有？赢了哪些东西？然后再问问自己赢得多不多？还要问问自己赢的东西可持续吗？最后问问自己赢的东西对顾客来说重要吗？

通过这样的询问，企业就能发现自己的产品与竞争对手相比是否具有差异性，产品的优势是否能够长期保持，还是要再做调整，最后，产品是否赢得了顾客的满意，只有获得顾客的满意，才能战胜竞争者，才能获得赢利。

当然，业务战略的制定和实施，会涉及企业内外各个方面、各个环节，并且影响企业业务战略的因素是在不断变化的，所以，在坚持实现企业持续赢利的原则下，扬长避短，充分发挥自身优势，才能赢得市场竞争。

第2章　重视市场调研，收集更多信息

建立信息系统，规范管理信息

【科特勒微语录】

一个良好的营销信息系统，能够让经理们得到想要的信息，同时又能发现信息之间的均衡点。另外，该系统还可以为外部合伙人，如供应商或营销服务机构提供信息，甚至一些重要的顾客也可以使用有限的信息系统。

——科特勒《市场营销教程》

【活学活用】

随着现代信息化社会的高速发展，企业的竞争日益激烈，谁掌握了更多的信息，就意味着谁在竞争中先人一步赢得暂时胜利。特别是在企业开展营销活动时，更是需要掌握大量的信息，以便营销者更好地了解产品销售情况、供应商情况、零售情况，等等。并且，随着企业在市场中的活动范围越来越大，营销部门需要收集更多的最新信息，敏锐察觉市场变化情况，以便作出更好的决策。

但是，企业不仅仅要注意随时随地收集有关信息，还要懂得将信息系统化，将各个部门或机构的信息分别整理出来，以便查阅和使用。所以，企业一定要建立一个高效的市场营销信息系统，通过系统的分析和研究来提高信息的质量，为企业作出正确的经营决策服务，提高企业的经营能力和竞争能力。

营销信息系统是指能够为营销决策者及时准确地收集、整理、分析、评估与处理信息的程序和方法。营销信息系统中的数据主要来源于企业内部数据库、营销情报信息及营销调研所获得的信息等。营销信息系统的建立，会大大改善营销信息的使用效率。百安居的信息系统管理值得我们借鉴。

为了满足企业发展的需要，百安居采用面向供应商的B2B采购平台。供应商可以直接上网查询自己产品的销售情况，其最终目的是让百安居的被动采购变为供应商的自动补货。作为一家经营品种超过5万种的零售企业，百安居每天要管理众多的产品，涉及繁琐的产品采购、记账、库存与销售管理。这些都迫使百安居考虑改进业务流程，理顺进销存的关系，掌握良好的物流状态，为在中国的进一步发展打好坚实的基础。

早在开业之初，百安居就采用了一套国产软件管理进销存。但是，随着开店数量不断增加，经营规模不断扩大，该系统渐渐地满足不了实际需要。考虑到企业未来发展，百安居投入巨资，在整个中国连锁经营网络中引入世界领先的SAP零售业管理信息系统，百安居在英国的总部早已采用了该系统，并取得了显著的效果。百安居在中国采用的主要模块包括：

基础数据模块（MM），包括供应商管理（包括供应商编号、名称等信息）和产品信息管理（包括产品名称、产品描述、类别、原产地、进价、零售价等信息）两部分；

零售管理模块（Retail），包括销售管理、配送管理等功能；

供应链管理模块（SC），包括订货管理、收货管理、入库管理等功能；

财务结算模块（FI），完成与供应商的货款结算。

系统成功上线后，首先，实现了实时、可视化管理，总部可以随时了解任何门店在任何时间的销售与库存情况，便于评估整个企业的经营情况，以加强统一管理，减少库存，降低成本。其次，大幅度缩短了结账时间，对赊账和应收账款的管理也有了很大改善。原来每日结账到凌晨的情况一去不复返了，如今只需3个人用3个小时就可以完成结账。再次，借助于该系统，百安居的开店成本下降了30%。这些数据不仅说明了利用先进的信息技术手段改善管理、优化商业流程的重要意义，更为百安居带来了实实在在的效益。

可见，建立良好的信息系统，对企业的决策和经营活动起着举足轻重的作用，信息系统化，有助于领导者了解企业运营情况、销售情况，客观地把握了市场发展方向，大大地便利了领导者的决策行为，也为企业提高了竞争力。

但是，这里需要注意的是，企业建立信息系统并不是越多越好，应该挑选对企业营销起到关键作用的信息，建立信息系统。因为建立信息系统的成本高，技术难度大，另外，海量信息处理起来比较麻烦，且还需要高超的数据挖掘技术，如果应用不当，还容易让企业陷入信息陷阱。

总之，根据企业的不同情况，酌情考虑使用信息系统，特别是有些大型企业，为了了解各个部门的工作情况，应该建立完善的信息系统，而小型企业，业务比较简单的企业，就不必建立了。

做好营销调研工作很重要

【科特勒微语录】

营销调研是指一个企业系统地、客观地收集、整理、分析和报告与具体营销情况相关的数据，用以帮助营销管理人员制定有效的营销决策。营销调研工作可以帮助营销管理人员评估市场份额和市场潜力，了解顾客购买行为和满意程度，并就此权衡产品、定价、分销和促销活动的有效性。

——科特勒《市场营销教程》

【活学活用】

随着市场竞争的日益激烈，为了更好地为顾客服务，争取到更多顾客，占有更大的市场份额，开展营销调研工作已经越来越被企业所重视。索芙特在制定自己的营销策略时，就是以营销调研结果为主要依据的。

索芙特通过市场营销调研发现，顾客在购买产品时，存在多种渠道形式，也就是现在比较流行的说法，渠道破碎化。过去，只分流通和终端两个渠道，索芙特在推广时就感到困惑。在流通就是打广告，可是在终端，两套产品不一致，不知道该如何打广告。而且屈臣氏、家乐福、沃尔玛等每个终端系统都不一样。于是其就针对不同类的卖场，有共同的产品，也有不同的产品，通过定制化来化解渠道上的矛盾。

在超级卖场，虽然面对费用高的压力，但是，索芙特仍将对此进行直控，通过超级卖场来塑造形象。根据AC尼尔森的数据，现在洗发水在大卖场的销量在增加。而索芙特发现流通过程是一层层累积的过程，如农村市场会看城镇，二三线城市会看一线城市，一线城市又看超级卖场，是一个“金字塔式”的模拟过程。

二三线终端，索芙特过去的做法是企业自己做分销，但是中国企业在管理人员的问题上始终做不好，而且还面临执行力不强、管理混乱等问题。于是，索芙特将分销管理范围尽量缩小，然后从长计议，通过在终端以3~5折的价格把货给经销商，然后由经销商承担所有的费用，如招导购员等，而索芙特提供培训、促销方式支持、物料等，大家共同参与进来。这种方式有点类似于格力与经销商成立合资企业。采取这样的做法，索芙特是国内日化行业唯一的一家。

可见，索芙特通过市场营销调研了解到营销渠道的变化，从而创新地使用了新的经营策略，使企业销售渠道更加广泛。下边的B卖场也非常重视营销调研工作。

2005年12月26日，B卖场单店在某二级城市开业，某大型超市已在当地建立一定的声誉，且位于市中心。B卖场单店的竞争策略是：

（1）利用企业具有采购规模经济性的品类猪肉建立低价格形象。开业期间猪肉的销售价格低于批发市场的批发价格且供应充足。因为时值腌制腊肉季节，好些顾客从老远的乡镇赶来购买猪的整只前后腿。

（2）市场营销调研，不仅仅针对竞争对手，同时也有农贸市场。部门副经理每周至少调研一次，主管每周至少调研两次，确保敏感品项的低价。

（3）在品质的管控上严格甚而达到苛刻的地步，特别是直接入口的食品。

（4）做好每一档期的DM商品的促销活动，让顾客对DM敏感。

结果是：当年门店赢利，且保持进步。

由此可见，营销调研很重要，营销人员对市场研究环节必须谨慎，这样才有可能找准市场机会，为企业赢得利润。要知道，由于每个市场的顾客需求各不相同，如果不研究就贸然进入，是很有可能招致失败的。企业的领导者即便不是去亲自考察，也一定要让相关部门把调查结果汇报上来，让自己充分了解整个企业的发展情况，以便及时作出战略调整，保证企业顺利发展。

一般来讲，市场营销调研主要调查的内容是：顾客购买动机、市场需求及变化趋势、关于产品评价、分销渠道、市场竞争对手、宏观环境等。当然，企业还有其他的问题需要解决，也可以通过营销调研的方式来实现。

既然营销调研已经成了企业不可忽视的环节，那么，该环节的具体实施步骤是怎样的呢?

营销调研实施的步骤是：确定问题和研究目标，制订调研计划，收集信息，分析信息和向企业管理层提出结论。在调研过程中，企业要决定研究使用哪一种调研方法，如观察法、焦点访问座谈会、调查法、实验法。还要决定使用哪种调研工具，如调查表或仪器设备。此外，还要决定抽样计划和接触方式，如厂商可以通过收回优惠券的机会，要求顾客填写相应的市场调研信息，了解产品和品牌在顾客心中的地位和产品改进的方向。

一个好的营销调研通常具备以下七个特征：科学方法、创造性、采用多种调研方法、模型与数据的互依性、成本/收益分析、有益的怀疑论和道德导向。

市场需求是调研的重要内容

【科特勒微语录】

企业的营销决策是要紧紧围绕市场需求的。所以，企业必须把市场需求信息列为调研的重要内容。其中包括顾客的需求、顾客需求的时间及乐于以何种方式接受营销企业产品或服务等。

——科特勒《营销管理》

【活学活用】

在很多情况下，企业常常把营销渠道调查作为调研的重要内容，他们认为产品卖出去的关键是营销渠道要多、要广，这样，市场占有率才会更高。的确，关于营销渠道变化的调研的确很重要，但是，关于市场需求的变化更为重要，因为即便营销渠道再多，如果无法把握顾客的需求，那么，营销渠道也会收缩变小。所以，了解市场需求，应该成为市场营销调研的重中之重。

北京电线厂生产的天坛牌电线，因为产品质量优异，曾经一度在国内市场上享有盛誉。随着企业发展的不断壮大，该企业决定进入香港市场。但是，愿望是良好的，在进入国际市场的道路上却遇到了困难。北京电线厂的产品在国内质量已经很不错了，销量也非常好，但是，在中国香港产品就是卖不出去。

北京电线厂决定开展调查，了解一下是什么原因导致销售不佳。于是，该厂就在当时还没有回归的中国香港市场展开了营销调研工作。北京电线厂专门组织了调查小组，深入中国香港的大街小巷，进行细致的市场调查，经过这样一番调查走访，分析中国香港市场畅销产品的特点后，小组得出这样的结论：北京电线厂的电线之所以在中国香港市场卖不出去，不是产品质量不好，而是因为从生产产品到销售产品这一套环节都没有考虑到顾客的购买需求，结果产品尽管再好，顾客也不认可，产品自然难以销售出去。北京电线厂缺乏以“顾客为中心”的具体表现是：电线表面过分光亮、塑料护套太“结实”、绝缘层与保护层粘连、销售人员服务态度差。北京电线厂了解到市场实际情况后，就立刻着手从产品生产到营销策略都进行了全面的整改。改进后的天坛牌电线很快就被大批量地销售出去了，源源不断地供应到中国香港市场。

星巴克这个咖啡品牌可以在具有几千年茶文化的中国占得一席之地，也是因为星巴克以市场需求为中心，重视调查研究中国顾客的需求。

当星巴克进入中国市场时，为了消除顾客的抵触心理，他们首先推广和普及喝咖啡的知识。星巴克通过自己的店面，还有到一些企业去开“咖啡教室”，以及通过网络成立咖啡俱乐部，来广泛宣传喝咖啡的知识，让人们从心理上来了解咖啡这种饮品，慢慢接受这种饮品。

与此同时，顾客在星巴克消费的时候，收银员除了品名、价格以外，还要在收银机键入顾客的性别和年龄段，否则，收银机就打不开。这样，企业就可以很快知道消费的时间、消费了什么、金额多少、顾客的性别和年龄段等。除此之外，企业每年还会请专业人士做市场调查。通过调查研究市场需求，星巴克逐渐了解了顾客的各种情况，逐步迎合顾客需求，让自己的产品越来越获得顾客青睐。

总之，无论市场营销调查的内容多么丰富，都不能忽略市场需求变化，都应该把市场需求变化作为调查的重要内容。

采集营销情报，掌握市场先机

【科特勒微语录】

营销情报就是对关于竞争对手和营销环境变化的公开信息，进行系统的采集与分析。之所以要获取营销情报，是为了能够作出更为客观的战略决策，也是为了能够获得市场上的机遇与危险的早期线索。

——科特勒《市场营销教程》

【活学活用】

美国企业家S·M·沃森指出：把信息和情报放在第一位，金钱就会滚滚而来。这被称为沃森法则。

在2006年世界杯1/4决赛中，德国与阿根廷对决，一张神秘的纸条改变了赛场上的结局。

6月30日，人高马大的德国队遭遇技巧娴熟的阿根廷队。当足球解说员声嘶力竭地讨论着胜负究竟是“比心理”还是“比技术”时，德国人在悄悄演绎着点球决战的全新含义：比情报。

德国队在经历120分钟的残酷角逐后终于1比1逼平阿根廷，将对手拖进点球大战。

此时，德国队教练克林斯曼把一张神秘的纸条送到门将莱曼手上，每当本队队员罚球的时候，莱曼便从右腿的袜子里拿出这张纸条看看，为自己的下一次扑救做精心准备。

结果出乎意料：德国门将4次都扑对了方向，并把阿亚拉和坎比亚索的射门拒之门外，最终4比2胜出，以总比分5比3晋级半决赛。

赛后，人们都把赞美献给了莱曼的上帝之手，而不为人知的是，点球大战真正的英雄却是克林斯曼的情报员齐根塔勒和科隆体育学院的专家团成员。

他们认真收集关于对手的每一场比赛录像、主要球员的背景信息（包括家庭婚姻），通过分析研究对手主力球员的跑动路线，最经常分球给谁，罚任意球、角球、手抛球的方式和传中球的特点等，数据覆盖了球员近年来参加的所有俱乐部和国家队赛事。

在这个基础上，他们一起对这些录像进行技术处理，其中最重要的部分就是对方球员罚点球的特点，找出了罚球队员的习惯动作和门将扑救方向的关联性，大大提高了德国扑救点球的成功率。

而到了临场的时刻，齐根塔勒都会根据对手的情况对光盘和数据进行分析，决定到底给球员看哪些镜头；而提供给门将莱曼的这张小小的纸条上，就写满了阿根廷球员射点球的特点。

同样的，在激烈的商海竞争中，同样需要丰富的情报来源，这样才能够了解竞争对手，了解市场动态，从而掌握先机，抓住市场发展机会，赢得更好的发展。

历史上的晋商是以贱买贵卖方式为主要生意手段，对产品信息十分重视。他们尽量通过各种渠道了解市场行情，掌握各地物资余缺和影响商铺经营因素的情报。在商铺总号和分号之间，一般是五天一信，三日一函，互通情报。这种经济情报对晋商寻求商机和下决心起了很大的作用。他们有商谚称：“买卖赔与赚，行情占一半。”

现在的山西商人大多继承了晋商重视信息这一特点，在做生意时，他们很重视信息的捕捉和反馈，许多大的企业都有专门的市场预测人员进行市场调研，及时采取相应的应变措施。进入21世纪，山西人在互联网上建立的“晋商网”，分“新闻动态”“商业机会”“产品展示”“行业资讯”“企业全库”“晋商文化”“企业名录”等栏目，及时发布和提供有关的各种最新信息，并且每天更新100条以上。

可见，要做大生意就要尽可能地寻找更多的相关信息。就像海尔集团首席执行官张瑞敏曾经说：“企业和人生一样，缺少的不是机遇，而是缺少发现机遇的眼睛。”的确，企业应该尽量多地搜集信息。

首先，企业可以培训员工搜集信息的意识，尽可能多地占有信息，就越能发现事物的本质，作出正确的决策。企业可以关注宏观经济环境，关注国家的经济、政治、外交，每一项新政策的出台，都可能蕴涵着赚钱的机遇。其次，鼓励分销商、零售商和其他中间商把重要的信息上报给企业。还可以，与外界的信息供应商和信息研究企业联系，从它们那里购买信息。最后，建立内部营销信息中心，专门收集和传送营销信息。让其职能人员经常审阅较重要的出版物，摘录有关新闻，并制成新闻简报送给营销经理参阅。建立一个有关信息的档案，等等。这些方法不仅能够让一个企业尽可能多地收集到信息，还能尽量避免道听途说，提高信息的质量，为企业作出正确的营销决策提供了重要前提。

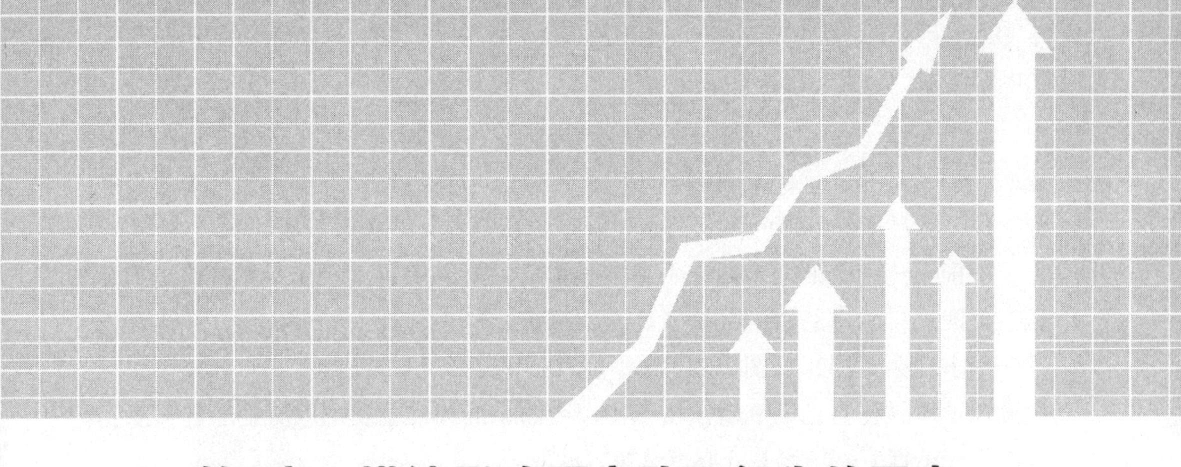

第3章 摸清影响顾客购买行为的因素

满足顾客需求是企业生存根本

【科特勒微语录】

个人和家庭组成一个顾客需求市场，他们消费的目的是为了自身购买产品和服务。而企业市场购买产品和服务的目的是为了进一步深加工，或在生产过程中使用。经销商市场购买产品和服务的目的是转卖，获取中间差价。可见，各个市场各有不同特点，销售人员要仔细研究。

——科特勒《市场营销教程》

【活学活用】

“顾客就是上帝”，这是营销界家喻户晓的名言，的确，就如德鲁克曾经说的那样，企业存在就是为了服务于顾客，否则，企业就失去了存在的意义。也只有以顾客为导向，生产出顾客想要的、顾客需要的、顾客喜欢的产品，才是企业的根本。只有这样，企业才有市场，才能运营。当然，就像科特勒所细分的那样，这里的“顾客”也分很多类，如个人顾客者、家庭顾客群，以及经销商、加工厂等，这些都可以被不同的企业认为是顾客。总而言之，要找准服务对象，满足目标顾客的需求，这才是企业长盛不衰之道。

中国台湾雨伞的质量向来平平，与优质一直不沾边，然而竟能行销美国，且占美国进口雨伞总量的60%，奥秘在哪里？原来美国人买伞，用上几次就扔了，不求经久耐用，只图美观好看。这个“好看”也出人意料，不要花色，喜爱素色，以衬托自己的衣着。由于中国台湾伞商摸准了美国顾客的心理需求，投其所好，打了一场漂亮的心理营销制胜战。

无独有偶，广州一家服饰专卖店，也是借助满足顾客某种心理需求来进行营销的。该店借新千年到来之际，抓住人们图吉利的心理，专营红色服饰，将其他色彩的服饰统统取下柜台，红褂、红裤、红帽、红围巾卖得抢手，同时还顺势而为，推出多款时尚造型的红色外套、毛衣、裙子、鞋子、手袋、内衣裤和红色袜子，销量比前一年翻了好几倍。

由此可见，满足顾客的需求，企业就能在竞争中赢得一席之地。

但是，有些企业营销的对象不是很明确，总是希望赢得更多人的喜欢，然而，真正购买企业产品的还是那些目标顾客群，即便花大力气，向不需要的顾客群宣传，也事倍功半。倒还不如明确好目标顾客群，主攻这个群体，让目标群体中更多的人去了解企业的产品。

比如，美国汉堡王连锁店将其核心顾客群体描述为：30岁以下的单身男子，工薪阶层，喜欢喧闹的音乐，不怎么读书看报，爱跟朋友闲逛。其重要意义体现在，核心顾客的数量虽然仅占全部顾客的20%，但消费量却占所有惠顾者的60%。

还有一家销售冲泡咖啡，取代煮咖啡的企业。该企业针对目标顾客群，直接将产品定位为：“在办公室中泡咖啡的人，向烦人的煮咖啡说再见吧！”对在办公室负责准备咖啡的人，直接在信函上以“办公室咖啡准备者”称呼，此时的定位，则直接针对使用者和办公室行政人员。

当然，也不要忘记广义的顾客中，还有一些是经销商和生产商，这类顾客通常需求量比较大，可以在价格和运输上提供便宜、便利，和他们保持长期合作。

总之，企业依赖于顾客，企业的一切市场营销活动都应该去满足顾客的需求。顾客的需求是企业生产经营活动的出发点，企业要随时关注顾客的需求变化，不断调整营销策略，满足顾客多种多样的需求。

顾客个人特点影响购买行为

【科特勒微语录】

个人特点也影响着顾客的决策，如顾客的年龄和所处的人生阶段、职业、经济状况、生活方式、个性及自我概念。

——科特勒《市场营销教程》

【活学活用】

购买行为不是抽象的，而是要由具体的不同的个体来完成，因此，任何一个人的购买行为都必然受到其个人特点的影响。所以，我们在营销过程中，应该注意根据不同的人采取不同的营销方式，充分利用其个性特征实现营销目的。

希尔顿集团曾专门进行过一次关于人们对时间观念的调查，通过电话访问方式，企业调查了1 010位18周岁以上的成年人。经过调查发现，有66%的人愿意为获得更多时间适当牺牲自己的报酬。并且，女性面临的时间压力要远远大丁男性。

人们对利用时间的体会是这样的：①38%的人为了腾出时间而减少睡眠；②33%的人认为没有时间过一个幸福的周末；③33%的人没有完成当天要做的事；④31%的人没有时间出去玩；⑤31%的人为没有时间和朋友、家人在一起而郁闷；⑥29%的人长期处在时间压力下；⑦20%的人在过去1年内，至少有一次休息时被叫醒。

针对以上的调查结果，希尔顿企业推出“快乐周末”的项目，让客人在周末远离做饭、洗衣和其他占用休闲时间的日常事务，真正和家人一起度过一个快乐的周末。该项目因为收费低，每个房间每晚65美元，早餐免费，小孩可免费住在父母房间里。结果大受欢迎，周六成了希尔顿入住率最高的一天。

正是因为现代快节奏的生活方式，让人们越来越感到休闲时间的减少，对此，希尔顿展开营销，满足了人们有充分时间度过一个周末的需求，获得了营销成功。

当然，就如科特勒所说的那样，顾客的购买行为必然受其个人特征的影响，不仅有时间观念的差异，而且不同的特定群体的生活方式也会不同，进而导致购买模式的不同。

斯坦福国际研究所的研究人员阿诺德·米切尔根据分析2 713名被调查者对800个问题的回答情况，提出了一种新分类方法，将美国人区分为9种生活方式群体：

（1）集大成者（占2%）。指心理成熟，能够把各种内向型因素和外向型因素中的最佳部分有机结合起来的人。

（2）求生者（占4%）。指绝望、压抑，被社会所抛弃的“处境不佳者”。

（3）自我主义者（占5%）。指年轻、自我关注、富于幻想的人。

（4）维持者（占7%）。指敢于为摆脱贫困而作斗争的处境不利者。

（5）经验主义者（占7%）。指追求丰富的精神生活，希望直接体验生活，会向他提供些什么的人。

（6）有社会意识者（占9%）。指具有强烈社会责任感，希望改善社会现状的人。

（7）竞争者（占10%）。指有抱负、有上进心和追求地位的人，这类人总希望“出人头地”。

（8）有成就者（占23%）。指一个国家能够影响事物发展的领导者，他们按制度办事，并享受优裕的生活。

（9）归属者（占33%）。指维护传统、因循守旧、留恋过去和毫无进取心的人，这类人宁愿过那种“顺应型”的生活方式，也不愿有所作为。

当然，生活方式的归纳是复杂的，不同的生活方式还表现为顾客有不同的活动、不同的兴趣、不同的社会意识等。

当然，除了生活方式会影响顾客消费行为外，还有年龄生命周期阶段、职业、经济状况、个性及自我观念因素也会影响顾客的购买行为。

1. 年龄

年龄生命周期对于个人来讲是一个基本的生理特征。人们在一生中购买的产品和服务是不断变化的，呈现出明显的与年龄的相关性。并且一些研究还发现人类存在心理生命周期阶段，成年人在一生中会经历数次过渡时期和转化阶段。成年人在这些转化阶段的消费兴趣也会发生转移和变化，如离婚、丧偶和再婚后都会发生变化。销售人员对顾客年龄与生命周期的分析可以有利于他们确定产品目标市场。

2. 职业

一个人的职业会对个人自我概念产生影响，甚至有些职业本身就会提出消费模式的要求，工人与经理的生活娱乐肯定是不同的，甚至不同的企业的同一职位也会影响个人的消费，如我国的某银行为了维护自身企业形象，虽然不能解决职工的住房问题，但却与某高级宾馆联系，要求无房职工与企业各出一半租金，长期租用宾馆客房。这对企业销售人员来说，是又一寻求目标市场的机会，有些企业甚至专门为某一特定的职业群体定制他们所需要的产品。

3. 经济状况

人们的经济状况会影响人们的消费观念是不言而喻的，当然，当人们的经济状况发生变化时，人们的消费观念也会随之发生变化。收入的增加，必然会增加娱乐、旅游和教育方面的支出。对于服饰方面的支出，当收入增加时，低收入家庭比重保持不变，中等收入家庭略有增加，高收入家庭则大幅增加。对于中等以上收入的家庭，当收入增加时，他们对家电的支出比重相对较少。对于高收入家庭，当收入增加时，他们对食品方面的支出比重会较少。

4. 个性

性格决定了顾客的消费行为偏好，对于一个急性子的顾客，他们通常在购买产品时不假思索，只要商家劝导几句就达成消费行为；而一些慢性子的顾客，则会对产品精挑细选，有时甚至是挑三拣四。这时可以打感情牌来进行营销，让其逐渐接受自己的产品，成为企业的忠实顾客。顾客按其性格可以细分为活泼、优柔寡断、固执等。顾客性格的多种多样，促使企业在营销时，就要具体问题具体分析。

5. 自我概念因素

这种因素是指个体对自身一切的知觉、了解和感受的总和。每个人的心中都有真实的自我、私人的自我、理想的自我和社会的自我这些形象。真实的自我是显示给别人看的，人们希望展现的一方面，比如，对汽车、时装、发型的消费就是真实自我概念因素影响的消费行为。私人自我通常是指的自我形象的负性方面影响理想的自我，也指正性方面影响强化自我形象。理想的自我是人们心中想要成为的自己，因此，处于这种心理，顾客会购买能提高自我的产品，如购买乐器、化妆品等。社会的自我，是指受到周围环境的影响而改变自己的观点而成为的自我，如明明不喜欢手表，但别人都买，自己也买。

顾客心理变化使其行为变幻莫测

【科特勒微语录】

个人的购买选择还要进一步受到五个主要心理因素的影响：动机、知觉、学习、看法和态度。

——科特勒《市场营销教程》

【活学活用】

顾客在购买产品时，通常要经过消费心理和消费行为两个步骤来实现。消费心理是指人作为顾客时的所思所想。而消费行为是指从市场流通角度观察的，即人作为顾客时对于产品或服务的消费需求，以及使产品或服务从市场上转移到顾客手里的活动。

任何一种消费活动，都是既包含了顾客的心理活动又包含了顾客的消费行为。准确把握顾客的心理活动，是准确理解消费行为的前提。而消费行为是消费心理的外在表现，消费行为比消费心理更具有现实性。

消费心理学主要研究影响顾客购买行为的内在条件，包括：顾客的心理活动过程、顾客的个性心理特征、顾客购买过程中的心理活动、影响顾客行为的心理因素。同时也研究影响顾客心理和行为的外部条件，包括：社会环境对消费心理的影响、顾客群体对消费心理的影响、消费态势对消费心理的影响、产品因素对消费心理的影响、购物环境对消费心理的影响、营销沟通对消费心理的影响。

一般而言，不同性别，不同年龄的消费心理是不同的。比如，年轻人的特点是热情奔放、思想活跃、富于幻想、喜欢冒险，这些特点反映在消费心理上，就是追求时尚和新颖，喜欢购买一些新的产品，尝试新的生活。在他们的带领下，消费时尚也就会逐渐形成。而对于中年人来说，他们的特点是生活经验丰富，情绪反应一般比较平稳，很少感情用事，大多会以理智来支配自己的行为。所以，他们在消费时比较仔细，不会像年轻人那样产生冲动的购买行为，会按照自己的实际需求购买商品，注意节俭，对产品的质量、价格、用途、品种等都会作详细了解，很少盲目购买。

几千年前老祖宗就留给我们这样的智慧："攻心为上"，可见，其应用在现代商战中，也是再恰当不过的，读懂了顾客的心理，你就找到了切入口，成功就不远了。

日本佳能照相机如今是世界名牌产品，但是，当初走进中国改革开放的大市场时，已经慢了半拍，别的牌子的照相机早已挂在了中国摄影记者的脖子上。可佳能企业并不因此而止步，他们绝不会看着中国这个巨大的市场而不行动。怎样占领中国市场呢？他们上演了一出经过精心策划的好戏。

佳能企业经过调查发现，中国众多的摄影工作者、爱好者只能从样本资料上了解佳能EOS照相机的性能，从商店的橱窗里看到它的模样，却不能去摸一摸、试一试EOS的功能究竟怎样。佳能企业上海事务所为了使EOS与中国的顾客熟悉起来，成为"好朋友"，就想了一招。他们把大批佳能EOS照相机借给上海的记者，让他们免费使用40天，同时又请维修部的专家讲解它的功用、性能。

1992年夏天，上海各大报纸和许多摄影记者都用上了佳能EOS照相机。从EOS1到EOS1000，都配有各种款式的镜头。拿起相机会发现，每个上面都贴有一张标签"佳能赞助器材"。记者们使用得相当认真，开始时小心翼翼，后来就随心所欲地拍起来……40天匆匆而过，记者们送还照相机时都恋恋不舍。

不久，一些记者通知佳能公司上海事务所，他们准备购置一批EOS……佳能公司以欲取先予的策略打开了中国的市场之门。而他们这种营销策划的推出正是抓住了顾客愿意购买熟悉的品牌这样一种心理来实现的。

当然，还有一些企业通过打折促销活动来销售产品，也是抓住顾客喜欢物廉价美的心理来制定营销策略的。由此可见，企业想要销售更多的产品，就要懂得顾客心理，抓住了顾客的心理，也就容易让其购买了。所以，我们在“看”顾客的时候，要善于揣摩顾客的心理。顾客究竟希望得到什么样的服务？顾客为什么希望得到这样的服务？这是服务人员在观察顾客时要不断提醒自己的两个问题。因为各种各样的原因会使顾客不愿意将自己的期望说出来，而是通过隐含的语言、身体动作等表达出来，这时，就需要及时揣摩顾客的心理。当然，除了用眼睛观察外，还要用耳朵去听、用心去体会、用科学的方法去调查，最后还要归纳整理出有价值的心理信息。当我们了解了顾客之后，一个好的营销策划方案也就产生了。

文化因素影响顾客购买决策

【科特勒微语录】

影响顾客购买行为最为广泛和深刻的因素就是文化因素。文化因素包括文化、亚文化及社会阶层。文化是指顾客从家庭和其他重要组织中学到的基本价值观、对事物的理解、愿望和行为；亚文化指的是一群拥有共同生活经历和环境而形成具有共同价值理念的人们；社会阶层是指每个人都在社会中有相对稳定和有序的分类，每类人群的价值观、兴趣和行为都有类似性。作为营销者，要多了解顾客的文化、亚文化及社会阶层的作用。

——科特勒《市场营销教程》

【活学活用】

文化是人类欲望和行为最基本的决定因素。在社会中成长的儿童通过其家庭和其他社会机构，学到了一整套的价值、知觉、偏好和行为的整体观念。比如，中国的新一代大学生在整个社会发生深刻变革的条件下，其价值观发生了极大的变化，一个调查机构通过调查发现，中国的大学生一方面具有上进、富有朝气、知识广泛等优点，同时又具有自我、追求功名等值得关注的价值取向。年青一代新的价值观代表了一种新的倾向，中国的文化显然发生了不小的变化。在不同的文化环境下，人们的消费结构有着根本的差异，一个处于现代文明社会的顾客很难理解落后文明对某些产品的重视。所以，如果企业在市场营销时，注重文化因素的影响，可能会大有收获。手机品牌爱立信就曾充分利用人们认同的文化因素，达到宣传产品的作用。

施瓦辛格在电影《毁灭者》的结尾中，曾有这样一个画面：他用一部手机通知了自己的上司去罪犯走私枪械的码头，以便洗清自己的罪名。他打完电话后，没有关机，而是直接把手机扔到了废物堆上，这时，我们就看到了一个玲珑小巧的手机，并听到手机里传来了上司清脆的声音……

画面中的这部手机就是爱立信当年推出的新产品——768。该款手机的销量随着《毁灭者》票房飙升而不断攀升，结果收效非凡。爱立信之所以获得了成功，就是因为爱立信借助了影视这个人们认可的文化表现形式，提高自己产品的曝光率，再加之人们对影星崇拜的文化习俗而达到销量攀升。

那么，文化因素在人们生活中是怎样影响人们的购买行为的呢？其实，影响顾客购买行为的文化因素是价值观等核心的文化，对于一个国家和民族来讲往往具有同一性，但同处于一个国家或民族，仍然可以由于属于不同的阶层或群体而呈现出不一样的消费行为。

比如，顾客的家庭成员对购买者行为影响很大。像中国的大家庭传统，对其中成员的消费行为影响是非常大的，有些企业的营销就抓住了这一特点，将营销诉求的重心指向中国这种大家庭的特点，如一家洗衣机厂商就抓住了儿女对父母的一片孝心拍了一段温馨的广告，既促进了产品的销售又提升了企业的形象。

此外，不同的认同感构成了不同的群体。民族、宗教、种族和地理等因素也会将顾客聚成不同的群体。这些因素影响着顾客的食品偏好、衣着选择、娱乐方式和事业抱负等。如在美国有拉美顾客群、黑人顾客群、亚洲顾客群。在中国，由于多民族的存在，不同的民族形成了不同的顾客群；而且中国境内多种宗教并存，如佛教、道教、伊斯兰教等，有些地方老百姓虽然没有正式加入某种宗教，但仍然遵守某种宗教的生活习惯，这些对他们的消费行为影响也很大；中国地域广阔，东西南北跨度大，不同的地理环境也形成了人们不同的生活习惯，从而形成了不同的顾客群体。

另外，社会阶层对顾客购买行为也有影响。收入的多寡深刻影响着人类的思想和行为，不同的收入水平就形成不同的社会阶层，这些社会阶层内部的成员会表现出一定程度上统一的消费行为。美国的W. L. 沃纳曾经把美国的社会阶层分成了七种。

（1）上上层（不到1%）。这一阶层的人群继承了大量遗产，是出身显赫的达官贵人。他们捐巨款给慈善事业，举行社交活动的舞会，拥有一个以上的豪宅，送孩子就读于最好的学校。这些人是珠宝、古玩、住宅和度假用品等主要市场的购买群体。他们对采购和穿着常较保守，不喜欢炫耀自己，这一阶层人数很少，当其消费决策向下扩散时，往往作为其他阶层的参考，并作为他们模仿的榜样。

（2）上下层（2%左右）。这一阶层常来自中产阶级，因为在职业和业务方面能力非凡，所以拥有高薪和大量财产，对社会和公共事业颇为积极，喜欢为自己的子女采购一些与其地位相称的产品，诸如昂贵的住宅、游艇、游泳池和汽车等。他们中有些是暴发户，他们摆阔挥霍浪费的消费形式是为了给低于他们这个阶层的人留下印象，这一阶层的人的志向在于被接纳入上上层，但情况是，其子女达到的可能性比他们本人来得大。

（3）中上层（12%）。这一阶层既无高贵的家庭出身，又无多少财产，他们关心的是职业前途，已获得了像自由职业者、独立的企业家以及企业经理等职位，他们注重教育，希望其子女成为自由职业者或是管理技术方面的人员，以免落入比自己低的阶层。这个阶层的人善于构思和接触“高级文化”，参加各种社会组织，有高度的公德心。他们是优良住宅、衣服、家具和家用器具最适宜的市场购买群体，同时，他们也追求家庭布置，以招待朋友和同事。

（4）中间层（32%）。这一阶层是中等收入的白领工作者，他们居住在“城市中较好的区域”，并且力图“干一些与身份相符的事”。他们通常购买“赶潮流”的产品。25%的人拥有进口汽车，其中大部分看重时尚，追求“一种良好品牌”，其理想居住条件是“在城市中较好区域”，有个“好邻居”的“一所好住宅”，还要有“好的学校”。中间层认为有必要为他们的子女在“值得的见识”方面花较多的钱，要求他们的子女接受大学教育。

（5）劳动阶层（38%）。这一阶层包括中等收入的蓝领工人和那些过着“劳动阶层生活方式”的人。劳动阶层主要依靠亲朋好友在经济上和道义上的援助。劳动阶层的“度假”指的是待在城里，“外出”指的是到湖边去，或去不到两小时远的地方。劳动阶层仍然保持着明显的性别分工和陈旧习惯，他们偏好的汽车包括标准型号或较大型号的汽车，对国内外的小型汽车并不问津。

（6）下上层（9%）。这一阶层的工作与财富无缘，虽然他们的生活水平刚好在贫困线之上，他们无时不在追求较高的阶层，却干着那些无技能的劳动，工资低得可怜。下上层往往缺少教育，虽然他们几乎落到贫困线上，但他们千方百计“表现出一副严格自律的形象”，并“努力保持清洁”。

（7）下下层（7%）。这一阶层与财富不沾边，一看就知道贫穷不堪，常常失业或干“最肮脏的工作”，他们对寻找工作不感兴趣，长期依靠公众或慈善机构救济。他们的住宅、衣着、生活用品都是“脏的”“不协调的”和“破的”。

中国的基尼系数这几年一直呈现出扩大的趋势，这表明中国的社会经济层次日趋分明。顾客以收入层次划分的务实心理逐步增强，而盲目攀比的消费心理逐步减弱。顾客按照自身经济条件规划生活将成趋势。所以，企业也可以参考美国的这种分法，来应对中国顾客。

虽然文化因素对顾客的影响是潜移默化的，但这并不能等于可以就此忽略这种因素，因为它常常成为人们购买产品的决定性因素。

影响商业顾客购买行为的因素

【科特勒微语录】

商业顾客购买物品或服务是为了生产、销售、租赁或供应给其他顾客。通过转销或租赁实现营利而购买产品的零售企业和批发企业也被称为商业顾客。

——科特勒《市场营销教程》

【活学活用】

企业的顾客不仅仅有终端顾客，还有中间商，他们购买产品的目的不是为了消费而是获得利润，因为目的不同，所以，影响其购买的因素也就和终端顾客大有不同了。比如，商业顾客通常少于终端顾客，但商业顾客的交易量通常是非常庞大的。因为商业顾客通常是一个机构或组织，购买量比较大，所以，它的决策过程非常复杂，通常涉及大量的资金、复杂的技术等方面的考虑，并且需要与购买方的多个层级上的许多人打交道。另外，商业顾客在进行大型的商业采购时，还需要有详细的产品说明书、书面的采购程序、认真的供应商搜寻以及正式批准。在商业采购中，买卖双方通常更加相互依赖。这与终端顾客感觉合适就立刻掏钱购买行为比较起来，要复杂得多。比如，各种组织机构的竞标活动，就是一种购买行为，但是，这种购买行为中间却夹杂着政府部门、个人关系以及企业人脉等各方面因素，通常一次采购行动，需要经过几个月时间才能结束。

影响商业顾客决策的因素主要有以下四种。

1. 环境因素

环境因素包括地理环境因素和经济环境因素。地理环境因素会影响到运输流程，运输时间的长短就会影响到购买组织的使用和运营，所以，地理环境是影响他们购买决定的一个重要因素。如果价格相同，质量相当，那么，他们更愿意购买距离他们较近企业的产品。所以，在进行市场营销时，就应该酌情考虑一下这个问题，看有没有竞争对手比自己距离商业顾客更近。另外，还有一个重要的因素就是经济环境的因素，经济在一定时期的繁荣与否，很大程度上影响着商业顾客的购买计划。比如，像钢铁行业，经常突然行情上涨，那么，铁粉的需求量就会变多，铁粉的价格自然上涨，没过多长时间，因为钢的产量过剩，钢铁行情就会变得暗淡，这时，钢厂购买铁粉的数量就会缩减，铁粉的价格就会下降。作为钢厂可能随着行情变化而酌情考虑购买铁粉数量。可见，经济环境的影响是很直接的。

2. 组织因素

每一个购买组织都有它的目标、政策、程序、结构和系统。只有适应并满足该组织这些条件，企业才更有可能赢得该购买组织的认可。所以，作为商业营销负责者应该对这些因素有很好的了解，应该多问问该购买组织参与购买决策的人，他们分别都是谁，他们的评估标准是什么，企业对于该购买组织各方面要求有哪些利弊因素。

3. 人际因素

顾客不仅仅是一个，他们之间的关系都会影响到他们最终的购买决定。所以，企业应该多了解购买组织中谁是说话比较权威的人，谁对最终决策起到关键作用，这些人之间的人际关系如何。当然，掌握这些因素是比较困难一些，但如果能够挖掘，要尽最大限度地挖掘，因为这些因素对于最终的决策有很关键的作用。

4. 个人因素

商业顾客也受到个人因素的影响。参与者每个人都是有各自的性格的，他们有不同的兴趣爱好，他们心存不同的动机，他们的个人因素也会影响到人际关系，所以，企业应该把他们也考虑到营销因素中。

总之，商业顾客的购买行为是比较复杂的，要根据顾客应该走的程序，逐步实施，同时，还要全方面了解各个阶段中，决定购买行为的一些关键因素。企业要针对每一个程序做周密的考虑，力求让自己的营销策划能让商业顾客真正体会到企业产品是符合他们的要求的，这样，逐步程序走下来，再加上人际关系的不断熟悉密切，企业才算是做好了营销工作。

第4章　了解自身和竞争对手，实现百战不殆

评估自己的竞争能力

【科特勒微语录】

在制订营销计划前，企业应该首先评估自身的竞争能力。这种竞争能力的评估是要和其他企业的竞争能力进行比较而得出的，它包括综合竞争能力分析和产品特点分析。

——科特勒《营销管理》

【活学活用】

恰当的竞争能力评估，能够帮助企业找准自己的地位，帮助企业找到客观正确的自我定位，根据实际情况开展竞争策略，以免因为与其他企业进行盲目竞争而导致惨败。

1991年4月13日，人们打开报纸时，吃惊地注意到在“全球最大的馈赠”广告栏下，有一段醒目的文字：“英国航空公司将向全世界免费赠送5万张机票。”世界各大报纸都用通栏标题报道了英国航空公司这场令人不可思议的大

馈赠活动。英国、澳大利亚、美国的电台和电视台也都在黄金时段里报道了这一新闻。这场酬宾促销活动共耗资9 000万美元，甚至连许多英国人也认为航空公司简直是疯了。继这场酬宾活动之后，英国航空公司还别出心裁地用了一连串的促销手段，其中包括伦敦著名的哈德商店有奖购物、免费地铁观光、赠送剧场入场券、去苏格兰古堡游览等富有诱惑力的活动，来吸引旅客乘坐英国航空公司的班机到英国旅游。这一策略使得全世界1 000多家旅行社为之动心，几乎包销了一大半的英国航空公司机票。

英国航空公司的这次营销活动是极少见的，因为全球营销所耗费的人力、物力以及资金不是一个普通企业能够承受得了的。如果某个普通的民航想要和英国航空公司比较，准备和它一较高下，结果很可能是鸡蛋碰石头，自身难保。有多大的能力做多大的事情，普通的民航应该立足自身条件，不能和英国航空公司拼实力，可以采取其他巧妙的营销途径，让更多的乘客认识你。比如，给乘客赠送小飞机模型，给乘客提供丰富的娱乐生活，让他们在旅途中感到快乐，这些与众不同的营销方式，定然能够给乘客留下良好的印象，这也就找到了自己的特色优势。

当然，独辟蹊径，寻找到属于自己的不可替代的特色，是一种很节约的营销方式。而如果在综合竞争能力上胜人一筹，那么，企业就能更容易度过各种突发事故，保证企业有惊无险，顺利发展。

评估企业的综合竞争实力，主要可以通过评估以下十二种因素来实现。

（1）市场占有率。市场占有率不仅仅指企业在市场上的整体占有率，还应该评估在各个地区，不同产品的市场占有率，越是具体越能保证评估结果的准确性。

（2）销售人员数量和配置。通过对这个因素的评估，我们就可以掌握销售力量在各个市场的分布情况，再与同行业人员配置进行比较，就能发现自己人员数量和配备上是否科学，员工工作效率怎样。

（3）价格。通过产品的出厂价、最终零售价，评估企业对价格的调控和适应能力，这也体现了企业的综合竞争力。

（4）分销渠道。了解企业的分销渠道都有哪些，和同行业的比较是多还是少，这是能够证明企业销售情况的一个很重要因素。

（5）月平均销量。这是衡量企业生产能力和销售能力的一个重要指标。

（6）产品质量。这主要评估的是所生产产品的质量、档次等。

（7）产品种类。这指的是评估产品的种类是否丰富齐全，如果种类能够赢得足够多顾客的喜欢，那么该产品的销量一定不错，企业的综合竞争力也一定很强。

（8）生产成本。不管销售有多少，还要看成本，如果成本太高，利润较低，综合实力也不强。

（9）售后服务体系。售后服务体系也是不容忽视的衡量标准，一个有足够竞争能力的企业总能将售后服务做得更好，以获得更多顾客的满意。

（10）研发能力。研发能力能够体现企业是否有长久生命力，好的企业研发能力都是比较强的，所以，企业是否具有强大的研发能力，能够引领行业创新产品成了评估企业综合竞争力的重要指标。

（11）公关宣传能力。广告是否做得好、做得多，体现了企业的财富实力。

（12）无形价值增值。也就是指企业的品牌效应等造成的增值，也是一种实力大小的象征。

除了评估自己的综合竞争能力外，还要评估自己产品的竞争力，这一点除了在综合竞争力中评估出的产品的质量、种类外，还要根据各自产品的特点，进行其他项目的全方位比较，通过这样的比较，企业才能更清楚自己产品的优缺点，清楚自己产品的竞争力。

经常遇到的几类竞争对手

【科特勒微语录】

今天，竞争不仅普遍存在而且逐年激烈。市场竞争如此激烈，所以，企业除了要了解顾客的行为，还必须要关注竞争对手。

——科特勒《营销管理》

【活学活用】

随着中国市场的日益开放，越来越多的企业诞生，市场的竞争也越发的激烈，一个企业的生命周期越来越短，竞争者也越来越多，任何一个企业都无法保证自己哪一天不会在竞争中失利甚至被淘汰，在激烈的竞争环境中生存，一切都是多变的。

通用汽车在20世纪80年代很长一段时间内，面临着来自日本的低端轿车的竞争，如丰田、日产、本田等，也面临着来自欧洲的高端轿车的竞争，如奔驰、宝马、奥迪等。

随着日本轿车和欧洲轿车进入市场，通用汽车有很大的压力。为了能够节省资源并保持利润，通用汽车作出了一个非常致命的决定，决定使用同一个车模生产不同品牌的轿车。几乎是在突然之间，人们无法辨别出哪一个是别克或奥兹莫比尔，因为它们看起来都差不多。

这种统一的做法削弱了GE的中端市场，使得福特企业又引入了特使和水星轿车，日本又引入了防库拉、雷克萨斯和无限。这就使GE在高、中、低端市场上受到了不同程度的削弱。致使通用汽车在北美市场后退到三名之外。倘若不是中国和其他新兴市场的崛起，通用汽车将会变得非常危险。然而，随着其他大小汽车企业的蚕食，通用汽车竞争发展得更为艰难，以至于在2007年的金融海啸来临之际，通用不得不申请破产保护。

正是没有仔细研究市场和竞争对手，导致营销战略的失败，通用陷入困境。所以说，充分了解竞争对手，从竞争对手中学习经验教训是保证企业长久发展的重要因素。

企业要想从众多的竞争对手中脱颖而出，成为像海尔、可口可乐那样的长盛不衰的企业，就要在了解自己的基础上，了解竞争对手，摸清竞争对手的战略，寻找到适合自己发展的最佳定位，这样，企业才能作出正确的营销策略，才能保证长盛不衰。

企业所面临的竞争对手虽然大大小小有很多，但归纳起来，无外乎有以下五类。

第一类，同行业中的直接竞争者。在同一个行业中，每一个企业都知道有几家企业是值得关注的竞争对手。如果经过研究发现，现在旗鼓相当，都在同一个行业竞争的对手越来越多，那么，表明该行业的竞争日益激烈，如果竞争对手的利润在逐渐降低的话，那么，企业应该考虑是否还留在这个行业，其未来是否还有发展前景。当然，如果行业中自己的直接竞争对手只有很少的一些，市场还远没有开发完，那么，企业就可以放心地发展，其未来成长空间还很大。

第二类，潜在进入者。这类企业不在这个行业发展，但是当自己在其他行业发展迅速，赚了很多钱，那么，这类企业就会扩张，进入该领域，进一步提高生产能力。这类竞争者是最让人捉摸不定的了。这些企业虽然财大气粗，但对新进入的行业也不太了解，应该避免与其正面冲突，可以采取与他们合作的方式，实现双赢，也可以寻找自己的特色，抓住固定顾客群，避免竞争冲击。

第三类，替代品。不仅有同行业的竞争，还有替代品的问题。比如，你出版一本书，很畅销，但是不久，盗版书大量出现，你的图书产品销量就会下降，而盗版书则大行其道。

第四类，供应商。供应商也可以认为是企业的竞争对手，因为如果制定的价格太高或者供应产品的质量下降，就会导致企业销售量下滑，利润下降。所以，企业应该与供应商建立良好的关系，保持长期合作。密切关注供应商市场变化，多备选几个供应商，以免一个供应商出问题，影响运营。

第五类，顾客。顾客是企业的服务对象，也是企业的竞争对手。因为顾客在购买产品的时候，常常会和企业进行讨价还价。所以，企业在进行产品选择时，应该注意了解顾客的购买动机。比如，顾客是被产品的先进功能吸引住了，那么，就可以从功能方面与其交流，让其更容易接受产品，迅速作出购买决策。

总之，在充分了解竞争对手的情况下，企业才能制定出更为有效的竞争策略。当然，在了解的同时，企业也可以抱着学习的态度，学习竞争对手的优点，规避竞争对手的教训，这样企业才会发展得更快更好。这就像美国施乐企业高级管理人员席尔克曾经说过的那样：“多参观比较，你就更能接受其他企业比你强的事实。没有一家企业是万能的，但如果你学习了全世界所有企业最好的一面，那你也会变成最棒的企业。”

总结竞争对手的优势和劣势

【科特勒微语录】

一个企业需要辨认每个竞争者的优势与劣势。

——科特勒《营销管理》

【活学活用】

很多企业都认为自己周围有很多旗鼓相当甚至看上去很强大的企业，自己与他们相比较只能是小巫见大巫，面对这样的竞争对手，该怎样从他们的夹缝中生存，找到自己的一席之地呢？想要回答这个问题，首先要做的工作是要分析竞争对手的优势和劣势。这样企业就可以将他们的劣势转化为自己的优势，从夹缝中找到适合自己的生存之路。

所谓的竞争优势是指顾客眼中一个企业或它的产品有别于其他同行业企业产品的任何优越的东西，这种优越的东西可以是产品线的宽度、产品的大小、质量、可靠性、适用性、风格和形象以及服务及时、态度热情等。虽然，要找到竞争对手的优势，从各个方面都能找到，但是，如果能够明确竞争对手究竟在哪一个方面具有优势，在哪一个方面的突出优势导致其成功，会更有意义，企业清楚了这个，自身才可以有的放矢，扬长避短。

比较企业的竞争劣势，整个价值链的每个环节都要入手，如其产品是否新颖，制造工艺是否复杂，销售渠道是否畅通，价格是否具有竞争性等。

当分析完竞争对手的优势和劣势之后，就要酌情采取积极措施，寻找自己立足之地，力求在有强大的竞争对手的市场夹缝中求生存。

企业为避免在市场上与强大竞争对手发生正面冲突，可以采取一种利用营销者自身特有的条件，选择满足强大竞争对手的需求，为它们提供专门的服务，以便牢固地占领该市场。这种策略，既利用了竞争对手的实力雄厚，发展迅速的优势，又为自己找到了一条继续发展的道路，实现企业积累。

当然，再强大的竞争对手，也有它的弱点。角力的最高技艺是，利用对方的力量来对抗对方。同样的，一个企业应该充分认识到竞争对手的优势和弱势，并将对方的弱势转化为自己的优势，以便与其领袖品牌相抗衡。换句话说，不要尽力成为更好，要尽力变成不同。

美国的汉堡王曾经非常成功，它将自己的市场策略直接针对竞争对手麦当劳，如广告词“Have it your way（以你自己的方式）”对应于麦当劳的大批量生产；“Broiling，not frying（烧烤食品，拒绝油炸）”对应于麦当劳的油炸制作方法等。所有的这些营销策略都深深巩固了汉堡王的市场地位。

然后，不知出于什么原因，汉堡王放弃了这样的做法。它变得胆小并停止攻击麦当劳，广告语变成了“The Best food for fast times（快节奏时代的最好食品）”“We do it the way you do it（你的方式就是我们的方式）”等。它甚至开展了一个市场计划，来试图吸引小孩子，而这恰恰是麦当劳的主要顾客群体。最终，汉堡王逐渐丧失了自己的市场位置，并再也没有恢复到曾经的盛况。

由此可见，明确了竞争对手的优势和劣势，企业才能结合自身情况制定出最为恰当的营销策略。

龙头企业如何保持领袖地位

【科特勒微语录】

根据企业在目标市场所处的地位，可以把它们分为领导者、挑战者、追随者和补缺者。市场领导者掌握了40%的份额，市场挑战者掌握了30%的份额，市场追随者掌握了20%的份额，还剩下10%的市场份额掌握在市场补缺者手中，它们在一些大企业不感兴趣的小细分市场中活跃着。

——科特勒《营销管理》

【活学活用】

市场上任何行业中都会有这样一些企业，它们的产品在市场中占有最大份额，它们产品价格的调整、新产品开发、销售渠道及宣传能力都是具有主导作用的，它们成了其他企业效仿的对象，也是其他企业的导向。这样的企业就是行业中的龙头。像微软在操作系统领域，海尔在家电领域，可口可乐在饮料领域等，它们都是市场公认的龙头企业，行业的领军企业。

但是，任何一个行业的龙头企业都不会因为自己处在领导地位就停滞不前，正所谓打江山容易，保江山难。龙头企业周围密布着最多的竞争对手，被竞争对手拉下去，有时候是一件快得让龙头企业来不及反应的事。

1976年以后一直保持着世界复印机市场实际垄断地位的施乐遇到了国内外特别是日本竞争者的全方位挑战，如佳能、NEC等企业以施乐的成本价销售产品且能够获利，产品开发周期、开发人员也比施乐短或少50%，于是施乐的市场份额从82%直线下降到35%。面对着竞争威胁，施乐企业从生产成本、周期时间、营销成本、零售价格等领域中，找出一些明确的衡量标准或项目，然后将施乐企业在这些项目的表现，与佳能等主要的竞争对手进行比较，找出其中的差距，弄清这些企业的运作机理，全面调整经营战略、战术，改进了业务流程，很快收到了成效，把失去的市场份额重新夺了回来。

所以，即便是已经处在领导地位的龙头企业也不能因为没有势均力敌的敌人而麻痹大意，稍有松懈，后边的竞争者就可能赶上，将你挤下去。因此，保持高度的警惕，紧随时代潮流，实现自我淘汰，自我竞争，不断创新，才能不断进步，永远领先于别人。

保持自身不断创新，不断进步这一点在计算机，软件开发领域的企业体现最为突出。比如，微软集团，自从成立以来，保持源源不断的创造活力，每年都会推出一款到两款新技术产品，如此高效率的更新速度，才让其始终保持在行业领先地位，不让任何企业赶上。

另外，保持行业领头地位，还要保持最大的市场占有率。但是，在短期或者在某个具体的营销时期来说，想要达到的目标都会有不同，然而，“万变不离其宗”，对于一个领导型企业来说，科特勒认为还是应该做好以下四方面工作。首先是扩大市场总需求。比如，可以开发市场，寻找更多的市场，细分市场等；还可以增加产品的新用途，来扩大顾客群；还有可以扩大产品的使用量增加占有率。其次是要维护好现有市场，保持现有市场份额不变。这就要采取多种措施，比如，先发、反攻、阵地保护等策略维持市场份额。再次是扩大市场份额，扩宽营销渠道，寻找更多的经销商代理，或者在海外开设分企业等。最后是要保持较低的成本，不做太多浪费，保证产出足够的利润。

可见，保持领导地位并非容易的事情，需要企业付出更多努力，需要企业挖掘更多的市场，赢得更多顾客的青睐。

坚韧不拔的挑战型企业

【科特勒微语录】

进攻市场领导者是一件既有高回报又有潜在高风险的事情。如果市场领导者不是一个真正的领导者，并且对市场服务也没有那么好，那么，进攻它的意义就非常大。另一个可供选择的方法就是在整个细分市场中，通过创新战胜领导者。

——科特勒《营销管理》

【活学活用】

作为一个挑战者形象的企业，表明它已经有足够的实力，但是，高处不胜寒，想要挤入龙头企业行列，想要坐上第一把交椅，谈何容易，龙头企业有实力，有丰富的竞争经验。所以，作为挑战型企业首先要具备的就是拼搏精神和坚韧，要抱着不达目的誓不罢休的决心，通过不断地挑战，不断地进步，实现成为龙头企业的目标。农夫山泉迅速崛起，成为龙头企业，就是一个经典案例。

在经济发达，产品高度同质化的今天，一个品牌很可能被扼杀在摇篮中。但是，农夫山泉却能异军突起，成为三大矿泉水品牌之一，持续发展10年而不倒。它是怎样从一个名不见经传的矿泉水产品，挑战龙头企业，成为三大矿泉水品牌之一的呢？我们看一下它的发展历史。

1997年5月，养生堂企业开发农夫山泉，在市场开拓上，农夫山泉选择了上海、杭州为主攻对象，以“味道有点甜”为卖点，通过大范围、高密度的轰炸式广告宣传，杀入水市。当年7月底，农夫山泉已经在上海大型超市的包装饮用水中成为单品销售最好的产品。

1998年4月，农夫山泉将眼光放眼全国。在全国各地广推550毫升的运动装，依然借助全国各大媒体进行密集宣传，因此，当年“农夫山泉有点甜”的广告语迅速为人们所知晓，农夫山泉如一匹黑马，短时间内成为妇孺皆知的品牌。人们纷纷购买农夫山泉，农夫山泉也一跃成为与娃哈哈、乐百氏并列的水产品，形成三足鼎立局面。

完成了市场占领之后，从1999年开始，农夫山泉转变策略，开始以传播善待生命、关注健康、重视运动，树立良好的品牌形象。赞助中国乒乓球队，成为中国乒乓球队唯一指定用水。同时，农夫山泉又借助悉尼奥运会的机会，凭借自身“天然、健康、安全”的优秀产品理念，成为中国奥委会选定为悉尼2000年奥运会和雅典2004年奥运会中国体育代表团训练及比赛专用饮用水。

2000年，农夫山泉公布了一项“长期饮用纯净水有害健康”的实验报告，宣布自己全面停产纯净水，这引发了天然水和纯净水两大阵营的口水战，这一营销策略虽然招来了一些同行的不满，但也进一步树立了农夫山泉自然水的健康饮用水的良好形象，就此拉开了和竞争对手的距离。该年，农夫山泉市场占有率为19.63%，继续保持排名第一。

2001~2002年，农夫山泉支持北京申办2008年奥运会，广告是“一分钱一个心愿，一分钱一份力量”，品牌美誉度进一步提升，其也成为2001~2004年中国奥委会的长期合作伙伴和荣誉赞助商。

2002年，农夫山泉又开展公益活动，启动2008阳光工程，关注中小学体育设施建设，让农夫山泉品牌形象进一步提升。

2003年，农夫山泉赞助中国航天事业，被中国航天基金会首批授予“中国航天员专用水/中国载人航天工程赞助商”称号。

2004~2006年，与TCL冰箱展开旺季联合促销，掀起异业联合营销的新高潮。

2005年，农夫山泉砸下五万元大奖征集广告创意，这一举动又在业界引起不小的轰动。

2006年，农夫山泉开展第四届“一分钱”饮水思源活动，帮助水源地的贫困孩子。

2007年4月，农夫山泉通过“水测试”营销策略改变顾客饮水观念，同时把矛头直指康师傅矿物质水等非天然饮用水品牌。该年，农夫山泉成为最受网民关注的饮用水品牌。

如今，农夫山泉进一步巩固健康形象，广告语“只做大自然的搬运工”成为业界最为亮眼的广告。

从农夫山泉的发展史中我们可以看到，每一年农夫山泉都在开展着不同的营销策略，在不断树立和强化自己的高品质、健康饮用水的良好形象，并通过支持社会热点事业，如航天、体育等，进一步提升农夫山泉的知名度。随着企业品牌的壮大，为了能够占领最高点，农夫山泉又采取差异化策略，通过宣传自然水和矿泉水差异，让自己自然水的健康形象一跃超过了矿泉水，使自己的销量稳居第一。如此这样灵活多样，而又步步为营的营销策略，让农夫山泉成功进入水市，成为与其他名牌不分伯仲的大品牌饮用水，它的品牌已经深入人心。

总结农夫山泉和其他优秀企业从挑战者形象成为领导者形象的发展历程，不难看出，它们在营销策略上表现出了极大的活力，大都使用了以下进攻方式。

1. 正面进攻

一些挑战者已经在产品、广告、价格等方面占有了超过竞争对手的能力，于是，这些挑战者就会很有信心地对领导者的主要市场发起正面进攻。

2. 围堵进攻

主要是挑战者开展全方面、大规模的围堵式进攻策略。能够使用这种方式的竞争者通常要拥有比竞争对手更好质量的产品、更实惠的价格以及更好的广告宣传等，如此才能保证围攻的成功。

3. 侧面进攻

一些挑战者非常巧妙地避开了与竞争对手硬碰硬，而是采取侧面进攻方式，以最小的损耗取得最大的成功。它们的方式是专门进攻领导者的薄弱环节，使竞争对手措手不及，或者通过细分市场填补市场空白，实现胜利竞争。

4. 迂回进攻

市场挑战者完全规避竞争对手现有的市场阵地而进行的进攻方式，主要通过发展与现有产品有不同关联度的多角化经营策略，还可以打入新的市场或者发展新技术，创造新产品来取代落后产品等，通过以上策略，挑战者可以利用其他方式进一步增强实力，和领导者竞争。

5. 游击进攻

主要采取的是像游击战似的小型的、间断性的进攻方式，干扰领导者，逐渐削弱对方的士气和力量。比如，在领导者市场的某个市场促销，削弱对方势力。

追随型企业要进可攻，退可守

【科特勒微语录】

一个市场追随者必须知道怎样才能保持现有顾客和如何争取新顾客加入，以便获得满意的市场份额。追随者也是挑战者的打击目标，所以，市场追随者一定要保持成本和产品质量及服务。

——科特勒《营销管理》

【活学活用】

有这样一些企业，它们没有和领导者抢占市场的野心，它们只想追随领导者，学习领导者，效仿领导者生产类似的产品，这样的企业通常发展比较稳定，这样的企业就是我们常说的“追随者”。

美国的汽车租赁企业艾维斯在很长一段时间内，广告主题是高质量的服务，如“最好的汽车租赁服务”等。但是人们看到这个广告后，就会觉得奇怪，艾维斯怎么会有最好的汽车租赁服务呢，它又不是排名第一的汽车租赁企业。

接着，艾维斯改变了市场策略，它承认了自己的位置，广告语也变成“艾维斯仅仅是排名第二的汽车租赁企业，为什么要选择我们？因为我们正在努力改变现状”。在长达13年的时间里，艾维斯损失了很多钱。但是当它承认自己的地位时，它就开始赚钱了，而且赚了很多钱。但是不久艾维斯出售给了ITT企业，广告策略又变成了“艾维斯必将是第一”。

但人们说：不，它不是，赫兹才是，甚至很多人直接打电话给赫兹。显然，这对艾维斯而言是个灾难，但这没有关系，因为这样做的只是一部分人。

就是借着领导者的名字，自己这个追随者也跟着有名了起来，跟着领导者一起发展壮大起来。可见，以追随者的定位在市场中发展，虚心向行业老大看齐，不失为一种创新。

追随者可以通过观察和学习领导者的行为去模仿生产出畅销的产品，也就是跟风，虽然，这样的行为并不是很让人喜欢，但这种方式却实实在在地帮助了企业节约了大量调查市场的成本，同时也保证了未来稳定的产品销量，不会因为市场考察不充分而导致新产品失效。

王先生是经营水族箱的商人，他日夜思考着一个问题，怎样才能让自己的品牌在众多的水族箱品牌中脱颖而出？为此，他聘请了具有专业水族箱设计经验的设计人员和研发人员，对该行业第一品牌黑钻水族箱的原料选用、风格设计、生产工艺等进行了全面、细致的研究，争取让自己的水族箱在各方面达到尖端水平。在团队的集体努力下，2005年10月，以黑钻为榜样的具有高贵风格的精英系列水族箱诞生了，并在广州展会上一炮打响，非凡的视觉体验给人留下了深刻的印象，营销策略取得了成功。但这仅仅只是一个开始，精英虽然在外观上达到了黑钻的视觉效果，但在质量和工艺上还相差甚远，为了达到完美、精湛的工艺，精英水族箱在接下来的1年里，反复摸索，不断实践，目前该品牌的水族箱已经成了顾客信赖的产品，供不应求。王先生凭借着智慧和对顾客负责的态度又一次取得了成功。

可见，通过虚心学习领导者的产品，效仿并在领导者产品上进行创新，能够让自己轻松地获得更好的销售业绩。

当然，除了仿效制造外，还有一些追随者紧跟领导者产品，只是和领导者有一点点差距，很容易让人以为是一个品牌。还有一些追随者则是将好卖的产品通过稍稍改进后卖给市场。

当然，追随者的经营方式有很多。虽然它们这样经营有优势，但是也存在劣势，那就是，很容易因为领导者和挑战者的攻击而迅速垮台。所以，跟随者也应该时刻保持警惕，不要只是模仿领先者，还应该抓住一切机会扩大市场占有率，增强实力。同时，积极研究新市场，打开自己的一片天地，并抓住机会超越对手，以便达到进可攻，退可守的理想状态。

懂得见缝插针的补缺型企业

【科特勒微语录】

为什么补缺能赢利？主要原因是营销补缺者比其他随便销售该产品的企业对顾客的需求了解得更清楚。所以，补缺者因为添加了附加值而使其产品价格超过了实际成本。

——科特勒《营销管理》

【活学活用】

补缺型企业的实力通常比较小，无力与大企业抗衡，为了生存，它们通常选择一些小市场或者大企业忽略的、不感兴趣的市场。虽然市场不大，但是，补缺者同样能够通过恰当的营销方式从中赢得高额利润。

豆瓣网的成功就在于不与强势企业正面竞争，专注于专业化经营、见缝插针地占有有利位置。

豆瓣网是一个图书、音像、电影评论的网站，也是一个成功的网站。随着豆瓣网发展的时间越长，用户越多，聚合力也就越强。由于已经建立起了一定的信誉，从而有力地保证了自身地位，对抗竞争者的攻击。

豆瓣网定位于文化产业，市场规模相对有限，能容纳竞争对手有限。中国人口世界第一，但是喜爱读书的人有多少？读书又上网的有多少？上网又知道豆瓣的有多少？有个朋友做过统计，最后估算出来最终的人群有5万～10万，而这个数字恰恰是豆瓣网创办前3年的发展情况。在如此规模的市场来看，模仿和抄袭者难有作为。

另外，有实力的竞争者基本上很少考虑去搞个豆瓣网出来，转型也要付出惨痛的代价。

由于豆瓣网的诞生是在Web 2.0在国内刚刚兴起的时候，风格在当时与众不同，具有较强的创新性，但是对于传统网站来说，Web 2.0意味着革命，猫扑网也只是增加一个频道，因为如果单独搞一个豆瓣网，面对小众市场，投入的财力太大，用户群发生冲突不说，还会背上抄袭者的丑名，最重要的是，即使都做到了还未必创造价值。

而豆瓣网则选择了其他企业不感兴趣的市场，通过自己的长期坚持和发展，随着文化产业的兴起走出了自己独特的特色，并逐渐发展壮大了起来。

另外，还有一些企业独辟蹊径，通过创新产品实现企业的发展，如牛仔裤本来是专门为男士设计的服装，后来，被拓展到女性服装市场中；还有化妆品本来专属于女性的，但随着发展，有些企业创新地为男士提供化妆品；另外，婴儿尿布出来后，成人尿布也随之出现。这些都是灵活创新的结果，这样的结果必然给企业带去更好的发展。

由此可见，中小企业想要生存，不仅仅要避免和实力强的企业竞争，还应该注意发现更多顾客的需求。

在市场分析过程中应重点注意：顾客位于何处，产品使用者的力度如何，产品购买者的购买力有何变化，主要的重复购买者真正需要什么样的服务，应该具体运用何种促销方式。

同时，着力开拓市场，调查使用相同和相似产品的顾客，找出目前不用，但有可能使用本企业产品的顾客，设法利用现有产品（线），开发新产品，寻找新兴市场。

另外，补缺者还要降低成本，尽量避免不必要的浪费，把更多的资金集中到企业运营中。

细分市场篇　占领并主宰更多市场

就像一个装满石头的广口瓶中还有装沙子的空间，同样，看似已经饱和的市场，其实还有空间没有被发现，要想自己在市场竞争中占有一席之地，能够有自己的优势，又有一部分忠实的顾客，就要进行市场细分。通过以下章节介绍的细分市场的方法，企业会发现还有很多市场空白点等待他们去大展拳脚。

第5章　有效细分市场，提高占有率

市场细分出发点是顾客特点

【科特勒微语录】

市场细分的意思就是企业按照细分变数，即影响市场上顾客欲望和需求，购买习惯和行为的多种因素，把整个市场细分成若干个有不同需要的子市场，这些子市场都是具有相似购买欲望和需求的顾客群。

——科特勒《营销管理》

【活学活用】

买者和卖者共同组成了一个交易大市场，卖者目的是满足买者需求，否则，企业生产那么多产品就等于在浪费，而买者也就是顾客的需求并非统一的，他们因为年龄、风俗、习惯、地理差异等原因，会有不同的个性化需求。所以，企业就要生产具有不同特点的产品来满足这些个性化需求，这样，它才能最大限度地赢得市场。因此，准确地细分市场，能够让企业生产的产品更能获得顾客的喜欢。

既然市场细分很重要，那么，企业该怎样进行市场细分呢？在这点上，有很多人误以为市场细分就是产品细分。比如，LG手机，近些年来推出甜蜜系列手机，有明星产品“巧克力”“冰淇淋”“棒棒糖”等，同时甜蜜系列中还有“曲奇”和“社交派”家族，这些都是对产品细分的。还有伊利制造的苦咖啡、巧乐兹、四个圈、心多多、冰工厂等，这些都是伊利成熟的副品牌，有足够的能力单打独斗。

看上去好像只是给产品进行简单的分类或者是起个好听的名字，其实不然。之所以能够这样分类或者起名，其根本出发点是对顾客进行细分的结果。比如，甜蜜系列是LG苦心经营多年，专门为满足年轻人打造的时尚手机产品线，该系列产品一经推出，迅速虏获了年轻顾客的心。而伊利的各种名字的产品，也不是简单地分类，而是根据顾客的不同需求来进行划分的，比如，巧乐兹，通过这个名字，就能让顾客产生快乐的感觉，这就对那些想要追求快乐的顾客有了很大的吸引力。而冰工厂这个名字，听起来就让人感觉很凉爽，那么，它的受众群自然是那些感觉很热的人了。所以，无论是产品的分类还是起名，都是站在顾客角度思考的，都是以顾客的需求为出发点，最终生产出产品的。所以，千万不要把这个顺序颠倒。

可口可乐公司推出“休息伴”就是适应上班族的需求而创造出来的。“休息伴”使用方便、占地小、可放在任何地方。顾客可以把自我冷却的“休息伴”连接在水源上或是贮水箱上。机器上安装着3个糖浆罐和“休息伴”匹配，同时还配有一个可调制250份饮料的罐子，只要一按按钮水流就从冷却区流到混合管，同时二氧化碳注入就形成了碳酸饮料。机器上还安装了投币器，在买可乐时，可以投入5分、1角或2角5分的硬币。因为机器输出的饮料只有32°，所以，不用另外加入冰块。这个新型可乐分售机极大地方便了办公室人员，他们可以实现足不出户就能享受到可口可乐饮料的愿望。而“休息伴”只需5人使用就可赢利，也给可口可乐公司带去了非常大的收益，进一步扩大了它的市场占有率。

可见，细分市场的出发点是为了顾客服务，所以，企业细分市场就要把具有相同需求的顾客分成一个群，这样让企业更有针对性地为该顾客群服务。

对顾客进行细分是基础

【科特勒微语录】

企业必须首先了解目标顾客的特点，才能更有效地评估目标市场的规模以及做好进入目标市场的准备。人文变量是区分一个顾客群体的最常用的基础变量，一方面，是因为顾客的欲望、偏好和使用率都和人文变量存在密切联系；另一方面，人文变量相较于其他大部分类型的变量，更容易准确衡量。

——科特勒《营销管理》

【活学活用】

对顾客进行细分，就是根据顾客的性别、年龄、教育、职业、收入、种族和民族、社会阶层等因素进行分析。这种细分方式比较容易区分也有很好的可操作性，所以，它成了最为常用的市场细分标准。

在对人群的细分中，基本的细分标准有3个方面：

（1）性别。男人和女人的购买心理、购买方式等都有很大的差别。比如，男人买衣服主要考虑穿得舒不舒服，而女人则考虑得更多，如款式、颜色等。所以，针对男性服装，侧重强调质量好，穿着舒服；而对女性顾客，就要强调款式流行、颜色适合肤色等方面。

（2）年龄。孩子喜欢玩具，老人喜欢怀旧的东西，青年人兴趣广泛，各个年龄段的人的心理和思想上都会不一样，都有一个大致统一的特征，所以，年龄也常常是一个重要的市场细分标准。

但是，科特勒也强调企业要避免落入俗套，因为，同样是70岁的老人，有的可能已经坐了轮椅，有的还在运动场上打比赛。也不能笼统地一概而论，还要进行细分。

（3）收入。收入决定着其购买力，这也是市场细分的关键，特别是对汽车、住宅、服饰、化妆品、旅游等产品和服务而言，更需要考虑顾客的收入差别。比如，普通工薪家庭大多买100平方米左右的普通住宅，你去向他营销别墅，让他们有些力不能及，你也只能是白费力气。而对于一个能够买得起别墅的人，你去营销普通房子，也容易遭到他们的拒绝。

企业在营销方面，可以将自己的目标群体分成若干个小群体，然后，根据企业自身发展特点，找到最适合企业生产的产品，获得更多赢利。

20世纪60年代末，米勒啤酒企业在美国啤酒业排名第八，市场份额仅为8%，与百威、蓝带等知名品牌相距甚远。

他们首先进行了市场调查。通过调查发现，若按使用率对啤酒市场进行细分，啤酒饮用者可细分为轻度饮用者和重度饮用者，而前者人数虽多，但饮用量却只有后者的13%。

通过聚类分析发现，重度饮用者有着以下共同特征：多是蓝领阶层，每天看电视3个小时以上，爱好体育运动。米勒企业决定把目标市场定在这类重度使用者身上。

米勒公司在电视台特约了一个“米勒天地”的栏目，广告主题变成了“你有多少时间，我们就有多少啤酒”，以吸引那些啤酒爱好者。广告画面中出现的尽是些激动人心的场面：船员们神情专注地在迷雾中驾驶轮船，年轻人骑着摩托冲下陡坡，钻井工人奋力止住井喷等。

结果，米勒企业的细分定位战略取得了很大的成功。到了1978年，它的啤酒年销售达2 000万箱，仅次于AB企业的百威啤酒，在美名列第二。

由此可见，找出产品的正确核心使用者或购买者，会使定位在目标市场上显得更突出，在此目标组群中，特别塑造一种形象，会让自己的产品更容易被人们认识、记住并喜欢上。

所以，不同的顾客群有不同的需求，一定要区分清楚，才能更好地为顾客服务，才能让自己的产品更有针对性。

通过地理差异细分市场

【科特勒微语录】

地理细分要求把市场划分成不同的地理区域单位，可以按国家、省、市、城镇或街道来划分，企业可以决定在某一个或一些地理区域开展业务，也可以决定在全部地区开展业务，但是，要注意各个地区间的不同需求和偏好。

——科特勒《营销管理》

【活学活用】

中国幅员辽阔，人口众多，民族状况复杂，风俗差异较大，造成沿海和内地、南方和北方、大城市和中小城市、城市和农村之间，顾客的需求有很大的差异。

比如，在南方地区，多水田，很少需要灌溉，所以，灌溉设备选择在南方销售，就不是很明智；酒企在销售白酒的时候，应该把重点放在东北、西北地区，因为那里冬季寒冷，他们比南方人更需要通过饮酒来御寒；在风小的地方，风力发电机就不如在风大的山区好销；一些地区的人风俗上比较忌讳黑色和白色，认为它们是不吉祥的代表，所以，企业就应该考虑产品颜色设置上尽量不让白色和黑色在此地销售。

可见，企业可以根据地域上的差异，根据顾客所在的地理位置和地形气候等不同进行市场细分，为不同需求的顾客提供各种不同的产品，或者选择其中一个或几个分市场或子市场作为主攻的目标市场。

正所谓："到什么山唱什么歌""入乡随俗"。如果跨国企业无法根据不同地区的消费习惯，调整产品和营销的话，就可能遭受挫折。比如，家乐福退出日本，就是因为他们对因地域差异而带来的文化错位没有深入研究和分析而导致的。

2000年12月，家乐福在日本建立了第一家大型超市，营业面积达3万多平方米，销售的商品超过6万种，是东京及其周边地区规模最大的卖场，如此大的规模，如此丰富的产品，再加上商品价格偏低，这些优势，让日本媒体惊呼，未来家乐福将会毁灭日本超市，然而，日本人在对大卖场短暂的好奇过后，又开始回到了便利店中购物，家乐福的大卖场陷入惨淡经营的境地。2005年3月10日，家乐福发布公告，宣布与日本零售巨头永旺结成战略合作伙伴关系，永旺接管家乐福在日本的业务。这意味着家乐福退出日本市场。而与在日本的情况相反，家乐福在中国的攻势正猛。2005年，家乐福决定在中国新开15家大卖场。

同样是亚洲国家，为什么会出现不同的销售情况呢？究其原因，其实就是地域差距导致的人们消费习惯、风俗不同，而家乐福没有根据不同地区顾客群的需求特点进行细分，而是照搬欧美国家经营经验，导致其在日本水土不服。

因为，日本的国土面积比较小，其住宅面积也比较小，所以，不适合一次购买很多商品存放在家中。特别是蔬菜、鱼肉和制成品，日本人很讲究吃得新鲜，习惯随买随吃。另外，日本大部分妇女结婚后就不再工作，主要在家料理家务，照看孩子，她们有足够的时间去附近的超市选购新鲜食品。日本的超市一般都设在交通流量大的车站附近或者居民比较集中的住宅区和闹市区。家乐福在日本开设超市都是在离中心城市较远的郊区，尽管其价格有优势，但日本主要以中产阶级为消费主体，他们往往把低价和低质量等同起来。品种齐全、价格低廉的家乐福大卖场根本竞争不过价格细分程度较高的专卖店，无法招揽顾客。而中国人主要喜欢物美价廉的东西，喜欢有足够挑选空间的超市，并且，住宅都比较大，可以储存足够多的商品。所以，家乐福在中国才这么有市场。

同样，不仅在国家和国家之间，即便在一个国家，地理上的位置不同，形成不同习惯和需求的顾客群，他们对企业推出的产品样式功能、价格以及销售渠道、促销方式等方面也会有不同的反应。

一般情况下，按照地理差异划分的标准，主要是根据国家或地区，城市或乡村，山区或平原，聚居人口情况，气候差别（气温、湿度、季节差异）等进行划分。这是比较常见的细分标准。

但细分市场时运用的地理标准不能笼统概括为这一个，根据地理位置不同划分应该力争划分恰当。特别是对于那些版图大、民族和宗教复杂的国家更应该进行恰当的进一步划分。一个国家就不能看成一个笼统的大市场，其内部还会可以划分成很多不同的子市场。就像中国这样幅员辽阔的国家，企业就不能根据国家和国家之间这个标准来划分，还要结合地区不同进行划分，这样才能拥有更多的市场份额。

另外，地区划分还应该根据人口分布和聚居情况不同而有所侧重。比如，加拿大国土面积是世界第二，但这个国家人口分布极为不平衡，约有33%的人口聚集在渥太华、多伦多和温哥华三个城市。所以，与其企业对整个国家进行细分，不如对这三个地区进行集中细分，主攻这三个地区的市场成功，也就占据了绝大部分市场份额了。

总之，市场细分可以根据地域不同进行划分，但具体划分标准，一定要运用得当，标准范围过大或过小都不适合企业细分市场。企业使用地理差异进行细分的同时还要与其他几类标准综合分析，才能保证细分市场决策更为科学、客观。

心理特征也可以是细分标准

【科特勒微语录】

在同一群体中生活的人也可能表现出具有极大差异性的心理特性。所以，在市场细分中，也可以根据顾客的社会阶层、生活方式或性格特征来进行划分。

——科特勒《营销管理》

【活学活用】

世界上没有完全相同的两个人，每个人都有自己独特的个性特征：活泼好动型、深沉含蓄型、自信型、缺乏主见型、好奇型、保守型、爱显露型、默不做声型……当然，还有其他分类。企业可以就此进行细分，来研究顾客。

很多知名企业就是通过对顾客进行心理特征细分，成功实现业绩提升的。比如，最著名的莫过于全聚德的“攻击型服务”，它就是把顾客分为活泼型、安静型、兴奋型和敏感型四种，然后，根据不同顾客的性格特征，为他们提供个性化的服务。我们拿活泼型和安静型顾客做个比较。

对于活泼型顾客，这类顾客善于交流，注意力不够集中，表情外露，容易改变主意，喜新厌旧。对于这类顾客，全聚德服务人员会做到主动和顾客交流，语言幽默，内容不重复，容易获得这类型顾客好感。点菜时，主动让顾客自己选择，如果顾客想要换菜，尽量满足他们。

而对于安静型顾客，他们比较喜欢安静的环境，注意力比较集中，很少受他人影响。他们一般克制力强、细心、点菜缓慢。为此，全聚德的服务对策是，尽量安排这类顾客坐到比较僻静的地方，点菜时，可以向他们提供他们比较熟悉的菜品，但不要让他们感觉你在促销，顺其心意，让他们慢慢选择，不要催促。服务态度方面不要过度热情，也不能冷淡，保持好适合的距离。

正是这样具有针对性的个性化服务，让全聚德的名声越来越大，成为海内外皆知的老字号。

当然，心理特征分类不仅包括性格，也可以根据顾客的生活方式和价值观来进行细分。比如，美国一个著名的市场细分体系，它就是通过研究顾客价值观和生活方式系统来进行市场细分的。它把美国的成年人分成不同的群体，每个群体有不同的特性。各群体根据他们的资源水平（包括如收入、教育、能量水平和购物的热情）在垂直方向进行排列，根据自我导向水平在水平方向进行排列。

该系统的关键点是构成水平维度的三个自我导向。原则导向的顾客根据信念系统的指导作出购买决定，他们对他人看法并不关心；地位导向的顾客根据他们同辈人的看法做决定；行动或自我导向的顾客通过购买产品来影响他们周围的世界。

系统顶层被称为实现者，他们是那些拥有丰富资源的成功的顾客。这个群体关心社会问题并对变化持开放的态度。可分为以下三个群体：

自我实现者：对生活感到满意、爱思考并且安逸。他们倾向于实践并看重功能性。

成就者：以职业为导向，并且对冒险或自我发现有预见性。

体验者：年轻而冲动，并且喜爱反传统和冒险体验。

另外四个群体所拥有的资源比较少：

信仰者：有强烈的原则并喜爱那些有信用的品牌。

奋斗者：和成功者相似，但拥有的资源较少。他们非常在乎他人的肯定。

制造者：以行动为导向，并倾向于把精力花在自给自足上。人们经常会发现他们在维护自己的汽车、罐装他们自己种的蔬菜，或建造自己的房子。

挣扎者：处于社会阶层的底层。他们最关心的是满足眼前的需求，没有什么能力去获得任何超出生存所需的基本物品以外的东西。

最后，科特勒还建议企业按照社会阶层进行心理细分，不同社会阶层的人的生活经历、接受的环境大不相同，这也就导致他们的世界观、价值观、兴趣爱好等方面有着千差万别。所以，根据不同社会阶层来进行市场细分，也是很恰当的细分依据。

总之，心理特征决定着人的外在行动，企业抓住了顾客的心理，也就抓住了这个顾客。所以，不妨使用这种方式做一些市场细分。

顾客行为细分同样重要

【科特勒微语录】

在行为细分中，根据顾客对某件产品的了解程度、态度、使用情况或反应，把他们划分为不同的群体。很多营销人员都深信：时机、利益、使用状况、忠诚状况、顾客准备阶段和态度等行为变量是建立细分市场非常重要的出发点。

——科特勒《营销管理》

【活学活用】

正如科特勒所说的那样，行为变量同样是市场细分很重要的出发点，增加了这一变量，企业能够更好地进行市场细分。

通常情况下，按照顾客进入市场的程度，可以把某种产品的顾客划分为潜在购买者、初次购买者、经常购买者等不同群体。按照消费数量来细分，可以分为少量用户、中量用户、大量用户。按照顾客对品牌的偏好，可以分为无品牌偏好者、几种品牌忠诚者、单一品牌忠诚者等。企业可以根据这些标准进一步合理划分，更容易赢得顾客青睐。

企业在拓展市场、扩大市场份额的时候，往往会把更多精力放在发展新顾客上，但发展新的顾客和保留已有的顾客相比花费将更大。此外，根据国外调查资料显示，新顾客的期望值普遍高于老顾客。这使发展新顾客的成功率大受影响。不可否认，新顾客代表新的市场，不能忽视，但我们必须找到一个平衡点，而这个支点需要每家企业不断地摸索。除非你能很快弥补损失，否则失去的顾客将永远失去。

张先生遇到过这样的事情，他成为中国香港上海汇丰银行VISA信用卡的会员已经两年了。某天，他收到银行的月结单，银行自动为他再续期了1年。恰好此时，他得知他的一位同事最近成功申请成为了汇丰银行VISA信用卡会员，并且成为新会员后以88港元的优惠价换取一个漂亮的台灯。张先生非常喜欢这个产品，就询问银行信用卡中心，是否他也能享受到同等优惠。然而，中心的工作人员却告诉他，那个优惠只针对新顾客，如果想要获得这个优惠，需要再申请一张汇丰Master信用卡。

如果我们遇到像张先生这样的情况，听到这样的回复，心中会怎么想呢？相信绝大多数人都会感觉很不舒服，甚至有的人会因此退出在汇丰银行办理的所有业务。

每个企业对于各自的顾客群都有这样那样的划分，各个顾客因而享受不同的顾客政策。但企业必须清楚地认识到一点，即每个顾客都是自己的衣食父母，不管他们为企业所做的贡献是大还是小，都应该避免出现歧视顾客的政策，所以，不要轻言放弃顾客。并且，企业还要意识到，企业的竞争对手可能会利用顾客不满情绪，逐步蚕食其忠诚度，扩大不良影响。

另外，有的顾客买的产品多，如批发产品。有的顾客买的产品少，如闲散顾客。针对不同顾客群，企业应该采用更有针对性的服务。对于大型批发商，可以表现得慷慨大方一些，和他们建立良好的合作关系，处处为他们提供方便，讲诚信，不做坑蒙拐骗的事情，企业一定会积累一批大宗商品的顾客。当然，对那些零散顾客也不能态度冷淡，因为很可能其中也有未来的大顾客。应该以诚相待，服务周到细致，给人留下好印象，为品牌增光。

谁都有喜欢的产品和不喜欢的产品，所以，顾客不喜欢企业的产品，不必大惊小怪，每个人的需求都不一样，不可能都能让顾客获得满意。但是，企业也不能对顾客的不满意或者不喜欢不理不问。要知道，他们才是衡量产品的人，他们的意见对产品的改进弥足珍贵。要知道，沟通渠道畅通，便于企业收集各方反馈信息，有利于市场营销工作的开展。另外，企业应提升投诉工作的服务质量，及时处理投诉，还能提高顾客的满意度，同时，也避免顾客忠诚度的下降。

如此看来，顾客行为细分也是一个重要环节，结合其他细分方式，企业能够获得更多的市场信息，在复杂的环境中作出恰当的分析，设计出适合企业的市场细分方法。

恰当的市场细分才有效

【科特勒微语录】

并非所有的市场细分方法都是行之有效的。比如，食盐的购买者可以分为金黄头发的和黑头发的。但是，头发的颜色和是否购买食盐毫无关系。并且，如果所有食盐的购买者每月都购买等量的食盐，并且，所有食盐的质量相同，可以付相同的价格，那么，企业就不能从细分这个市场中获得任何利益。

——科特勒《营销管理》

【活学活用】

市场细分的基础是顾客需求的差异性，所以，凡是使顾客需求产生差异的因素都可以作为市场细分的标准。但由于各类市场的特点不同，所以，市场细分想要成功有效还是需要一定条件的。

就像科特勒所说的那样，并非所有的市场细分都是行之有效的。所以，即便市场细分方式再新颖，再与众不同，也不能认为它就是行之有效的。市场细分方式能否给企业带去良好的经济效益，其是否能够获得成功，还需要企业对细分市场进行科学的评估，真正找到适合企业集中打造的目标市场。

在客车市场上，旅游团体市场是仅次于客运和公交的第三大市场，随着近些年旅游业的快速发展，客车市场也是一片火爆，车辆需求的数量和档次都上升了一个大台阶。金旅客车在旅游团体市场上的表现尤为突出。它之所以能够挤占客车销售市场，取得不错的成绩，主要是恰当地进行了市场细分。

他们在进行市场细分时，选择具有这样特点的细分市场，集中进攻的。

首先，可衡量性。这主要是指各个细分市场的购买力和规模能被衡量的程度。如果细分市场变数太多很难衡量，如拿人的头发颜色来作为细分标准。那么，就没有办法界定市场了。

金旅客车看到政府和各个组委会的宏观调控保证了该市场的稳步发展，车辆购买和更新力度逐渐加大；承运单位体制改革对市场经济的促进和车辆调配科学技术水平的提高，也能保证市场运作；飞速发展的中国客车工业，已经遍布各个细分市场，具有更高的可靠性和稳定性。

其次，可赢利性。细分市场的容量能够保证企业获利也是企业考虑细分市场是否有效的重要因素。该因素也决定着企业是否能够在细分市场中良性发展。

金旅客车研究发现，用于国内外重要会议，以及一些重大赛事的接待工作的车辆，长期被进口客车垄断，如凯斯鲍尔、沃尔沃、现代等高档豪华客车是这个领域的主流。现在虽然有很多国产客车开始逐渐取代原装进口客车，但车辆档次还比较高，那么，中低档会议接待客车仍存在一定利润空间。金旅客车于是推出考斯特、金凤凰、开拓者。同时，相对规范的市场应用，也保证了细分产品的市场容量稳定发展，能保证其赢利性。

最后，可进入性。所选择的细分市场必须和企业自身发展状况相匹配，这样，企业才有能力保证自己的优势得到充分发挥，并能长期保持这种优势，所以，企业一定要评估自身资源、资金、管理、业务等方面，了解自己的优势和弱势，做到知己知彼。

为了能够打入团体客车市场，金旅客车非常重视自身的品牌建设，给顾客留下了一个非常务实、负责任的企业形象。

由此可见，金旅客车把团体客车做成了最有效的细分市场，并树立了良好的口碑和品牌形象，其在团体客车市场获得成功是必然的。

只有有效的市场细分，才能为企业的发展作出贡献。所以，企业在评估市场细分的时候，不仅要看其可衡量性、可赢利性及可进入性，还要参考其是否具有相对稳定性，相对稳定性是指细分后的市场能够具有相对应的时间稳定。细分后的市场能否在一定时间内保持相对稳定，直接关系着企业生产经营的稳定性。特别是大中型企业和一些投资周期长、转产慢的企业，更容易造成经营困难，严重影响企业的经营效益。

总之，在细分市场时，不能只追求市场细分标准的个性化，还应该注意其是否是有效的市场细分。只有恰当的市场细分，周全的评估考虑，才能更有发展潜力，更利于细分市场。

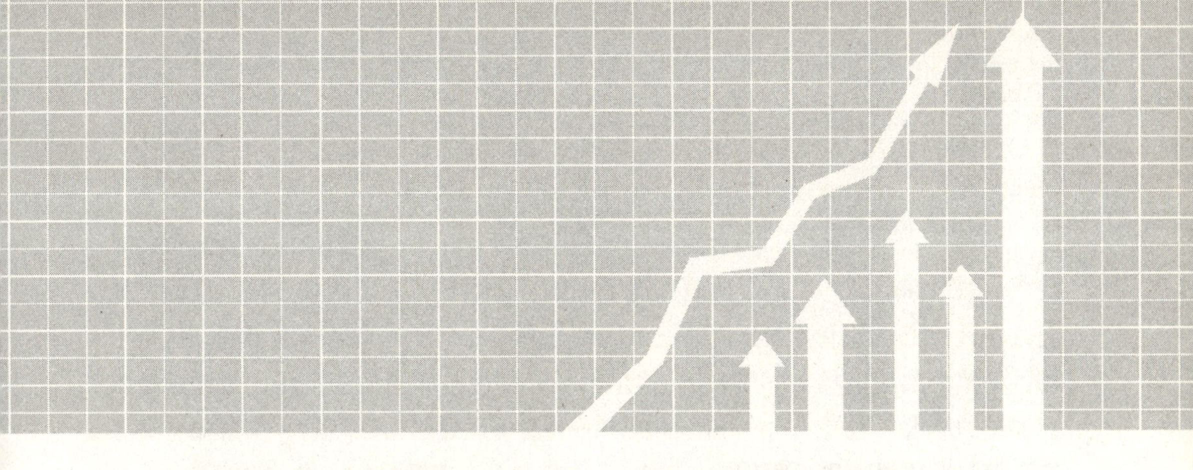

第6章　从实际出发，理性选择目标市场

结合企业实际，准确选择目标市场

【科特勒微语录】

营销者现在不再谈论顾客的一般态度，他们甚至只集中分析少数几个细分市场。他们每日在交叉使用几种变量，以力求确定更小、更准确的目标群体。所以，一个银行不仅只是存钱的机构，还会根据顾客当前的收入、财产、储蓄及应对风险的态度来细分他们。

——科特勒《营销管理》

【活学活用】

市场之所以要细分，最终目的是要找到目标市场。因为企业生产的产品毕竟有限，而顾客的需求却是无限多的，任何一个企业都没有足够的人力和物力去满足所有顾客的需求，所以，企业必须有所取舍，这样就要通过市场细分，来选择部分顾客群体来作为目标市场，尽量满足他们的需求。那么，明确目标市场，找到日标顾客群的需求，通过市场营销策略，满足目标市场的需求就成了当务之急。准确选择目标市场，需要从多方面进行考量。

美国一家小油漆厂，因为面临较大的市场竞争压力，他们决定重新定位，寻找企业的目标市场。于是，他们拜访了很多潜在顾客，为了调查方便、准确，他们首先进行了一下市场细分，共把市场细分成了五个。一个是本地市场，这个市场占了整个油漆市场60%的份额，这个市场有各种各样的油漆产品，能够满足顾客多样的需求。但是，这个市场油漆产品的竞争也是最为激烈的，很多知名油漆产品都是在这里销售。而就小油漆厂现在的实力，还没有能力参与竞争。

另外还有四个市场，这四个市场比较小，大概每个占10%的份额。第一个市场是油漆工助手群体。这个顾客群对油漆质量要求高，为住户进行室内装饰用，他们以前主要在老式五金店或木材厂购买油漆。第二个市场是家庭主妇群体。这个顾客群不懂室内装饰油漆，但对油漆的质量要求高，并且希望油漆商提供设计，要求油漆效果美观。第三个市场是青年家庭群体。这个群体通常收入不高，需要租房居住，所以，对油漆质量要求不高，更倾向于便宜的油漆。第四个市场是老油漆技工群体。他们只买颜料和油料，从不买调好的油漆，而是惯于自己调配。

通过一番访问调查，这个小油漆厂认为自身生产能力有限，油漆质量一般偏上，价格上可以薄利多销，以便扩大市场。所以，他们最终决定把青年家庭群体作为该厂目标市场，并据此制定了自己的一套营销策略。首先，油漆产品主要先集中设计多数人喜欢的颜色，包装分大小两种，以后根据顾客的需求，随时调整。其次，在销售方面，把产品推销给离这些目标顾客群较近的小商品店。再次，产品以较低的价格售卖，不参与优惠活动，也不跟风涨价。最后，根据产品价格低廉，较硬质量的特点，进行不间断的促销活动，扩大影响力。

该油漆厂因为恰当地选择了目标市场，并且采用了较好的营销战略，使更多的目标群体接触到了该产品，结果，该油漆厂获得了较大成功，成为当地家喻户晓的油漆品牌。

小油漆厂的成功运作，启发我们寻找目标市场时，一定要先进行市场细分，准确掌握好每个市场的特点，这样，才能为以后选择目标市场打下基础。当然，在调查完各个细分市场之后，更为重要的是要了解自身的发展特点。如果企业看着哪个市场好，就盲目进入，往往会因为自身企业的能力限制而出现问题。所以，一定要结合企业自身发展状况，找到适合的目标市场。

那么，企业该考虑自身的哪些因素呢？

第一，自身资源和能力。

这是企业在选择目标市场时，首先要考虑的问题，看自己企业的资金实力、资源及人才，考评一下这些因素在该行业中的大概位置。如果自身实力有限，想要开疆扩土，争取世界十强的可能性就很小。所以，不能不切合实际，要根据自己的实力来做事，脚踏实地，一步一个脚印。

第二，自身产品的特点。

产品是企业发展的原动力，拥有好的产品，才能保证企业快速高效而持续地发展。所以，企业应该扬长避短，发展自己核心产品，因为自己已经做得很好的产品，在经验、人力和开发成本上都会大大降低。这样也会让企业的产品优势尽量最大化。所以，如果企业主要生产农产品加工，那么，看钢铁行业不错，就进入，是很不明智的。另外，在和其他同行业竞争时，可以在自己的产品上花些心思，如果是生产一些钢铁、煤炭差异不大的产品，就应该在价格上、销售商上花工夫。如果是生产服装，在花色、款式等方面形成差异更为重要。

第三，看自身产品所处生命周期阶段。

如果自己的产品已经进入成熟期，产品竞争比较激烈，同类企业较多，那么，就要集中市场细分，进行差异化经营，避开竞争，站稳市场；如果该产品还是新产品，没有多少竞争对手，那么，就可以集中在价格上或者产品的新颖性上做文章，吸引潜在顾客。

上述三点是企业在进行自我评估时，必须考虑到的，当然，还有竞争对手的情况以及产品的供求趋势，这些都要进行细致研究，如此，企业才能更客观、准确地了解自身特点，才能保证企业能够找到适合自己的产品。

选择更多认可企业产品的市场

【科特勒微语录】

营销者只要能够很好地理解顾客需求，那么，顾客就会心甘情愿地付钱。

法拉利汽车的价格虽然昂贵，但是它的顾客都认为再没有其他制造商能够像法拉利这样，为他们提供如此好的产品—服务组合。

——科特勒《营销管理》

【活学活用】

一个企业是否是有发展潜力的好企业，关键看企业是否能够获得更多顾客的支持。有更多顾客认可的企业才是真正的好企业，才是能够长期发展的企业。

称索芙特为产品功能创意之王一点都不过分，不管任何商品，在这种概念化基因的复制下，衍生的是一个个独特的另类。

1997年，木瓜白肤香皂问世，开创了香皂又一功能卖点；

1998年，细胞减肥香皂上市，延续了海藻减肥香皂的奇迹；

1999年，木瓜白肤洗面奶进行浓度型细分，开创了浓度美白理念；

2000年，PM丰韵香皂辅以泰国传奇故事拉开帷幕，迅速引燃中国市场；同年，十大美女洗面奶横空出世，十大功能卖点同时出击，意图囊括所有顾客，其中瘦脸洗面奶更是以极强的功能承诺脱颖而出；

2001年，负离子洗发露闪亮登场，借助发廊里负离子直发的潮流，一举从传统洗发水概念中脱颖而出，掀起了负离子洗发的热潮；

2003年，水白晶护肤品惊艳上市，这一经典创意，将理想肌肤状态推向极致；同年防脱洗发水成功切割传统洗发水市场，成为年销过亿的又一单品；

2004年，90度挺好丰韵霜，以状态为诉求切入点，掀起丰胸市场的又一场冲击波；

2006年，负离子“氧吧”细雨润物般渗入市场，让人耳目一新，消费欲望蠢蠢欲动。

索芙特这一系列的产品，都是根据顾客的诉求来提供的，是不断挖掘顾客潜在需求的结果。这样不断满足顾客需求的企业能不吸引顾客的眼球，获得顾客的青睐吗？所以，不断调整、创新自己的产品，获得最广大顾客认可，才是企业得以长期发展的基础。否则，自己的产品没有顾客愿意购买，那么，企业也就失去了它存在的意义。

当人们对产品认同的时候，人们也在心中牢牢记住了这个品牌，而一旦自己的产品形成品牌效应，那么，品牌的辐射力和影响力就会进一步扩大，在未来，企业的发展将会更加坚实有力。当然，人们认可产品，那么，销路也就自然畅通了，在销售成本上就可以缩减。可见，企业能够赢得广大顾客的认可意义重大。

所以，企业在选择目标市场时，就应该结合自身产品特点，找到那些有更多顾客需求的市场，然后，进一步通过营销策略，获得更多顾客的认可。

那么，企业该怎样赢得更多顾客认可呢?

首先，应该了解顾客最关心产品的哪些方面。比如，乳制品，顾客最关心的是产品质量而不是包装。如果质量不好，再花哨的包装也没有顾客。如果是一些服装，对于中低顾客群来说，只要样子好看，能够有支付能力，那么，服装质量不是太次就可以。所以，针对不同目标市场上顾客群的关注点不同，要对产品进行调整。尽量满足顾客的需求。

其次，加大宣传力度。酒香还怕巷子深，再好的产品，如果不重视宣传，结果很可能是被淹没在众多的产品中。产品就是要给顾客服务的，所以，要让更多的顾客接触到该产品，才会有机会购买该产品。加大宣传力度非常重要。比如，“脑白金”产品，就是因为侧重广告宣传，宣传力度比较大，所以，其迅速占领了保健品市场，成为家喻户晓的名牌。

最后，强化服务。企业不能只是独自制作产品，还应该不断地和顾客沟通，了解产品的优缺点，不断改进产品。同时，在服务方面也应该周到，给顾客留下良好的印象，赢得更多的忠实顾客。

目标市场能给企业创造最大利润

【科特勒微语录】

如今，有很多企业已经发现，顾客实在太多、太分散，并且，他们的购买习惯还千差万别。想要用单一的或几种方式吸引所有顾客，是不太可能，并且，企业自身也没有能力满足不同市场需求。所以，企业应该寻找让自己获得最大利润的目标市场。

——科特勒《市场营销教程》

【活学活用】

对于现在的企业而言，每个企业都应该有自己的优势业务，最好有自己的核心产品，或者在销售渠道方面有优势，这样，才不至于在激烈的同行业竞争中被挤掉。所以，企业在选择目标市场时，要结合自身情况，寻找那些能够给企业带去最大利润的市场。

“金利来领带，男人的世界”，这则广告语已经在国内乃至世界都家喻户晓，它的年产量达数亿条，产品行销于美国、澳大利亚、欧洲、亚洲近百个国家和地区。金利来的成功不得不归功于它的创造者领带大王——曾宪梓先生，他是一位有胆识的成功企业家。

曾宪梓祖籍广东省梅县，在国内长大，就读于中山大学生物系。20世纪60年代初，前往泰国与家人团聚。同时，他一直在思索自己该经营点什么买卖来养活家庭。在泰国，他发现很多人穿西装戴领带，领带成了男人不可缺少的装饰物，并且随着人们消费水平的提高，品位的提升，必然需要更多的领带。于是，他在领带刚刚兴起时，做起了领带售卖。

他只身来到中国香港，刚开始创业时，他随身只带了6 000港元，租了一个小厂房，凭着一把尺子、一把剪子和一架缝纫机，自己进行设计、剪裁和缝制，开始了一段非常艰难的创业阶段。他每天从早晨6点钟一直工作到深夜2点钟，制成领带后，还要自己扛着成品挤公共巴士，沿街推销，扯着嗓子叫卖。在制作和销售领带的过程中，他悉心研究顾客的心理动态和穿着习惯。凭着自己的学识和经验，探索领带的用料、款式、设计，研制出自己产品的独特风格。

后来，他的小作坊变成了一个有点儿规模的厂房，之后，他不再去自己销售，而是把更多的注意力放在了考察市场上，他不仅在中国香港考察市场，而且到世界各地去考察市场，他先后到过法国、意大利、德国、瑞士、奥地利、美国、加拿大、日本等几十个国家去了解领带制作和市场销售情况，吸取别国生产和设计领带的经验，并与那里的一些厂商建立了业务关系。

1970年，他在中国香港正式创立了“金利来（远东)有限企业”，自己设厂织染专用布料，开设设计和缝制部门。

随着业务的发展，曾宪梓先生非常注重“金利来”的品牌建设。他在企业刚成立资金有限时，依然投入较大资金到广告宣传上。另外，他认为，优良的产品品质和稳定的质量是企业品牌不倒的法宝，所以非常注重产品质量，因为金利来领带时刻保持质地优良，款式新颖，品种繁多，手工精细，美观的特点，深受各界人士欢迎。中国香港几十家大百货企业经销其产品的代销点遍布港九新界各地。

但企业发展从来都不是一帆风顺的。1974年，中国香港经济受世界经济不景气影响，很多产品售价一落再落，领带行情也急转直下。当时，一般厂家都希望通过大幅度降价来尽快把产品脱手。而曾宪梓先生没有这样做，他做了一个大胆的举动——提高产品价格。因为他意识到，领带标志着庄重和高贵，顾客更愿意买名牌，并以此为荣。随着金利来领带价格上涨，它的身份倍增，结果，销量不仅不减，还获得较大的赢利。

随着金利来的稳步发展，它已经成为了一家恪守信誉、财力雄厚、生产名牌产品的大企业。

制作领带的成本虽低，但金利来品牌的领带却凭借它响亮的牌子，能够卖出很高的价格，其中的利润空间可想而知。

所以，企业在寻找目标市场时，也应该像曾宪梓先生那样，考察市场，找到创造最大利润的市场。这不仅仅是在追逐利益，更重要的是，企业获得丰厚收益，就能为进一步提高产品质量和扩大产品规模提供强大的后盾支持，也能让企业更有能力应对各种可能突发的情况。

当然，企业在寻找最大利润市场时，也应该有前瞻性的眼光，因为有些潜在的市场，虽然目前看上去利润不是太多，但可能在未来的发展中，企业能在该市场获得更多利润，那么，就应该选择这样的市场进入。而一些看似有很高利润的市场，也许当你进入时，已经有很多家企业进入，竞争也就变得激烈了，而利润空间日益缩小。

比如，一些新兴行业，节能环保产品，目前可能看不出利润，但节能环保是大势所趋，如果有生产这些产品的厂家，就应该坚持开发这个市场。因为竞争者少，利润空间自然大。先下手，就能占有最大的市场份额。

还有一些存在巨大利润的市场，尚未被发掘，一旦开发，利润空间自然大。所以企业也应该关注，并主动挖掘潜在市场。

寻找还没有饱和的市场

【科特勒微语录】

一个细分市场中，如果已经有很多竞争力很强的企业了，那么，进入该市场的吸引力就大大降低。因为这样的市场会有很多实际或潜在的替代产品，会制约该市场价格和利润。

——科特勒《市场营销教程》

【活学活用】

俗话说“同行是冤家”，任何一个企业都不喜欢有太多竞争对手。因为过多竞争者的进入，就意味着自己的市场份额会越来越小，自己需要投入营销方面的成本会越高，自己要生产更好的产品，并且，即便如此努力，自己的利润空间还是在不断下降。这样的市场环境，对于那些中小企业而言；有时候是致命的。比如，现在的房地产企业，在市场繁荣时，中小企业还可以分一杯羹，随着宏观调控力度的加大，市场热潮消退，更多的中小企业因为竞争不过大型企业，而被迫倒闭。所以，更多的企业喜欢那些市场还没有饱和，没有过多竞争者的市场。

1994年，高温肉制品的竞争异常激烈，雨润以敏锐的战略眼光，明智地选择了低温肉制品这一最具增长潜力的崭新产品，选择在双汇、春都、金锣对低温肉制品的市场前景不看好、犹豫不决之际，把企业有限资源集中投入低温肉制品这一大类产品的打造上，靠低温肉制品从以高温肉制品为主导、铜墙铁壁般的肉制品市场中撕开了一个缺口。

等双汇、金锣缓过神来已落后一大步，雨润已经在顾客心目中占据了低温肉制品这个产品大类的领导位置。尽管1998年以后双汇、得利斯、美国荷美尔等发起了一轮轮低温肉制品的猛烈攻势，新产品不断推向市场，但雨润这个中国低温肉制品第一品牌的形象已经深深植根于中国老百姓的内心世界。

雨润不走寻常路，没有和大企业硬碰，独辟蹊径，硬是在火爆的肉产品中，细分出了一个还没有被竞争对手注意或者进入的低温肉制品。雨润走入低温肉制品市场，满足了一大批有这方面需求的潜在顾客，雨润也在市场上占有了一席之地。这就是利润寻找没有饱和的市场的结果。

还比如，霸王洗发水，它发现有很多中国人更愿意使用中药产品。因为在中国，中药不仅仅代表着独门秘方，更代表着传统文化。霸王深知要在市场上扎根立足，只有建立一个强势的中药文化，才能符合“中药世家”这一称谓，也才能赢得更多顾客喜欢。自成立以来，霸王开发了三个品牌几十个品种。但真正能在市场上做到畅销的，还是它的中药功能性洗发水，而这正是由于它很好地把本土文化优势建立在了细分市场上。霸王的优势在于，用中草药或者中医药理论来支撑功能性的效果，然后围绕这一轴心构建一整套从技术研发、产品外包、宣传推广、员工培训到促销策略完全一致的支撑体系。

如今，“霸王，中药世家防脱”这个响亮的广告语已经深入人心，其神秘、自信与传统的气质征服了很多顾客。

谁都不愿意进入竞争激烈的市场，那么，寻找不饱和的市场，成了企业发展中必须考虑的问题。要想找到不饱和的市场，就应该潜心研究市场，多和顾客沟通，从市场中找到不饱和的市场。这样寻找到的目标市场，才是真正未饱和的市场。如果只是给产品进行分类，比如，把精装图书做成平装书，如果没有顾客喜欢，那么，找到的目标市场就是无效的。要在顾客反馈中发现，这样才能找到有广大顾客群的市场。

另外，还应该对市场进行科学细分，灵活使用细分标准，找到最好的细分市场。

以整个市场为目标的无差异营销

【科特勒微语录】

目标市场营销摒弃了以一般大众为营销对象的观点，使市场营销活动真正以顾客需求为中心，也是营销者发现与自己资源相匹配的最佳市场的机会和避免过度竞争，从而使市场营销活动更加有效。

——科特勒《市场营销管理》

【活学活用】

所谓的无差异市场营销，就是指企业在进行市场细分后，只关注各个子市场中的共同特点，而忽略差异化。企业将自己的某个产品分别投入这几个子市场。有很多企业用该种策略实现持久发展。美国的可口可乐公司是最有代表性的例子。

1886年，一名叫班伯顿的药剂师发明了可口可乐配方，并开始投入生产，可口可乐发展的这一百多年来，无论是在北美还是在世界各地，都是开展无差异化营销策略。人们可以发现，在任何地方喝到的可口可乐，都是同样的品质和口感，在任何地方看到的可口可乐都是同样的瓶子，甚至连广告都是统一的。也正因为始终如一的口味，征服了世界156个国家和地区的顾客，人们深深记住了那种口味，可口可乐也因此成为世界著名品牌。

曾经因为百事可乐等饮料的竞争，可口可乐曾花费大量资金用于研发新的可口可乐配方，结果，新配方一经推出，便遭到了顾客的谴责。有很多顾客去超市里抢购老配方的可口可乐。可口可乐也没有意识到，原来顾客已经深深习惯了这种口味。结果可想而知，销售情况每况愈下。最后，可口可乐不得不重新使用老配方。

这就是无差异营销策略的结果，同样的产品频繁地为顾客所接受，如果产品如可口可乐那样过硬，那么，产品在更多的子市场中为人们所发现，人们就会越来越熟悉该品牌，就会更容易记住该品牌，自然有了稳定的顾客群。

这种营销策略不仅能够让更多的顾客接触到产品，赢得口碑。同时，对于企业自身来说，其也是很有优势的。

首先，降低成本。因为无差异的营销策略，要求产品都是统一的，无论是品种、规格都是一样的。所以，企业可以实现规模化生产。这样就大大降低了研发、宣传等成本。

其次，简单易行，方便管理。这些产品都是规模化生产的，只要组织好生产环节，以及销售环节，按部就班地运行就可以，很简单。

当然，任何营销策略都是有利有弊的。无差异化营销策略也是有一定的弊端。

首先，不能满足不同顾客的需求和爱好。因为产品单一，产品就自然只能满足小部分顾客群。想要吸引所有人的眼光是不可能的。

其次，容易受到竞争对手冲击。因为操作简单，产品单一，很容易被其他企业效仿。市场自然就变得竞争很激烈。当竞争对手从这一整个市场的细微差别入手，参与竞争，就能很容易争夺市场份额。

所以，这样的营销策略较适合具有广泛需求的，品种、规格、款式简单并能够标准化的大量生产、大量分销的产品。这样的产品最好做成品牌，在顾客心中形成无可替代的印象，这样才能在市场中长久立足。

集中几个子市场差异化营销

【科特勒微语录】

差异性营销通常要比无差异性营销能让企业获得更高的销售额。因为通过多种渠道销售多样化的产品一定能提高总的销售额。

——科特勒《营销管理》

【活学活用】

随着市场竞争的日益激烈，企业越来越倾向于走差异化营销道路。所谓的差异化营销策略，主要指企业决定同时为几个子市场服务，试图通过差异性的产品满足不同的需求，制定实施不同的市场营销组合，通过多标准化的产品线、多样化的销售渠道和多样化的促销方式进行销售。

这种差异化营销方式大大满足了不同顾客的需求，让企业尽量规避饱和市场，寻找新的细分子市场，实现赢利。宝洁公司就是通过差异化营销策略成功的典型案例。

宝洁公司实行“一品多牌”战略，追求同类产品不同品牌之间的差异，包括从功能、包装、宣传到销售等多个方面，形成各具特色的品牌。这样，每个品牌都有自己的发展空间，市场就不会重叠，市场占有率就大大提高。比如，宝洁的洗发水就有飘柔、潘婷、海飞丝三种品牌。洗衣粉有汰渍、时代、格尼、象牙雪、达诗、波德、奇尔、奥克多和卓夫特九个品牌，要问世界上哪个公司的品牌最多，恐怕是非宝洁莫属。

之所以这样设计，是因为顾客的需求是不同的。比如，拿洗发水来说，有的人希望头发飘、柔，有的希望头发没有头皮屑，有的希望有香气，有的希望头发更黑。对洗衣粉的需求也不相同，有的喜欢不伤手的，有的喜欢漂白的，有的喜欢飘香的等。宝洁就是利用顾客差异化的需求，生产各种产品。

宝洁从营销组合上也是寻找各异的卖点，力求最大化地满足顾客。比如，宝洁洗发水广告，海飞丝的为“头屑去无踪，秀发更出众”；飘柔的则为“含丝质润发素，洗发护发一次完成，令头发飘逸柔顺”。不仅广告词各有侧重，突出个性化，在产品设计上，也是各有不同。海飞丝洗发水包装是海蓝色，让人联想到蔚蓝大海，顿感清新凉爽；飘柔洗发水包装是草绿色，让人感觉清新活跃；潘婷洗发水包装是杏黄色，让人产生营养丰富的视觉效果。

另外，宝洁还进军食品，如咖啡、橙汁、烘焙油、蛋糕粉、土豆片。还有化妆用品以及药品行业。可谓无孔不入。正是宝洁能够在多个子市场进行产品差异化生产，以及使用不同的营销组合，使得宝洁这个庞大的商业帝国，已经深入中国大大小小各个地方，它的品牌也家喻户晓。

由此可见，实行差异化策略，能够让自己的产品尽可能多地接触顾客，能够提高市场占有率，有利于企业的发展。同时，这种策略也能更大地降低风险，避免因为某个子市场的不景气，而影响整个企业的发展。

但是要注意的是，企业在实施差异化策略时，一定要严格细分市场，保证每个品牌都有自己的特点，避免出现功能重复等现象。

还有，应该注意企业发展的目标，如果企业想要在某个子市场打造长期产品线，那么，需要投入的人力、物力就要侧重这个市场。如果只图短期回报，就可以适当缩短其生命周期，把更多的财力、人力用到其他子市场中。

同样，这种差异化策略也有一个适用范围。对于那些实力不大的企业，还是尽量避免使用这种策略，因为，这样的策略，必然需要足够的资金支持才可以。对于缺乏实力的企业来说，各个渠道的销售额不足以支持它成功推广和生存所需的费用，那么，运作起来就会很艰难，甚至很容易出现资金链断裂。

进军少数子市场，集中营销

【科特勒微语录】

通过密集营销，企业能更好地了解该细分市场的需求，这样就能在该细分市场建立牢固的地位。通过生产、销售等方面的专业化分工，企业也可以获得更多收益。

——科特勒《营销管理》

【活学活用】

所谓集中化策略，就是企业集中力量，进入某个或几个子市场，在这些子市场中进行高度专业化的生产和销售，力求在这少数几个子市场中占有一席之地。一旦市场选择得好，这种策略往往让企业一炮打响。

中国几千年沿袭下来的是食用热鲜肉的传统消费习惯，就是凌晨宰杀、清早上市，不经过任何降温处理。在从加工到零售的过程中，热鲜肉不但要受到空气、苍蝇、运输车和包装等多方面污染，而且这个过程肉温较高，细菌最容易大量增殖。

而冷鲜肉严格执行检验检疫标准，屠宰后胴体迅速冷却，24小时内降为 0～4 ℃，并在后续加工、流通和销售过程中始终保持在这个温度范围内。与热鲜肉相比，冷鲜肉始终处于冷却环境下，微生物的生长被抑制，肉毒梭菌和金黄色葡萄球菌等致病菌已不再分泌毒素，确保了肉的安全卫生。经历了充分的解僵成熟过程，肉的质地柔软、滋味鲜美，汁液流失少、营养价值高。

同时，传统的高温、冻肉制品的销售渠道争夺已近于白热化，渠道精耕、深度分销已经很难进行，价格大战此起彼伏，耗费了肉制品企业的大部分资源和精力。

主要生产火腿肠的双汇，看到了趋势，在中国率先引入“冷链生产、冷链运输、冷链销售、连锁经营”的肉类营销模式，引发了改变中国肉类消费几千年传统的战略创新，引领中国百姓吃上了健康、安全、卫生、放心的冷鲜肉。

这种战略创新，实际上绕开了大型现代零售终端的高昂营运成本，创造性地开设了一条崭新的肉类制品销售模式，不仅可以直接零距离地和顾客沟通，及时了解顾客的需求，大幅度地降低企业的营销成本，还可以以独特的销售形式进一步扩大企业品牌的知名度和影响力，更能够把竞争对手排除在自有渠道之外。

从1998年开始，双汇在全国集中建设了2 000家“冷鲜肉专卖连锁店”，作为企业发展的重大战略，通过直营、合资、加盟等方式，在北京、河南、四川、山东、湖北、湖南、河北、安徽开设了500多家连锁店。河南作为样板市场，这种肉类销售模式的新型品牌店遍布河南各大城市，所到之处无不受到人们的极大欢迎，几十年难得一见的排队买肉现象不时发生。这一子市场的成功，让双汇占有了更多的市场份额，知名度也越来越高。

双汇集中发展火腿肠和冷鲜肉市场，通过着力打造这两个市场，让双汇品牌越做越大，这就是集中化的优势，它让企业瞬间获得较大的市场占有率，提高市场收益。

这种集中化策略特别适合实力不太强的企业，因为它们没有实力同时占领几个子市场，但它们可以发挥自己的优势产品，集中在某个子市场中打造出品牌，这样，可以依靠该市场获得丰厚回报。

当然，这种策略也有它的局限性，就是企业在进行集中策略前，一定要充分了解子市场的情况，如果子市场选择不适当，那么，企业因为投入巨大，就会面临巨大的亏损危机。还有，就是企业一定要密切关注该子市场，以免因为子市场出现不景气，造成自己没有及时退出而亏损。

第7章　根据自身优势，找到合适市场定位

每个细分市场都需要定位

【科特勒微语录】

定位从产品开始。一件产品、一项服务、一家企业、一个机构，甚至一个人……但是，定位并不是对产品本身采取什么行动。而是根据潜在顾客的心理采取行动，也就是让产品在潜在顾客心中确定一个恰当的位置。

——科特勒《营销管理》

【活学活用】

“市场定位”这一概念是在20世纪70年代由美国营销学家艾·里斯和杰克特劳特共同提出的，其含义是指企业根据竞争者现有的产品在市场中所处的位置，针对顾客对该类产品某些特征或属性的重视程度，为本企业产品塑造一个与众不同的形象，并把这一形象生动地传递给顾客，从而让该产品在市场上确定适当的位置。准确的定位，能给顾客留下鲜明的印象，更容易为顾客所记住。

海尔在进入家用电热水器市场多年未获得预期的效果，如何与竞争对手的

产品进行差异化成了当时最先切入的一个难题。

在市场调查中发现，购买电热水器的顾客普遍关注的还是安全问题，顾客在使用时会先打开电源加热，等水温到达一定温度以后，再关闭电源，甚至还要再将电源插头拔掉，然后才沐浴。说明顾客对这个产品的安全不信任。

这个情况引发了营销人员深思，能不能给顾客创造一个可以感觉到的安全承诺，类似一把锁一样，让顾客彻底地放心呢？而目前市场上生产电热水器的厂家包括海尔在内的电热水器产品都没能对安全有一个实在的承诺或者有一个既通俗又能给顾客带来真正放心的概念。

作为新一代电热水器产品，海尔在防止漏电安全处理上超越了同类厂家，一旦发生渗水或者漏电现象，系统会立即自动切断电源，顾客绝对不会受到一点伤害危险，但无论如何宣传，都不能与当时的竞争品牌的卖点区别开来，也就是说，无法找到能让顾客选择海尔的独特理由。

差异化定位的目标明确——为顾客找到一个安全的绝对概念就会从竞争中脱颖而出。营销人员从防火墙这个IT软件名称上得到启发，“防电墙”概念由此诞生，并成为海尔电热水器的副品牌名称，海尔电热水器从此改变成“海尔防电墙热水器”。

跟踪调查发现顾客将防电墙视为电热水器的安全行业标准，在跟其他厂家的营业员交流时，顾客往往会反问：“你说你们的产品很安全，那你们怎么没有防电墙呢？”

防电墙的差异化定位，使海尔电热水器的销量遥遥领先，成为行业第一！

由此可见，市场定位得好，很大程度上提高其曝光度，能让更多的人了解它的特点，赢得顾客的青睐。那么，企业该怎样进行市场定位呢？

市场主要包括三个层次：企业战略层次，营销战略层次，传播战略层次。

第一是企业战略层次。Michael Porter的《竞争论》指出：企业可以以特定产品的种类为基础进行定位。比如，九阳专注豆浆机领域，定位为豆浆机的开创者和领导者；格兰仕专注于生产和研发微波炉；奥普集中所有技术、资源、品牌的优势，定位于卫浴电器产品的开发和推广。

企业也可以以特定顾客群的全部需求或大多数需求为基础进行定位。比如，宜家家居就定位于为在意价格、不需要服务、喜爱变化的年轻人提供家居方面的完整产品系列。

企业也可以聚焦一个企业在整个行业中的专业定位。万科在10亿元规模的时候，进行了一次大规模的瘦身运动，卖掉了很多与房地产主业不相关的企业，其中包括怡宝水和万佳百货等诸多发展很好的企业。一直到现在大家也都认为，万科当年的专业化之路，走得非常棒。事实是：一个10亿元规模的企业，走专业化道路是必然的选择。

企业也可以跨行业定位。当国美大肆扩张的时候，很多人都认为国美疯了，那么低的价格，国美能赚钱吗？国美当然不是傻瓜，但国美到底是怎么赚钱的呢？谜底公布：国美的另一个主业是房地产，但房地产投资回报期长，需要强劲的现金流；用家电零售的现金流支持房地产投资，这就是国美的经营策略。

对于小企业来说，最基本的战略定位就是做细分市场的专家，简单地讲就是把整个市场划分成多个小市场，先进入最适合自己的一个小市场。《竞争论》中建议小企业："你的阵地应足够狭小，小到足以守住，而大的厂商又无暇顾及。"小企业最大的优势就是灵活，灵活的核心意思就是务实地把握市场机会。小企业最基本的策略就是模仿和跟随。没独到经验又没成型队伍，与其"扛"一块美丽的招牌去做梦，倒不如看看别人怎样干的，学着做起来再说。

第二是营销战略层次。当确定某一企业战略定位之后，一整套精心选择的营销战略就可以在这个基础上展开，从而强化顾客价值的独特性。

以美国西南航空为例，它的企业战略定位是提供特定航线、低成本、便捷的航空交通服务。西南航空把自己定位为运输行业，不仅针对其他航空企业，汽车、火车、轮船也成了竞争对手。在这个定位下，它可以不断地缩短登机时间，不提供贵宾舱等服务，仅购买波音737飞机从而提高维修的效率等以强化竞争优势，在大多数市场上，它的票价甚至比城市之间的长途汽车票价还要便宜。这些精简的营销活动围绕着企业战略定位展开，并不断强化营销战略定位。

双喜轮胎股份有限公司的前身是太原橡胶厂，是一个有1 800多名员工，以生产汽车、拖拉机轮胎为主的中型企业。前几年，因产品难以销售而处于困境。进行市场细分后，重新确定了企业战略定位——生产高吨位汽车载重轮胎。在营销战略层次上，选择了与省内十大运输企业以及一汽这样的大型企业制造商合作，迅速打开了销路，发展很快，成为全国500强优秀企业之一。

第三是传播战略层次。比如，美国西南航空的传播定位是——成为空中的公共汽车，以精准生动的描述，让所有美国人明白：其实你可以不必开车，因为坐飞机更快、更省钱。比如，农夫山泉的产品特性传播定位“农夫山泉有点甜”，脑白金的中国送礼文化定位“过年过节不收礼，收礼只收脑白金”。传播战略层次的定位往往以最核心的产品广告语形式展现，当然还包括它所选择的传播媒介、广告宣传、公关活动等整合传播战略。

在产品定位中，一般来说应该定位以下内容：

产品的功能属性定位：解决产品主要是满足顾客什么样的需求，对顾客来说其主要的产品属性是什么？

（1）产品的产品线定位：解决产品在整个企业产品线中的地位，本类产品需要什么样的产品线，即解决产品线的宽度与深度的问题。

（2）产品的外观及包装定位：产品的外观和包装的设计风格、规格等。

（3）产品卖点定位：提炼出产品的独特销售主张。

（4）产品的基本营销策略定位：确定产品的基本策略——做市场领导者、挑战者、跟随者还是补缺者？以及确定相应的产品价格策略、沟通策略与渠道策略。

（5）产品的品牌属性定位：主要审视产品的上述策略实施决定的品牌属性是否与企业的母品牌属性存在冲突，如果有冲突，如何解决或调整？

通过这样全方位的市场定位，才能让顾客更好地了解产品，所以，企业一定要重视市场定位，让自己的好产品不被淹没。

市场定位从自身优势出发

【科特勒微语录】

每一家企业和每一种产品都应该在目标市场成为某个独特的理念代表；每

一家企业都应该忠诚地为顾客设想新的特征、服务保证和特殊奖励，让他们从中获得方便和愉悦。

——科特勒《营销管理》

【活学活用】

找准市场定位，首先就应该考虑要立足自身情况来寻找定位，特别是了解自身的优势，这样作出的市场定位，才适合企业的发展，才能帮助企业更好地发展。如果不根据自身优势来发展，甚至市场定位点是企业的弱势，那么，企业要发展起来可能会费很多成本，也不一定会干好。所以，企业应该根据自身的优势找准在市场中所处的位置，根据目标市场中顾客的需求来调整企业产品，设计出能产生巨大竞争优势的产品，并根据这个定位设计出最好的营销组合。

哈根达斯的产品定位是极品冰激凌，其核心顾客群体细分为追求高贵的消费心态的群体。哈根达斯在进入上海市场之前就认真分析了上海顾客的心态，把自己装扮成“高贵时尚生活方式”代言人，重金礼聘不少明星，为哈根达斯捧场。当时上海人认为，时尚生活的代言人是那些出入高档办公场所的企业白领、高级主管和金发碧眼的老外。哈根达斯就邀请那些人士参加特别组织的活动，吸引电视台做了一个“流行风景线”的节目，一下子把自己定义成流行的同义词。

这样的定位塑造了阿根达斯高贵、时尚的形象，让更多追求时尚的年轻人梦寐吃到哈根达斯，其品牌形象逐渐渗入年轻人的心里。

其实哈根达斯就是冰激凌，它的产品并不一定比其他牌子的产品好，但它独特的地方就是定位好，卖的是品牌，而不是产品本身。市场定位就是要让产品在顾客心中形成具有吸引力的形象，这个与众不同的特殊形象，将哈根达斯和其他冰激凌区分开来，让认同哈根达斯理念的顾客忠诚地购买该产品，使产品成为顾客心中无法被其他产品替代的独一无二的产品。

还比如，王老吉凉茶，拥有悠久的历史，但在其没有发掘出自身“不上火”这个优势前，也面临着很多困境。

王老吉凉茶发明于清道光年间，至今已有175年，被公认为凉茶始祖，有“药茶王”之称。到了近代，王老吉凉茶更随着华人的足迹遍及世界各地。在2002年以前，红色罐装王老吉的销售业绩很不错，在浙南一代有稳定的顾客群，销售业绩连续几年维持在1亿元左右。尽管王老吉已经发展得很好，但想要走向全国，还要克服很多问题。其中最大的问题就是产品定位问题。

比如，王老吉想要打入广东市场，在广东人的印象里传统的凉茶只是一种药，是不用经常饮用的。而王老吉在其发展的百年历史中，始终是以凉茶的形象示人的。所以，广东人并不认可王老吉。其味道微甜，很多人认为其下火的药效不一定好，还不如自己熬点凉茶来下火。此外，顾客看王老吉产品，又像是饮料又像是凉茶，陷入认知混乱。

而随着各种饮料和凉茶饮品的出现，王老吉拥有的优势越来越弱，如果再不调整产品定位，王老吉就可能面临销售下降，甚至亏损的危险。

如果还是把王老吉定位为凉茶，北方等地区并没有这种饮品，很陌生，这也会给企业的发展带去不小的障碍。为此，产品重新定位迫在眉睫。

后来，王老吉大力进行广告宣传，但是因为连企业都无法说清红罐王老吉究竟是什么，顾客就更不清楚了，完全不清楚怎么能够让顾客购买呢？结果，即便拍了很多创意广告，但销售业绩一点没有提升。

于是，王老吉企业开始寻找王老吉的独特点，以便和其他饮品形成差异性，引起更多顾客的注意。后来，他们经过调查发现，很多顾客饮用红罐王老吉，主要是在烧烤、登山等场合，为了防止上火。而对竞争对手的研究发现，还没有哪个饮料进入这个市场，市场发展空间很大。

这一发现，让王老吉找到了一个适合自己的定位，于是“预防上火”就出现在了全国的大街小巷，王老吉顺利占领了这个市场，王老吉也因此做大做强，成为全国知名企业。

由此可见，只有了解自身优势，将自身不同于其他同类产品的特点挖掘出来，和其他同类产品形成差异，这样，企业才能让自己产品的优势得到最大的发挥，企业也因此会在低成本运作的情况下，实现利润的最大化。

所以，结合自身优势，发挥自身优势是产品定位的前提。

挖掘产品最吸引顾客的特征

【科特勒微语录】

今天，许多企业都受制于集中化战略，企业必须推出具有意义的相应的定位和差异化。

——科特勒《营销管理》

【活学活用】

产品定位的目的就是让自己的产品给顾客留下与众不同的形象，那么，想要让产品在顾客心理占有独特的印象，可以从产品本身的特点中挖掘出有别于其他同类产品的特点。

华龙方便面想要进军城市市场，显然避免不了与康师傅、统一等一线品牌一争高下。1999年，康师傅、统一等国内一线品牌已经形成自己的市场经验和营销模式。在这样的情况下，如果华龙靠复制跟进康师傅等品牌的操作模式，显然不合时宜，更是对新产品的长线发展自设牢笼。华龙必须独辟蹊径，开创自己的差异化营销模式。

华龙通过市场调研发现，越是经得起煮、经得起泡的方便面，质量就越好，卖得也越好，而这一切都是由面的韧性决定的。因此，韧性成为顾客购买方便面的一大标准。当时市场上最好的方便面，也仍然容易煮断，容易粘锅，这些都在顾客中形成抱怨，因此，华龙新品今麦郎可以在韧性上再做文章。

在反复的试验中，营销人员欣喜地发现，“弹”最能给人高品质感，最能表现面的韧性，因此提出弹面的概念。在随后的调查中发现，顾客尤其是青少年，对弹面都非常感兴趣，认为弹面一定比其他面质量更好，而且吃弹面，应该比吃一般的方便面更有趣，能够从中获得娱乐感。弹面在调查认可的基础上，获准诞生。

弹面其实和质感、口感并没有本质的关联，但它绝对是产品最大的差异化卖点。因此，今麦郎弹面通过差异化定位，开创了一个巨大的新商品市场。在任何一个新商品市场形成之际，意味着可能诞生一个领袖品牌。弹面是对顾客心理的深入研究和准确把握，具有传播成本低、传播效率高的鲜明实效性。今麦郎弹面在市场上的成功，再一次验证了差异化市场的重要性。

对于新产品而言，今麦郎进军高端市场，不仅需要营销的创新与优势，更需要产品品质的全面升级，今麦郎四大技术升级为产品的差异化定位奠定了坚实的基础。

原料升级：即使是康师傅、统一这样的高端一线品牌，方便面也极容易被煮断、煮烂，这使顾客极为恼火。因此，今麦郎用最好的面粉，让顾客切实感受到弹面经煮、经得起泡、弹性强的特点，从而鲜明区别于市场同类产品。

料包升级：当时华龙在市场上的方便面，通常只有两包料包，做工极为简单粗糙。今麦郎作为主打高端市场的产品，需要放一些绿叶蔬菜，为此华龙从日本引进了一条生产线专门生产蔬菜料包。

拉面设备升级：华龙在农村市场使用的全套设备，离城市高端产品和弹面的定位差距很大。而日韩方便面生产设备，一直走在世界行业前列，因此，华龙发挥拿来主义，直接引进日本生产线。正是这样一条先进的生产线加上华龙最高档的面粉，才生产出广受欢迎的弹面。

方便性升级：碗装方便面很多是在办公场所和旅途中食用。调查显示顾客反映康师傅碗面很好吃，但在泡面时碗盖的铝膜受热后会上翘，必须用东西压住，很不方便。所以华龙推出今麦郎碗面新品专门设计扣盖式的碗盖以及相应的面饼防尘防潮密封包膜，解决顾客的这一个抱怨。

华龙方便面将普通的面，突出打造了与众不同的弹面，在结合对调料的改进，使产品一下成为顾客喜欢的知名品牌。真是稍稍一个变化，就创造了巨大效益的典范。可见，根据产品自身的特点，实现产品定位，也是非常有效的措施。

其实企业不仅是卖产品，更多的是卖品牌形象给顾客。所以，在具体进行定位时，企业可以从三方面考虑，作出完整、客观的产品定位。

1. 价值定位

不同的产品有不同的特点，体现了顾客不同的价值取向，就拿哈根达斯来说，卖的就是顾客追求的时尚。

2. 利益定位

这也就是指产品能够给顾客带去什么样的实在好处。比如，脑白金等保健品卖的是健康，能够给顾客带去健康；飘柔洗发水卖的是让头发顺滑，等等。

3. 属性定位

农夫山泉的广告中“农夫山泉味道有点甜”就是属性定位。企业在进行产品定位时，可以考虑其属性特点是否让顾客印象深刻，是否给顾客带去某种利益。

总之，挖掘产品本身存在的特点，通过产品自身的特征及其价值给顾客留下深刻的印象，也是很好的定位策略。

实现与众不同的品牌定位

【科特勒微语录】

品牌是一种整合资源的手段。品牌定位追求的不是“精准”，而是在对各种资源进行“价值评估”后，找到最佳的对不同价值资源的分别号召力。

——科特勒《品牌的定位和市场》

【活学活用】

为了能够让自己的产品在顾客心中形成不可替代的形象，企业就应该在建立产品定位时，考虑产品定位要区别于竞争对手的产品，实现与众不同。

早在20世纪70年代中期，宝马牌汽车并非如现在一般红火。德国宝马甚至在进入美国市场时遭到顾客嘲笑。宝马本来把产品定位在高级轿车行列，希望凭借产品的高效性能来赢得美国顾客喜欢，但是，让人意想不到的是，美国人对宝马的高性能没有什么兴趣，反倒认为其设计没有自动窗户，也没有皮座套，就像个大箱子让人不舒服。

宝马认识到顾客对自身产品的不满后，开始进行细致的市场调查，他们进一步细分市场，将宝马汽车销售目标转向收入较高、充满生气且注重驾驶感受的青年顾客。后来，宝马在进行宣传的时候，突出了该车的高性能，果然受到目标顾客群的喜欢。到了1978年，该车销售量达到了3万多辆。

随着时间的推移，到了20世纪80年代末90年代初，宝马的目标顾客群已经成熟，已经不再需要高价车来表现自我，加上日本物美价廉的高级轿车的进入，市场上高性能的轿车越来越多，宝马在美国面临新挑战。

后来，他们又进行了细致的市场调查，经调查发现，顾客们之所以喜欢宝马，有一个原因是，宝马能给人带去一种与众不同的感觉，它能让驾驶者感觉到更自信和安全。于是，宝马将目标顾客转向了那些相信高技术的驾驶人，还有那些希望获得更多安全感的顾客及一些想要通过高超驾驶技术来突显自己的人。通过这样的差异化定位，宝马给顾客留下了与众不同的印象，宝马销量又出现了快速增长。如今，宝马带给人自信和成就的高档轿车形象已经深深地留在了广大顾客的心里。

这就是宝马成功进行了品牌定位的结果。现在很多企业生产同质化产品，跟风生产的很多，这种经营方式虽然能够给企业带去短期的利益，但也面临着随时被强大竞争对手挤出去的风险，坚持品牌战略，通过品牌定位，让产品在顾客心里占有一席之地才是保证企业持续发展的王道。企业应该逐渐树立产品定位意识，让优质的产品被更多顾客所接受，实现企业利润的最大化。

结合竞争对手战略定位

【科特勒微语录】

即便企业已经有了自己的特色定位，但其与同行业的差异也只能维持很短的一段时间。因为随后就会有很多竞争者模仿你。所以，企业要不断地思考新的增值特点，来吸引那些随时可能改变选择的敏感顾客的注意和兴趣。

——科特勒《营销管理》

【活学活用】

企业之所以进行市场定位，目的就是让自己的产品从众多竞争对手中脱颖而出，给顾客留下独特印象，以便吸引有这方面需求的顾客的青睐。因此，企业在进行市场定位时还应该考虑到竞争对手的策略，然后在制定自己市场定位时，让顾客感觉到自己的产品要好于竞争对手的产品。目前，在市场上，也有通过了解竞争对手，来设置市场定位的。

一次偶然的机会，上海橡果好记星数码科技企业总经理杜国楹和他的团队在市场调研中发现一个小学生正在用电子工具学习英语。这给比较熟悉学生用品市场的杜国楹一个很大的启发。他回去就调查电子工具学习英语这一块市场。但后来，他发现，现在这个行业已经有大大小小很多竞争对手，想要插足其中，有些晚。但是，杜国楹没有放弃，而是继续研究市场，进一步挖掘让他惊喜地发现，现在市场上的产品都很不规范，存在大大小小各种问题。比如，这个行业主要有两大类英语学习工具，一类是复读机，它帮助学生解决口语和听力问题；另一类是电子辞典，它帮助学生解决单词查询问题。在这个市场上的商家，主要通过版权不同进行宣传，如有的是牛津，有的是朗文等；还有的通过收词量的不同来宣传，如30万的词汇量，50万的词汇量等。

学生学习英语主要的困难是记不住单词，学生要花费很多时间在反复记忆上，并且效果还不太好。那么，如果将复读机和电子辞典结合起来，解决学生的记忆问题，那么，肯定会有市场。于是，杜国楹在市场测试成功后，将“好记星”包装上市，结果市场销售非常好。

由此可见，通过分析竞争对手的市场定位，企业可以从中发现竞争对手的缺陷，而这些缺点就可以成为企业进入该市场的定位。这让企业自己生产出的产品肯定优于竞争对手的产品，能在市场中打下一片天地。

当然，除了寻找竞争对手的缺陷来实现外，还可以通过寻找与竞争对手的差异化特点来实现定位。

当然，任何一种定位都有它的生命周期，其他竞争对手也会在你的基础上，改进产品，作出比你更优秀的产品，所以，应该保持企业的活力和持续的创新力。

虽然，产品定位是通过与竞争对手比较而产生的，但是，在产品营销过程中，特别是打广告的过程中，应该尽量避免自己的广告激怒竞争对手，避免陷入不正当竞争中。

如果想通过与竞争对手比较，在推广宣传时表现出自身产品的优越性，那么应该注意以下一些问题：

（1）不得贬低或诋毁竞争对手产品。

（2）避免被认为对品牌进行比较的目的在于促销自己的品牌。

（3）比较的方面必须具有可比性，真实、公正地反映现实。

（4）不是任何竞争对手都可以作为比较的对象，比较的对象应该是行业内的领导者或是行业标准的制定者。

（5）被比较的点应该能让顾客满意，也能让竞争对手诚服。

（6）被比较的点应该是顾客迫切想要了解的，能给顾客带去实在价值的。

总之，企业在进行市场定位时，不仅要了解自身特点，也要结合竞争对手的战略，周密考虑，找到最好的定位。

及时改变战略，调整产品定位

【科特勒微语录】

如果企业生产出恰当的产品，制定出合适的价格，选用恰当的分销渠道，并辅之以恰当的促销活动，那么，该企业就会大获成功。

——科特勒《营销管理》

【活学活用】

企业的市场定位也不是一成不变的，随着市场的发展，人们消费需求的变化，企业可以适当调整产品定位，让产品重新赢得顾客的喜欢。

万宝路自从1924年问世直到20世纪50年代，因为它缺乏以长远的经营、销售目标为引导的带有主动性的广告意识，始终表现默默无闻。其产品定位是广大女性顾客，所以其产品广告温柔气质有余，这样也阻挡了很多男性烟民。

尽管万宝路的广告已经将市场定位为女性顾客，但女性并不是吸烟的主流。她们对烟的嗜好远远赶不上对服装的热爱，并且，一旦她们成家之后，通常不鼓励自己的女儿抽烟。出于女性的爱美心理，很多女性认为吸烟会让牙齿变黄，面色也会受到影响，所以，即便吸烟也要比男性节制得多。而香烟是一种特殊商品，它必须形成坚固的顾客群，重复消费的次数越多，企业获得的利润才越多。而万宝路这一市场定位，虽然很清晰，但占领的是较小的顾客群，阻碍了主流顾客群也就是男性烟民的进入，想要做大做强就变得困难重重。

尽管在20世纪30年代，万宝路曾不甘心地装上过滤嘴，让广大女性大胆吸烟，希望以此获得转机，但让人失望的是，烟民对万宝路的反应始终很冷淡。

几经周折，菲利普·莫里斯企业开始考虑重塑万宝路形象。企业派专人请利奥—伯内特广告企业为万宝路做广告策划广告策划，希望打出万宝路的名气和销路。广告企业创始人对一筹莫展的菲利普·莫里斯说，“让我们忘掉那个脂粉香艳的女子香烟，重新创造一个富有男子汉气概的举世闻名的万宝路香烟！”

之后，菲利普·莫里斯企业开始了大胆改造万宝路香烟形象之路。企业首先在产品本身上进行改变，产品品质不变，将包装改成平开式盒盖，并把名称的标准字（MARLBORO）改成尖角状，为了使产品更显阳刚，还将外包装盒改成了红色。

之后，万宝路的广告不再以女性为主要对象，而是以硬铮铮的男子汉为主要对象。为了能够表现万宝路的男子气概，菲利普企业特意寻找马车夫、潜水员、农夫等具有男子汉气概的人，最后，他们把男子汉气概集中在美国牛仔形象：一个目光深沉、皮肤粗糙、浑身散发粗犷而豪放气息的男子，将袖管高高卷起，露出多毛的手臂，夹着一支冉冉冒烟的万宝路香烟。

该广告一经推出，万宝路迎来了全盛时期。仅在1954—1955年的1年之间，万宝路销售量提升了三倍，一跃进入全美香烟品牌前十名中，市场占有率也升到全美同行第二位。如今的万宝路每年在世界上的销量达到了3 000多亿支。

从“万宝路”两种产品定位所产生的迥然不同的效果中，可以看到产品定位的巨大魅力。正是产品定位准确，将产品的价值得到了最大彰显，才吸引了更多的顾客。

所以，如果有企业像万宝路这样的，因为产品定位不当或者模糊，无法扩大销售量，那么，就可以调整产品定位，一个恰当的产品定位很可能让一个名不见经传的小企业，一夜间红遍大江南北。

当然，调整产品定位有时候是很困难的，特别是对于那些在第一次产品定位已经非常好，已经深入人心，打出品牌的企业而言，想要重新定位，很多顾客就会认为企业换汤不换药，让顾客有受欺骗的感觉，所以，调整产品定位要慎重。

总之，调整产品定位有利有弊，需要根据企业自身的实际情况，酌情考虑。

避免四种错误定位

【科特勒微语录】

如果企业描述它们的产品有较多优越性时，会让人感觉虚假，反倒变得让人难以相信，并且，失去了一个明确的定位。通常，企业必须尽可能地避免定位错误。

——科特勒《营销管理》

【活学活用】

一个企业对市场的定位非常重要，科学定位，才能让产品的优势得到最大限度地发挥，才能让更多的顾客了解，这样才能扩大企业的销量。

中国白酒行业名酒辈出，但最知名的莫过于茅台和五粮液，茅台“国酒”的地位在众多国人的心中一直无法撼动，而近年来，五粮液的风头大大盖过了茅台。五粮液凭借混合品牌战略快速崛起，经营业绩把茅台远远甩在了后面。五粮液是如何撼动茅台的地位的呢?

茅台的品牌定位：“国酒茅台，喝出健康来”；品牌战略模式：单一品牌战略（家长制）；品牌内涵：含蓄内敛；品牌性格：保守谨慎；品牌地位：国酒；品牌格局：一枝独秀；价格策略：平民路线、高举高打；在处理渠道关系上，茅台的经销商主要负责产品的销售，不参与品牌运作，渠道成员主要是由传统的经销商构成。2004年茅台主营业务收入为30亿元，品牌资产为200亿元。

五粮液的品牌定位：“新一代成功人士的必饮品”；品牌战略模式：混合品牌战略（品牌簇群）；品牌内涵：个性张扬；品牌性格：富有侵略性；品牌地位：酒王；品牌格局：遍地开花；价格策略：大小通吃；在处理渠道关系上，五粮液的经销商除了销售产品外，还得参与品牌运作，如金六福、浏阳河，此时渠道成员是以品牌加盟商的身份出现。2004年五粮液主营业务收入为62亿元，品牌资产实现从31.56亿元到306.82亿元的飞跃。

“国酒”茅台见五粮液掀起的白酒热潮，也不甘寂寞，也走上了混合品牌战略，形成了貌似五粮液品牌的延伸策略。

“第一集团军”直接冠以茅台品牌的产品，如茅台王子酒、茅台迎宾酒、茅台醇、茅台液；“第二集团军”冠以茅台集团品牌的产品——贵州王、红河酒、小豹子、九月九的酒（其中一些是买断品牌）；“第三集团军”则是冠以茅台品牌的“远征军”，如茅台啤酒、茅台葡萄酒，“远征”啤酒业的老大青岛啤酒和红酒老大张裕。

茅台是什么品牌？是国酒，是中国白酒的第一品牌。所以，所有的营销动作都应该具有这样的高度与之相称，否则就会使品牌贬损。为什么现在又提出“茅台要走平民化的道路”这个理念，要让茅台从高高在上的“神坛”上走下来。茅台品牌拥有“国酒”这样至高无上的地位，拥有那么大顾客群，不就是因为它高高在上、充满神秘、令人向往的品牌形象吗？茅台打出平民化的旗子，这看似在尽可能迎合更多的顾客群，其实是在自贬身价。

五粮液利用品牌簇群进行市场细分，精心为竞争对手设置壁垒，借助网络优势，强力渗透终端，增加竞争对手进入的难度和风险。如在礼品酒市场上一口气推出了五大礼酒系列：明窖1368主打“历史文化牌”；五粮醇主打“商务礼宾酒”；金叶神主打“中国人的礼酒”；五龙宾主打“贵宾用酒”。中高端礼酒相继问世，一路“高开高走”，越来越成功。无论是主打历史文化牌的明窖1368，还是主打商务礼宾的五粮醇，以及主打贵宾概念的五龙宾等的价格都在单瓶180元以上，主价位则在200~300元，而这一价位则是国内主流的商务或公务酒的核心价位。

而此时的茅台却在品牌延伸战略上遭遇了寒流，“平民路线”受挫，品牌形象受损；品牌战略未充分整合产地资源，导致茅台镇群雄并起，同城竞争弱化“国酒”最稀缺的产地资源；品牌的盲目延伸，背离顾客资源，进而模糊了茅台“国酒”的品牌价值；五粮液的品类细分，使茅台在终端遭遇了前所未有的压力。

定位是为了卖出更多的产品，如果产品定位错误，就会让企业受挫。就如科特勒所说的那样，定位不当甚至于错误的定位，对产品来说是很危险。所以，企业应该尽量避免定位错误：

第一，定位混乱。

比如，茅台在走向品牌混合模式时，其实就犯了产品定位混乱的问题，目标顾客都认为茅台是“国酒”，是高端白酒，所以，就会认为价格低的产品，质量上肯定有问题。即便有人购买，人们对茅台是好酒还是差酒的印象就比较模糊了。其实，在产品定位时，一定要注意无论使用什么营销策略，但要坚持产品的整体形象的一致性，给人们留下清晰的品牌印象。

第二，定位太低。

如果产品没有给目标顾客留下深刻的印象，或者顾客没有办法说清楚该产品区别于其他产品的特点，产品在顾客心里是模糊一片的。如果是这样，那么，企业的产品定位就低了。出现这种错误，原因可能是企业没有认真了解目标顾客对产品的兴趣点，还可能是企业没有认真挖掘出产品本身与众不同的特点，导致产品在顾客心里形成了产品一般的模糊印象。

第三，过分定位。

所谓过分定位，就是企业过分强调某产品的某一个方面特点，而给顾客留下狭窄的印象。比如，人们都知道茅台酒是“国酒”，是高端产品，但是很少人了解茅台现在也生产低端产品。这就是过分定位。俗话说“过犹不及”，如果过分定位产品，那么，起到的效果也不会太好。所以，符合中庸之道，在进行产品定位时，也要大力宣传其他生产线上的产品，只要抓住“国酒”质量好这个总体形象，然后，其各个产品的不同特点再凸显出来，这样组合在一起的产品定位才是比较科学的。

第四，定位怀疑。

也就是说，顾客不认同企业的产品定位，对企业宣传的特点并不认同或者持怀疑态度。其实这种情况很常见，有很多人都不相信广告宣传，认为那都是骗人的。如果这样的话，就要增加让顾客亲身体验的环节，或者证明其特点的一些项目，让顾客真正能够了解产品的特点，并认同这种特点，扭转他们的认识偏见。

总之，企业定位应该紧密联系顾客，根据顾客的反馈更为恰当地制订让顾客满意的定位。

产品开发篇　营销不仅仅是卖产品

营销中的产品并非是产品本身，“产品”这个词包含了很多层含义，产品的每层含义都能增加价值，最终提高顾客对产品的满意度。同时，企业也能够通过对产品价值增值，实现扩大销量的目标。

第8章　产品是含多个层次的整体概念

产品不仅仅是物品

【科特勒微语录】

产品不仅仅是企业所生产的物品，营销者需要从五个层次来审视产品的概念——每个层次都增加了顾客更多的价值，它们构成顾客价值层级。

——科特勒《营销管理》

【活学活用】

产品不仅仅是企业所生产出来的物品，比如，人们喜欢吃肯德基，不仅仅是因为肯德基里面的汉堡和薯条，其实人们接受的更是肯德基的巨大形象价值。还比如，人们喜欢某种品牌的衣服，并不仅仅是喜欢这种牌子的衣服本身，其实还是对该品牌服装所展现的风格的认可。

特别是随着社会经济的高速发展，人们购买产品不仅仅是为了解决生存问题，解决温饱，人们对产品有更多的认识，也提出了很多新的要求，不仅仅关心产品本身的价格、质量、样式，还关心产品的服务、理念、环保、节能、体验等附加价值。顾客的这一需求变化，不仅给企业带来了新的发展机遇，也给企业带去了挑战。企业需要在开发产品时，考虑得更为全面，就要求从产品的设计到生产，从市场营销到售后服务都要适应顾客的需求。

正因为如此，科特勒将产品的概念分成了五个层级。

第一个层级，也是最基本的层级就是核心利益，也就是顾客购买的基本服务和利益。这是顾客购买欲望产生的最基本动机。比如，在麦当劳，顾客进来的目的首先就是填饱肚子。企业在生产产品时一定要注意自己的产品是否有顾客需要，能够满足顾客最基本需要的一些生产生活必需品的企业，总能够有客源，不用担心突然倒闭。

第二个层级，就是经营者要把顾客的核心要求转化成碰得到，摸得着的基本产品。比如，肯德基生产汉堡、鸡翅来满足顾客填饱肚了这一需求。

第三个层级，是经营者为顾客准备的期望产品，就是顾客在使用基本产品的同时，希望与之相配合使用的产品。比如，当我们在吃肯德基的时候，很希望身边还有一些饮料，这些饮料就是期望产品。还有，舒适的就餐环境，这也是顾客期望获得的。

第四个层级，就是附加产品，也就是在满足顾客的基本需求外，附加给顾客的一些服务和利益，比如，就餐时赠送小挂坠，在餐厅附近设置一个免费儿童乐园。还比如，餐厅为顾客过生日等，这些都是经营者的附加产品。

第五个层级，就是挖掘潜在的产品，也就是企业用新的方法满足顾客和区分它们的产品，进一步挖掘产品中存在的价值。比如，肯德基不仅仅生产田园汉堡，还生产香辣鸡脑汉堡、奥尔良汉堡等丰富的品种。通过不断创新，不断更新产品品种，让顾客体会各种不同的购买体验。

大多数的企业能完成第四层级的内容，就已经很不错了，顾客已经感到很方便了。但是，如果企业能够完成第五个层级的内容，那么这个企业一定会赢得更多顾客的欢迎，获得更多回报的。

总之，如今顾客购买产品的目的已经发生了巨大变化，产品的附加价值越多，产品越容易卖出去，企业发展得越好。

强调个性化，产品更能吸引眼球

【科特勒微语录】

现在的企业面对无数的市场机会，他们可以有针对性地为市场提供不同的产品或服务。营销人员可以通过创造或者推动顾客的情景式经验来扩大顾客价值。营销人员还可以提供个人化的市场产品或服务，以符合个别顾客的情境经验，提升顾客价值。

——科特勒《营销管理》

【活学活用】

对于一般商品来说，差异总是存在的，只是大小强弱不同而已。不同的产品微小的差异就可能造成顾客数量的不同，这些差异就是商家的个性化服务，是其他产品不可替代的，而这些独特的地方，常常吸引一些顾客的眼球，商家也因此获得一群忠实的顾客群。企业要想长久健康地发展，就应该多一些个性化的东西，无论是在产品功能、质量还是服务、营销等方面，都应该让顾客感到具有不可替代性。能够达到“鹤立鸡群”的效果，是企业追求的最高目标。耐克的个性化营销之路，值得借鉴。

耐克创建于20个世纪60年代，当时企业首席执行官菲尔·奈特认定高档优质跑鞋一定会有销路，于是便发起了一场制鞋业的革命。1986~1996年的《财富》杂志排行榜中，耐克在全美1 000余家企业中，成功进入前10名。现在，该企业已经发展成了一家生产体育运动器材，主办高尔夫球锦标赛之类的赛事，还售卖运动服装的国际型大企业。耐克是怎样实现如此好的成绩的呢？敢于冒险、打破常规、标新立异是企业创造奇迹的重要原因。

耐克在创建初期，主要生产体育用品，耐克员工的头脑中都有同一个目标：打败阿迪达斯，让越来越多的运动员穿上耐克生产的高质量低价格的跑鞋——Tigers。

到20世纪70年代初期，慢跑热逐渐兴起，成千上万的普通人开始穿上了运动鞋，因为，运动鞋不仅穿着舒服，还代表着健康的象征。运动鞋随之流行。耐克抓住了这次难得的机会，进入运动品领域，而以阿迪达斯为首的“铁三角”却没有掌握这一发展趋势。

1974年，鲍尔曼教练在烤华夫饼干的铁模中摆弄出一种脲烷橡胶，制成一种新型鞋底。这种鞋底还有小橡胶圆钉，让该运动鞋比同类产品的弹性更强。就是这一个小小的改变，体现了企业产品的个性，也体现了企业对顾客的重视和认同。该产品一经上市，就卖得火爆，耐克的资产也从830万美元猛增到1 400万美元。

从此，耐克为了能够给顾客提供更多样式的鞋，企业动用巨资，招募人才，比如，他们企业的人员不仅有学生物的，还有学化学、工程技术、工业设计等各种专业人才。这些人才的使用增强了企业的研发力量，先后生产出140多种不同式样的产品，其中不少产品是市场最新颖和工艺最先进的。这些样式都是根据不同脚型、体重、跑速、训练计划、性别和不同技术水平来严格设计出来的。这些风格迥异，价格不同和用途多样的产品，吸引很多体育爱好者的眼球，他们感到耐克的产品太全了，各种各样的款式，总是让他们挑花了眼，这样，耐克通过个性化产品的创造为顾客提供了最周到的服务，耐克的品牌形象也深深印在了每个顾客的心理。

就是靠着源源不断地为顾客提供个性化产品，耐克在短短的几年时间里，就成为鞋业的巨头。在1979年，耐克通过策划新产品的上市及其强劲推销，市场占有率达33%，终于挤进原来由阿迪达斯、彪马和Tiger所建的“铁三角”市场，成为销售明星。到了1981年，其市场份额甚至达到50%，遥遥领先于阿迪达斯，而奈特本人也进入了《福布斯》杂志的美国富有400人之列。

可见，通过源源不断地创新，生产出各具特色的产品，企业才能吸引更多顾客的眼球，才能获得更多顾客的喜欢。当然，除了像耐克这样在产品本身上下工夫，体现独特性外，还可以在产品生产的其他环节上下工夫，体现个性化。

（1）突出形象的个性化。比如，一些企业借助媒体的宣传，使企业在顾客心目中树立起优异的形象，从而对该企业的产品产生偏好，一旦需要，就会毫不犹豫地选择购买这一企业的产品。如果说，企业的产品是以内在的品质个性化为顾客服务的话，那么，企业形象的个性化就是用产品的外在吸引顾客。比如，在胶片行业，几乎所有人都了解柯达的黄色、富士的绿色、乐凯的红色，这就是形象差异化在色彩上的区别。还比如，在白酒业，有茅台的国宴美酒形象、剑南春的大唐盛世酒形象、泸州老窖的历史沧桑形象这些差异化的区别。

（2）突出地域上的优越性。比如，东北的大米好，所以东北大米就畅销。泰国最畅销的就是香米。在顾客眼中，原产地盛产此种优质原料，那么，该地生产的产品在质量上也一定能优于其他同类产品。

（3）针对独特顾客群。不同的产品是适应不同顾客群的，所以，企业定位应考虑顾客群。在宣传产品时，就可以直接向这些顾客群进行宣传，使该产品在这部分顾客群心中留下无法磨灭的深刻印象。

（4）突出产品使用上的个性化。比如，卫生纸、纸巾、湿巾是在不同场合中使用的，通过这样细分，也会赢得一部分顾客群。

当然，表现产品的个性化还可以从服务、营销方面表现出来，只要企业多多开动脑筋，多角度灵活思考，一定能够找到产品吸引人的个性。

产品组合，实现利益最大化

【科特勒微语录】

产品组合是指营销者给予顾客一组产品，这组产品包括产品线和产品项目。企业的产品组合具有一定的宽度、长度、深度和黏度。

——科特勒《营销管理》

【活学活用】

产品组合策略是指企业根据市场行情，结合自身资源条件和竞争态势，对产品的广度、长度、深度和关联度进行不同组合的过程。通过产品组合，产品可能就有了全新的卖点，能无形中提高产品的销量。

比如，在营销主题的策划中，有些企业常常把本来一般用于零售或原本是相互独立、分散的产品用一个主题组合起来，利用顾客追求完美的心理，引导他们成套购买。

宜春市某县是个山区县，不仅毛竹资源丰富，而且盛产各种特色水果。有家竹编工艺品厂就专门生产一种竹编果盘。他们在每个盘的底部用不同颜色的篾片编上“福、禄、寿、禧”四个字中的一个字。营销策划者的目的很明确，就是要引导顾客成套购买该产品。尽管销售者并没有硬性规定顾客必须成套购买，但在顾客心里早已将分别编有“福、禄、寿、禧”四个字的盘子认为是一套，并把这种盘子当做馈赠佳品。

根据这一营销主题的理念，这家工艺品厂，又成功地与各个果园联合起来，把当地的四种特色水果：猕猴桃、奈梨、水晶梨和巨峰葡萄，分别装在编有“福、禄、寿、禧”字样的水果盘里，把当地的特产推向了更广阔的市场。

还比如，云南白药不满足于自身的稳定状态，致力于产品创新，毅然挺进群雄逐鹿的日用消费品市场，从原来单一的白药产品转变成为现今的跨行业、多层次产品组合结构，并带给市场一连串的惊叹号，云南白药成功地进行了品牌延伸。

由此可见，进行产品组合，能够创造出更多的产品卖点，能够进一步满足不同顾客的个性化需求，所以，企业应该根据自身条件，酌情考虑进行产品组合，进一步挖掘产品价值。当然，进行产品组合，绝不是随意组合，而是要根据企业发展情况，制订出有助于企业销售，在增加产品利润的原则下进行的。根据企业的资源条件和市场状况进行灵活选择。

那么，目前企业通常都使用哪些产品组合策略呢?

（1）扩大产品组合策略。就是开拓产品组合的广度，增强产品组合的深度。开拓产品组合广度是指增加产品线的条数，扩展产品的经营范围；加强产品组合深度是指在原有产品线内再增加新产品。

这种组合方式，能够满足有不同爱好的顾客的多种需求，有利于扩大市场占有率。有利于增加企业规模，完善产品线，实现产品价值的最大化。同时，这种方式还可以降低风险，减少企业的损失。

（2）减少产品组合策略。也就是削减产品线或产品项目，主要是削减那些获利小的产品，集中力量经营获利大的产品或为开发新产品线提供足够人力、物力。通过削减产品线，能够降低生产成本，增加资金流动，有利于企业向市场的纵深发展。

（3）高档产品策略。也就是将原有产品线的档次提高，提高产品价格，将其塑造成高端产品销售。采取高档产品策略容易为企业带来丰厚的利润，有利于提高产品的知名度和市场地位。当然，进军高端市场不容易打开销路，所以，如果原来是做低端产品的，那么，就要有承担风险的准备。

（4）低档产品策略。就是在原有产品线中增加低档次、低价格的产品项目。实行这一产品策略，可以借助原来的高端产品声望，吸引消费水平较低的顾客慕名购买低价产品。还有助于补充市场空缺，形成产品系列。增加销售总额，扩大市场占有率。

当然，如果实行低档产品策略，没有保证物美价廉，容易影响原来产品形象。

以上几种组合方式也不能代表全部的组合方式，产品组合方式各种各样，到底什么样的产品组合策略更适合自己，要根据市场需求和竞争形势来决定，并且随着市场环境、竞争情况和自身条件的变化，要随时准备调整产品组合。

企业应该根据市场环境和资源条件的变动，适时增加开发新产品，淘汰该退出的衰退产品，使企业始终保持最大利润的产品组合。这样的调整才是最优的产品组合调整。可见，及时调整产品组合是保持产品组合动态平衡的条件。动态平衡的产品组合也称最佳产品组合调整。

让产品的包装更具吸引力

【科特勒微语录】

现在，竞争日益激烈，零售商货架上摆放的商品也越发拥挤，面对如此局面，产品包装必须也要承担起销售责任——引起顾客注意。然后再描述产品，再促成销售。

——科特勒《营销管理》

【活学活用】

酒吧的啤酒瓶容量小是为了满足顾客拿瓶喝的心理，三精“蓝瓶的”补钙药，可口可乐的瓶子腰细身高显得容量多，五粮液酒瓶的三重防伪技术增加顾客的防伪信心……从颜色、大小、容量到材质、工艺等，产品包装的巧妙细节反映出细微的消费心理奥妙。包装作为一个品牌的外在表现，体现了企业希望自己的品牌给顾客的感觉。它所产生的差异以及由此而表现出的品牌特征，会吸引目标顾客的关注。

西方人只是将茶作为一种单纯饮料来理解，而东方人则为茶注入了更多的文化底蕴，从而形成了东方特有的“茶文化”，因此东西方茶叶在包装的风格上也就不同。比如，云贡普洱茶采用红木与布纹纸为材料，运用木雕的手法表现古色古香，古典的传统书法字在布纹纸上的体现，从视觉上突出了茶的品质，古典的传统书法字在布纹上的体现，红木盒以云纹装饰，造型简洁而不失和谐，古朴而又精致。

又如酒类包装，西方人对酒的理解趋向于权力的象征，赋予它高贵、奢华的形象，包装也多采用华丽的造型和色彩，即使平民化的啤酒，在包装设计风格中也能看出追求强悍力量的一面。而东方人对酒则趋向精神化，赋予它更多的感情色彩。古人常有对酒吟诗一说，或把酒用在亲友团聚或分离时饮用，更多的是借酒抒发情感，因此包装也多为精神化的一面，总体上清新雅致，引人联想和遐思。

可见，好的包装为产品增色不少，它增加了产品的价值，在同类产品基本功能相同，价格相当的情况下，顾客更愿意选择那些包装看上去让人赏心悦目，让人产生美的遐想的产品。

那么，包装产品主要从哪些方面着手呢？对产品包装主要从文字设计、材质选择、颜色图案设计还有形状设计等方面着手，力求通过对各个部分的设计达到整个产品的完美和谐，更加吸引顾客的眼球。

首先，在包装的文字设计上，应该注重审美性和文化性。

比如，华龙请书法家为今麦郎题写产品名，塑造自己的高端品位。现在顾客看到的今麦郎三字，就是华龙集团请书法大师亲笔题写的。顾客普遍反映，今麦郎文化底蕴很浓，比其他品牌方便面做得有内涵。

其次，在材质选择上，随着新材料的开发和利用，传统材料，如纸、木材、布……不再是唯一的选择。这为包装设计成不同的造型提供了很大的空间。

比如，巴西最大的品牌设计企业GAD为巴西第二大手机企业进行设计，其为Claro手机创作的透明包装个性十足，整个造型呈球状，简洁明快。产品全部透明可见，能够直观地看到商品的真实面貌，内装物品一目了然，既能体现商品的自然美感，又便于识别、选购，从而在生理上产生一种“眼见为实”的信赖感，增强购买信心。

又比如，芬兰一家企业研制成功了一种硬质、轻型的包装纸。这种包装纸比普通纸板轻10%~20%，除了具有无味特性外，还具有抗热性，与纯纸浆板一样适合印刷，特别适用于包装巧克力、冰激凌、冷藏食品等，适用于各种香味型包装和制造快餐盒等。

再比如，德国PSP企业开发出泡沫生产新工艺，用它生产的包装材料可替代泡沫塑料。该种泡沫纸采用旧书报废纸和面粉做原料，先将回收的旧书报切成碎条，再碾成纤维状的纸浆，将其和面粉以2∶1的比例混合，混合后的纸浆料注入挤压机压成圆柱颗粒。挤压过程中，原料受水蒸气作用成为泡沫纸。用该种泡沫纸颗粒做原料，可以根据不同的需要生产出多种包装。泡沫纸可一次成型，不用化学添加剂，使用后还能回收加工。

再次，颜色图案设计，也就是包装面上除了文字之外的一些装饰设计。这一部分最能体现设计人员的创意，好的图案设计，能让产品在众多同类产品中脱颖而出，让顾客看一眼就被吸引住。

在色彩技巧上，应该注意以下几点：一是色彩与包装物的照应关系；二是色彩和色彩自身的对比关系。这两点是色彩运用中的关键所在。从行业特征来看，食品类其主色调多为鹅黄色、粉红色，这样给人以温暖和亲近之感。当然，其中茶用绿色的多，饮料用绿色和蓝色的多，酒类、糕点类用大红色的多，儿童食品用玫瑰色的多。从性能特征上来看，单就食品而言，点心类多用金色、黄色、浅黄色，给人以香味袭人的印象；茶、啤酒类等饮料多用红色或绿色，象征着茶的浓郁与芳香；番茄汁、苹果汁多用红色，集中表明该物品的自然属性。

颜色的选择要和设计的图案相协调，比如，往往是用轻淡素雅的底色衬托出凝重深沉的主题图案，或在凝重深沉的主题图案中（多以色块图案为重）表现出轻淡素雅的包装物的主题与名称，以及商标或广告语等。反过来，也有用大面积的凝重深沉的色素铺底，另用轻淡素雅的色调集中一点或全面装饰一些纹案。

在这种轻重对比中，一般色素有协调色对比和冷暖色对比，协调色对比的手法往往是淡绿色对深绿、淡黄色对深咖啡、粉红对大红等，而冷暖色的对比则多为黑对白、红对蓝等。

最后，在形状设计上，让人耳目一新，产生一些好的联想，也是很不错的创意。

比如，日本折纸形式的Mizu-Yokan糖果包装。其中，鸢尾花型的包装并不是一个标准包装袋。当拆解开的时候，它的折痕让人很容易联想到传统折纸技术。如同传统的折纸技术一样，这个“包装袋”仅是一张方形纸构成的。

还有，某企业设计的西瓜形包装——盛放在竹篮里的5个西瓜型果冻的可爱小礼物套装。它的结构如同叶子或花瓣形。这个礼物套装被建议在夏秋季节使用，因为它正适合这两个季节。当顾客解开西瓜皮的包装的时候，内部的红色果冻鲜艳夺目，让人直咽口水。

可见，形状万千的包装也会给顾客带去不同的视觉体验，不妨在节约成本，避免浪费的前提下，适当尝试一些包装上的创新方法。

总之，企业在生产产品时，不要忽略包装设计，好的包装会大大增加产品销量。当然，不管怎样富有创意的想法，都要按着企业想要塑造的制造商形象、使用者形象、产品本身形象及品牌本身形象来进行设计，这样设计的产品才能完整地构成品牌形象，给顾客留下深刻印象。

标签是产品品牌重要标志

【科特勒微语录】

销售者必须为其产品设计标签。标签可以是附在产品上的简易标签，也可以是精心设计的作为包装一部分的图案。标签可能仅标有品牌名，也可能具有许多信息。标签执行着多种功能。

——科特勒《营销管理》

【活学活用】

在很多营销者的眼中，标签只是产品的分类或内容的一种标志，没有太多意义，所以，对标签的设计，人们往往容易忽略它的重要性。其实，随着时代的发展，一些很有创意的营销者已经把标签列入了他们重点设计的内容之一，他们扩大了标签的功能，如今，标签不仅承担着分类的作用，还有描述产品、防伪及树立品牌形象等作用。顾客也逐渐重视起了对标签的使用和识别。

上海玫瑰女子医院，是一家根据国际医学界最先进的“生理—心理—社会”医学模式理论，为16岁以上女性提供服务、预防、保健、诊疗、康复、咨询等项目的专业女子医院。医院的宗旨是以柔性的经营理念和航空式的服务模式，全面打造都市女性的健康会所，成为上海一家专业精品女子医院。

为此，根据该医院的服务对象和服务宗旨，他们专门设计了以女子和玫瑰为主要设计元素的标志，然后，再将这两大元素艺术化变形和夸张处理，配以流线型造型手法，形成了完美的标志形象，强调了柔美时尚的氛围，很有国际化特色。

前景文化传播有限公司，该公司主要以设计、制作、发布、代理国内各类广告，销售五金家电、建材、电子产品、百货、工艺品等。

公司的标志是以奔跑的人形作为设计元素，以“Q”“J”作为标志设计相关属性元素，Q变形成古代的图腾，体现企业文化行业的属性，J变形成前进的双腿，表现不断发展壮大的企业文化，突出奋发向前的敬业精神。

可见，这两个案例中，标志更体现了企业特色和理念，给人留下与众不同的印象。一般的大企业，都会用广告宣传产品，突出自己的产品标志，使其在顾客心理上占有一个位置，并树立良好的形象，如此一来，顾客在购买产品时定然会首先想到买这个标志的产品，如果产品的确不错，那么，该顾客下次一定还会购买该标志产品，成为对该标志产品的较好忠诚度。

总之，仔细研究产品标签设计，设计出一个符合企业发展理念，能够完美展现企业和产品形象的标签，使标签承担更多的责任，那么，越能给顾客留下深刻的印象，产品销量就会越好。

第9章　打造产品品牌，建立品牌认同

打品牌战成就一流企业

【科特勒微语录】

现在，建立品牌已变得如此重要，以至于几乎没有无牌产品。

——科特勒《营销战略全书》

【活学活用】

品牌是产品的灵魂，是附着在产品上的无法磨灭的烙印，好的品牌能通过认知、体验、信任、感受，与顾客建立联系，给顾客留下深刻印象。顾客只要购买两次某品牌，那么，如果产品让他满意，他下次百分之九十还会购买该品牌，这就是品牌效应。所以，打好品牌战能让企业拥有更多的忠诚顾客，提高销售量。帅奇手表就是通过打造品牌，成功扭转了瑞士手表行业的低迷状态。

瑞士制表工会将帅奇手表定位为低成本、高品质的瑞士品牌，但带有样式时髦、有趣、年轻、流行的特质。设计时尚表的概念是，其拥有者可能愿意购买许多不同的款式，以搭配不同心情、不同打扮，或是不同场合，和帅奇手表清新、新颖的设计不谋而合。品牌上市的宣传策略，包括利用悬挂在建筑物上的巨大模型表宣传，以充满异国风格的手法制造噱头引人注目，以及赞助各种大型重要活动。

比如，Hugo Boss赞助杰出活动参与者，如保时捷赛车团队，以增强其形象之际，帅奇手表则赞助其目标顾客群喜爱的活动，如世界自由花式溜冰大赛、世界霹雳舞冠军大赛、另类世界小姐选美大赛等活动。新的设计通常会与特殊事件相联结。收藏特殊帅奇表成为一种流行风尚。顾客专属的会员俱乐部将这些努力联系在一起，打造出近30年来表现最耀眼的新品牌之一。

又比如，世界上最有价值的品牌可口可乐，这个品牌现在已经成了无价之宝，现在饮料市场的产品大同小异，类似于可口可乐口味的饮料也很多，但即便其他饮料比可口可乐更物美价廉，还是有很多人选择可口可乐，因为，他们喝可口可乐，不仅仅是为了喝饮料，而是冲着这个品牌而来，所以，可口可乐企业借助其品牌就可以创造很多利润。这就是品牌的魅力，打造出一个知名品牌，你的产品推广就容易得多，你的销量也会大增，企业的无形价值在不断给你创造有形财富。

一个品牌不单单是个名称，它是由产品的特点、利益和服务等因素组成的。它还是一个更为复杂的符号和标志。一个好的品牌能传达出六层意思。

（1）属性。一个品牌首先给人带来联想的属性。例如，劳斯莱斯表现出昂贵、优良制造、工艺精良、耐用、高声誉等属性。

（2）利益。属性需要转换成情感利益。属性“耐用”可以转化为功能利益：“我可以几年不买车了。”属性“昂贵”可以转换成情感利益：“这车帮助我体现了重要性和令人羡慕。”

（3）价值。品牌还体现了该制造商的某些价值感。劳斯莱斯体现了高性能、安全和威信。

（4）文化。品牌可能象征了一定的文化。梅塞德斯意味着英国文化：绅士、高贵、传统。

（5）个性。品牌代表了一定的个性。劳斯莱斯可以使人想起一位有绅士风度的老板（人），一头有权势的狮子（动物），或一座高贵的宫殿（标志物）。

（6）使用者。品牌还体现了购买或使用这种产品的是哪一种顾客。人们期望看到的是一位55岁的高级经理人坐在奔驰轿车的后座上，而非一位20岁吃麦当劳的青年。

一个品牌最持久的含义应是它的价值、文化和个性，它们确定了品牌的基础。劳斯莱斯表示了古典、高贵、成功，这就是它所必须采用的品牌战略。如果劳斯莱斯的名字在市场廉价销售，那就是错误，因为这冲淡了劳斯莱斯多年来所建立的价值观和个性。

所以，企业应该在运营中注意塑造自己的品牌形象，打造良好品牌形象，这样的企业才能发展得更为长久。

巧方法创建一个好品牌

【科特勒微语录】

一个好的营销者拥有良好的对品牌的创造、维持、保护和扩展的能力。

——科特勒《营销战略全书》

【活学活用】

品牌是产品和企业的象征，当人们看到一个品牌时，就会自然联想到该品牌的产品和企业特征，进而联想到从该品牌产品和企业中获得的利益和服务。那么，企业该怎样建立一个好的品牌呢？科特勒认为创建一个好品牌，需要以下步骤。

1. 保证产品质量的优异

创建品牌是为了给好产品更大的销售空间，如果产品质量不过关，那么，即便建立世界上最好的品牌，让世界上的所有人都知道这个品牌，也无法扩大销量，因为，产品质量才是销量的保障。千万不要把质量和品牌的关系倒置。

2. 发现目标市场

在创建品牌前，一定要先明确自己的目标市场，明白自己的产品到底是要卖给哪些人，目标市场清楚了，才能在创建品牌时，迎合目标顾客群的需求，创建出他们喜欢的品牌。比如，曼可公司为了Duck的品牌费了很多脑筋，特别是其广告副总裁盖瑞·曼德拉，最后他费尽心思地建立“Duck”家族的电视广告及平面媒体，使用“让Duck为你代劳”的动画标语。平面媒体亦延续使用同样的标语。这个信息的优点在于它的简单之美。曼可的每样Duck产品都以有益于每天的工作为诉求，而且不论工作大或小。对分身乏术的顾客而言，他们只要记得“让Duck为你代劳”，就能轻松地完成工作。可见，曼可这个品牌形象就是迎合忙碌的工作者这一顾客群，满足了这群顾客的需求，所以说，一定要先搞清目标市场，才能创建出与产品以及企业形象最为和谐，让顾客满意的品牌。

3. 定义品牌

也就是对自己品牌优势的定位，比如，奔驰的品牌优势就是工程制造技术，英特尔的优势就是性能最好的、最新的微处理器。有了清楚的优势定位，产品或企业的特点才更为明显，才让顾客有理由支持你这个产品或企业，并让忠诚的顾客为品牌感到骄傲。又比如，代表时尚的苹果产品，顾客购买是为了购买它的苹果品牌，因为这个品牌代表了时尚、与众不同。

4. 对品牌进行推广宣传

品牌再好如果没有推广，也只能是深巷中的美酒，少有人知。品牌创建的目的是让顾客记住这个品牌，从而购买这个品牌的东西。所以，越多人知道这个品牌，品牌的影响力越大，企业的销售业绩越高。

只有先提高知名度，才可能创建好品牌，让越多的人知道该品牌，就会有越多的人对企业的品牌产生兴趣和偏爱，所以，在推广品牌时，要尽量在每个渠道都进行推广，进行大规模的广告宣传。科特勒认为可以采取以下措施推广宣传自己的品牌。

（1）市场促销。也就是降低价格或者开展有奖问答及买一赠一等促销活动，吸引目标顾客，这种方法是最接近顾客的，容易提高顾客对该品牌的认知。但是，促销活动也不能经常使用，否则会有损自己的品牌形象，容易在顾客心中形成该品牌是便宜货的低廉产品的坏印象。比如，凡客就是广打促销战，但自己的品牌没有让人信服的优势，因为其品牌质量也不全是好的，所以，虽然有了知名度，但并非令人满意。

（2）利用有影响力的人来进行宣传。一方面指名人效应。名人效应已经成了企业打品牌树形象很常用的手法，通过名人的知名度，吸引顾客，利用名人的粉丝售卖产品，借名人效应之光，让更多的人认识企业品牌。另一方面指一些团体或组织中的权威或有号召力的人，将产品推广给这样的人，通过他们的口碑相传，更容易让其他人接受该品牌，一传十，十传百，品牌知名度就不断上升了。

（3）利用热点事件进行宣传。就是借助目前社会上人们广泛关注的事件，来提高知名度。比如，成为奥运会的赞助商，成为世博会的赞助商。就人们关注的某个热点事件，进行评论或者采取一些行动，利用事件的影响提高自身知名度。又比如，SOHO的总裁潘石屹就是利用最近人们关注楼市这个热点，展开评论，提高了自己的知名度，让越来越多的人知道了SOHO这个企业。

（4）利用公关力量。比如，将自己企业的发展过程刊登到杂志或者报纸上，来提高企业的知名度，让更多的人了解企业的品牌。还可以搞一些公益活动。

（5）寻找更好的广告宣传时段和地点。在电视上进行广告宣传，要注意找到目标顾客群最容易看到的时间打广告。如果做平面广告，也要选择目标顾客群最容易看到或经过的地方。比如，针对上班族顾客群的产品，可以将宣传广告放在公交站牌、楼梯口、电梯里，等等。在进行广告宣传时，还要注意成本问题及效果问题，定时进行一下广告效果测试，利用测试结果调整广告宣传战略，以便用最小的成本获得最大的宣传效果，不断提升企业的品牌知名度。

好名称是品牌要素之一

【科特勒微语录】

品牌名称必须带有高品质的暗示，或起码不要有低品质的暗示。

——科特勒《营销战略全书》

【活学活用】

一个新产品想要推广成功，当然需要各方面的完善，但无论如何，一个好的名称会事半功倍。因为，在今天来看，商品的名字有了更多的内涵，更多的是从营销的角度考虑，它不再单单是一个名字，它还有更多的功能，比如，首先它有利于品牌传播；其次它可能代表了产品的定位、暗示了产品的内容、传达了品牌文化等。所以说，给产品起一个响亮的好名字，往往容易打造产品品牌，有利于产品的推广传播。事实上，中国企业因为产品名称而获得巨大成功的案例非常多。

贝因美公司，在品牌命名上，创立者费了很多脑筋，贝因美这个名字足足花了1年的时间才想出来，他巧妙地利用英文字母之间的组合，独创了贝因美——Beingmate这个品牌名称，Being是“生命”之意，Mate是“伴侣”，合起来就是“生命伴侣”，根据英文含义，生命、伴侣，延伸到爱，结合发音，经过反复推敲，创意出贝因美，中文寓意“宝贝因爱而美”。名字自然而然地反映出婴儿食品行业属性以及品牌个性：“爱”的精神。形美、音美，令人产生美好的联想，情切而又温馨，易读易记，又能覆盖所有婴儿周边产品，给品牌留下巨大的发展空间。当然，外国人看到这个名字，虽然感觉有点牵强，但英文语系的人都不得不称赞其高明。因为，英语本身就是一个会音的语言，不像汉语那么的讲究会意，只要老外从“音”上明白是怎么回事，就算过关了。于是，就形成了这样一个富有含义，音形俱佳的中文品牌。这个“土洋结合”、中西合璧的品牌名称给产品销售带来四两拨千斤的效果，成就了贝因美品牌。

另外，舍得酒是营销界比较成功的案例，归功于精明的策划者塑造了一个鲜明的品牌性格，舍得酒的命名将产品的性格定位于“舍”与“得”之间的智慧、哲学人生，让顾客耳目一新，一举成名。

一个好名字，能够与产品的优点完美地结合起来，为产品增添色彩，顾客通过名字，能够联想到很多美好的景象，能够迎合顾客某种需要，使顾客对产品产生深刻而良好的印象，有利于产品的销售。如果名字起得不好，也会对产品的销售产生负面影响。

比如，某企业的醋，命名为“天地一号”，当人们想到天地一号时，能联想到什么？火箭还是飞船，总之，这个名字实在无法与醋联系起来，企业尽管大张旗鼓地在做广告，但就是没有给顾客一个明显的购买理由，缺乏顾客的认可，产品的寿命自然长不了。

既然产品的命名如此重要，那么，对品牌名称的决策，就成了营销负责人的一个重要任务。怎样进行品牌名称决策呢？可以从以下四方面考虑：

（1）统一品牌名称。也就是企业所生产的所有产品都是用一种品牌。这是最为简单方便的品牌命名策略。这一决策，能够节省新产品推广的成本，特别是当产品名称已经成为品牌时，推出新产品加上这个品牌名称，就会促进新产品的销售，使新产品顺利为顾客接受。当然，这种决策适合那些企业产品相对单一，没有太大差别的情况下。如果产品差异性很大，甚至不是一个领域的产品，比如一个是食品行业，一个是服装行业，就不便使用一个品牌。否则，容易造成顾客对品牌的认知混乱。

（2）分类品牌名称。如果企业生产的产品存在很大差异性，或者根本就不是同一类产品，那么，就要使用分类品牌名称这种策略了。比如，某家企业卖茶叶，他们的茶叶因为档次不同，就有不同的名字加以区分。另外，如果一家企业既做图书，又做服装生意，那么，该企业在给这两个产品命名时，就应该区别对待，命两个名字。这样的命名决策能够针对每类产品的特点进行命名，有针对性，便于区分产品特点。

（3）个别品牌名称。也就是凡是生产出新的产品就命一个名。这种命名方式在一定程度上会增加产品推出的成本，但也有优点，一个产品的失败不会影响到企业的整个品牌形象。

（4）企业名称与产品名称结合。也就是新产品自己起一个名字，然后，在该名字前加上企业的名称，这种命名策略，既能体现新品牌的特色，又能加强企业的整体品牌形象。

另外，命名也有很多技巧，是有规律可循的。一个好名字要包括以下要素：

（1）便于记忆——发音、含义容易记忆；

（2）含义性——具有利于开展营销活动的含义；

（3）美的诉求力——名称具有美感，让人喜爱；

（4）超越产品类别、地理、文化界限、市场类别的移动性（易开展品牌营销）；

（5）可长期持续使用的通用性和灵活性；

（6）在法律上、竞争中都可以进行自我保护和防卫。

产品命名的方法很多，可以来自：

（1）人名（如李宁体育用品、雅诗兰黛化妆品、福特汽车、奔驰汽车、丰田汽车、劳斯莱斯汽车）；

（2）地名（如青岛啤酒、鄂尔多斯羊绒衫、诺基亚手机、浪琴表、白沙香烟）；

（3）动物或鸟的名字（如白猫洗化用品、宝马汽车、鸽牌香皂、大红鹰香烟）；

（4）别的东西或实物（如苹果电脑、壳牌汽油、红梅香烟、红豆服装）；

（5）某些品牌名称与产品的意义有关（如果然多、好多鱼）；

（6）英文名翻译或演绎（如耐克、阿迪达斯、高露洁、露华浓、家乐福）；

（7）与产品的重要属性或利益有关（如耐用汽车电瓶、美人床上用品、飘柔洗发水）；

（8）某些品牌名称含有科学、自然或荣耀的前缀和后缀（如联想电脑、英特尔微处理器、康柏计算机）；

产品在命名时需要注意：

（1）名称必须要具有正面的联想度，且联想度与产品本身的诉求相吻合；

（2）最好的名称应该具备丰富的二次传播资源，如“好多鱼”“真功夫”等；

（3）如果能暗含技术功能、卖点和标准就更好，如“防电墙”“深附吸”等；

（4）好名称还必须具备类别特征或独开一个类别，如“雅客V9”“营养快线”等；

（5）命名要照顾到目标人群的理解水平，对农民不要过于追求高雅，白领则不要太俗；

（6）命名还要考虑到不同地域的口音发音，如广东人的发音有些字会有别的意思；

（7）要考虑宗教忌讳或文化习俗的影响，毕竟产品上市会因此而成为公众名称。

品牌需要不断地维护

【科特勒微语录】

市场上成熟的产品已经越来越多，竞争者也大致类似，企业必须用品牌留住顾客。有些成功的品牌，不论它进入什么行业，人们都愿意购买它的产品，因为它有品牌。

——科特勒《营销战略全书》

【活学活用】

往往有很多企业一开始用各种方法和手段创出了自己的品牌，使自己在市场中占有一席之地。但是，因为后期不注意维护品牌，长此以往，人们的注意力就慢慢地转移到其他产品上，容易被其他竞争对手打败，所以，企业要经常维护品牌，维护品牌要比创建品牌容易得多，并且能招揽住更多的忠诚顾客。所以，千万不要忽略这一点。

吉列公司通过其产品“蓝牌”刀片和后来的“超级蓝牌”刀片占据了剃须刀市场。当其竞争对手威克森·索德公司在20世纪60年代初期向市场推出一种不锈钢刀片时，吉列公司当时不知所措。后来威克森公司在1970年接着又推出了一种黏合型剃须刀，即把金属刀片以最适宜剃须的角度嵌合在塑料刀架中。这时吉列公司清醒过来，开始采取一系列行动，并打了一场漂亮的防御战。很快，吉列公司开始通过特瑞克Ⅱ——世界上最早的双刃剃须刀来进行反击了。特瑞克Ⅱ的成功奠定了吉列公司未来战略的雏形。“两面刀刃比一面的好。”吉列公司的广告这样宣传道。“它比超级蓝牌更好”。公司的顾客称赞道，并迅速地购买新产品以替代旧产品（自己夺去自己的生产要比被他人夺走更好）。6年以后，吉列公司又引入了阿特拉——最早可调整的双刃剃须刀，它的言外之意自然是新产品要比那种不能调整的双刃剃须刀特瑞克Ⅱ更好。

吉列公司接着毫不犹豫地推出了“好消息”牌剃须刀，一种便宜的可自由使用的剃须刀（带有两个以上的备用刀片）。这显然是攻击比克公司，它正准备推出自己的可自由使用的剃须刀。“好消息”牌剃须刀对吉列公司的股东来说并不是一个好消息。制造它要消耗更多的成本，而销售时又会降低备用刀片的销售量。因此，任何一个购买“好消息”而不要阿特拉或特瑞克Ⅱ的人，在某种意义上讲，都在花费吉列公司的钱。但是，“好消息”的推出，却是一个好的市场营销战略。它阻止了比克公司在自由使用剃须刀市场部分轻易地取胜，且让比克公司为其并不多的份额付出了昂贵的代价。商业资料透露，比克公司在头3年中，可自由使用的剃须刀生产上损失了2 500万美元。吉列公司继续采用无情攻击自己的战略。最近又生产出皮伏特，最早的可高速自由使用的剃须刀。这一次他自己的“好消息”是其攻击的目标。吉列公司逐渐增加了其在混用剃须刀市场上的份额。今天吉利公司大约占了这一生意65%的份额。

可见，自己的品牌地位不是永远那么稳，保持品牌地位最好的方法就是让企业运动起来，比如，进行自我更新和淘汰，避免竞争对手占先机，和竞争对手进行较量。这是企业必须面对的，即便再残酷，想要保持住品牌地位，就必须让企业充满活力，行动起来。

保护了品牌就保护了市场份额，除了要保持企业获利，不断维护品牌，还要留意一些法律措施，做到懂法、守法，用法律武器保护自己。有一些企业会设计和自己类似的产品，来瓜分市场，为此，企业要了解法律，维护自己的利益。比如，商标保护是指以词汇、名字、象征或图像，区分拥有者和其他人的产品或服务。一个仅能用于代表商品分类或类型，而不能区别象征商标拥有者的商品和其他供应者的商标，是无法受到法律保护的。又比如，“个人电脑”这个用语不能作为电脑的商标并受到保护，因为它只是描述某种类型的电脑，由许多制造商销售，而不是用来区分某一制造商的产品。

总之，企业不要忽略品牌的维护，它的无形价值，会给企业带来丰富的回报。要注意学习更多的维护品牌的方法，灵活使用，用最低的成本，实现最好的效果。

品牌延伸战略的利弊

【科特勒微语录】

品牌会给人们一个固定的形象，比如，可口可乐能让人更加精力充沛，百事可乐让人更年轻。所以，品牌就是圆梦，品牌可以成为企业的核心竞争力。著名的品牌每进入一个新的行业，都会给这个行业带去新的特点。

——科特勒《营销管理》

【活学活用】

品牌延伸指企业决定利用现有品牌名称来推出其他产品种类。品牌延伸不仅能扩大市场占有率，防止顾客流失，同时，企业进行战略转移时，也可以使用这种品牌策略。有很多企业成功实现了产品延伸，比如，娃哈哈有纯净水、茶饮料；长虹有电视机、空调；海尔有洗衣机、电冰箱、空调等。采用品牌延伸战略有很多好处，海尔把它的名字用于它的大多数新的产品中，它使每种新产品立即与顾客建立高质量的认识。还有，随着人们对健康问题越来越关注，喝可口可乐的人逐渐减少，为了防止顾客流失，可口可乐开始调整自己的策略，在非碳酸饮料市场加快了拓展的脚步，如进入咖啡领域，取得了较好的成效。

当然，品牌延伸战略也有风险，新产品可能使顾客失望并损坏了企业其他产品的信任度。

维珍集团以果蔬饮料为中国顾客所熟悉，这是一家锐意创新、大胆进取的企业，其创始人理查德·布兰森以在伦敦与一大群模特近乎裸跑宣传和驾驶坦克在华尔街做广告而为世界所瞩目。维珍集团以音乐商店起步，现在主要以维珍航空企业而闻名。维珍涉及几十项互不相关的领域，英国人说如果一个人愿意，他可以一辈子都生活在维珍里，从小喝维珍饮料，到成年以后通过维珍交友中心结婚，死了以后还可以享受维珍保险。维珍集团的管理专家警告布兰森，企业现在的做法正在损害企业品牌的价值，一些项目的失败将使维珍这一品牌不可避免地失去光泽。布兰森试图打破百事可乐和可口可乐的垄断，用维珍可乐打入市场，结果维珍可乐遭到超市的拒绝，而英国的顾客通常是在超市购物的，维珍可乐在英国的可乐市场只占不到5%的市场，布兰森也悲哀地说："或许我的儿子可以在欧洲喝上维珍可乐，但是到了我的孙子也就无法喝到维珍可乐了。"布兰森进入铁路运输服务时曾经雄心勃勃，但当布兰森乘上维珍火车时，由于工人罢工等原因，即使布兰森在火车上暴跳如雷，依然无法阻止火车误点，这些都让维珍蒙上耻辱。

可见，品牌名称的滥用会失去它在顾客心目中的地位，当顾客不再把品牌名与一种特定产品或高度类似的产品联系在一起时，品牌稀释效应便产生了。一个品牌越强，它的目标市场越窄。所以，企业在引入品牌时，一定要考虑新产品与品牌的联系程度如何。

一般来说，顾客对延伸品牌的认可主要取决于以下两个方面：

（1）顾客的品牌忠诚度。通常情况下，那些品牌形象良好，国际化程度高的企业，其延伸品牌的分量会重一些，顾客对企业采取的品牌延伸行为也会表现出更宽容的态度。

（2）顾客对企业生产延伸产品的能力的判定。品牌延伸后，顾客会对延伸产品的特性、工艺及管理能力与原品牌的特点进行比较，作出评价，如果评价是合理的，顾客就可能会接受延伸产品；否则就会拒绝。

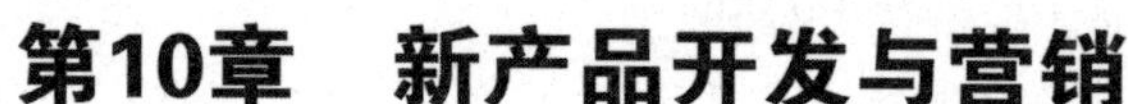

第10章　新产品开发与营销

企业需要不断开发新产品

【科特勒微语录】

在所有的产品中，只有不到10%的产品是创新产品或新生产出的产品。因为这些新产品对于企业和市场来说都是新的，所以，它们都包含了很高的风险和成本。

——科特勒《营销管理》

【活学活用】

随着科学技术的进步，产品的生命周期日趋缩短。企业要想持久地占领市场，必须不断适应市场潮流变化，推陈出新，才能适应变化的市场需求。所以，企业管理者要不断地研究开发新产品，创造更多的新产品。否则就可能被市场淘汰。

几十年来，吉列公司已经在美国企业界创下了一个又一个最高的利润纪录。1962年，企业连续第四次破了纪录，销售额为2.76亿美元，净利润为4 500

万美元——利润率达16.4%。在《幸福》杂志所列的美国500家最大工业企业的利润率中，吉列排在第四位。更引人注目的是，吉列的投资回收率高居首位达40%——美国其他大企业都不敢宣称有这样大的获利能力。

在制造和销售剃须刀片这个最主要的业务范围内，吉列垄断了市场。1962年它占领美国刀片市场的70%，零售额有1.75亿美元，而1946年的市场占有率只有40%，零售额为8 600万美元。

尽管它昔日的行为无可挑剔，它所获得的利润也令整个美国工业界都垂涎三尺，但是，一个决策失误，让它再也经不起对手的竞争。20世纪60年代早期，历史悠久的吉列错误地估计了本行业中的新产品（不锈钢刀片）对它的影响，它不愿与同行的重要产品（高级蓝色刀片）互相拆台（夺走销售额），从而拖延了向市场介绍自己不锈钢刀片的时机，使得竞争者趁虚而入，结果吉列自己丢失了市场，后来花了很长时间才把市场全部夺回来。

可见，在竞争中，进行一项发明试验哪怕得到的是失败，也总比什么发明创造都不搞，只是眼巴巴地看着别的企业搞发明、搞新产品获得巨大成功从而成为自己竞争对手而无可奈何要强得多。

日本日清食品企业集团，1958年从一个加工水产品的小工厂转为制造方便面。到了20世纪80年代，它已经发展成了在日本国内拥有4家大工厂、9家子企业，并且在美国、巴西、联邦德国、新加坡等国家也拥有众多的工厂和合资企业，它当初开发的方便面，已经拥有了2 500亿日元的巨大市场。

日本国内的新闻记者曾问日清总经理安藤百福："日清成长的秘诀是什么？"他回答说："企业家必须有挑战精神，没有这种精神，就不会生产出热门商品""商品是活的东西，必须满足现代人的生活喜好，不断进行研究开发出新产品。"的确，安藤百福取得如此巨大的成功，就是因为他不断研究新产品，不断满足顾客需求的结果。

1955年，安藤百福在大坂经营一家以加工、销售食品为主的企业。每天的下班回家路上，他总能看到车站周围围满人等着吃面条。他就想，日本人这么喜欢吃面条，那我就做面条。

但是，他不想做热汤面，他想大量生产能够保存很长一段时间的面条，并且是能够一冲就可以食用的面条，这样就方便人们随时吃上面条，不用在外面排队等候了。安藤百福把自己的想法向厂里的员工一提，大家都感觉不大可能生产出这样的面条，反应冷淡。但安藤百福没有气馁，在家里搭起了一间简易工作棚，买了一台轧面机，一个人开始试制工作。

经过数十次的实验失败后，他终于发现了油炸后的面条，冲泡后容易熟，而且味道也很好。到了1958年8月，安藤百福制成的第一批产品——鸡肉方便面进入市场试销。当年年底，安藤百福的企业改名为日清食品企业，正式开始生产、销售方便面。最初一段时期，批发商们都把鸡肉方便面看做一种时髦货，不敢轻易买入。但大荣百货店买入产品后，到了1959年4月就成功卖出1 300万份。

从此之后，方便面迅速传遍日本，传向全世界，成为人人喜欢的速食食品。当然，这一创新也让日清集团获得了巨大的回报。

现在日清食品也进入了中国市场，为了适应中国顾客的饮食习惯，不断推出多种多样的新产品。继“出前一丁”“UFO炒面”“开杯乐”等几大系列产品在北京市场热卖之后，日清中粮食品有限企业又再次推出了“出前一丁”拌面系列鱼香肉丝面、炸酱面及“UFO炒面”系列浓香咖喱炒面、肉香泡菜炒面四种新产品。

2001年，日清企业创始人安藤百福决心要让宇航员在太空也能品尝到美味可口的方便食品。经过多年的反复研究，日清企业终于研制成功太空食品。2005年7月，该企业研发的太空方便面终于登上“发现号”航天飞船飞向太空。

正是日清这种不断创新的精神，不断开发新产品的韧性，让其在饮食领域拔得头筹，成为家喻户晓的名企。可见，不管是做什么东西，即便是做面条，也可以做出品牌。只要企业把更多的心思用在发现顾客需求上，并且能制造出满足顾客需求的产品上，那么，企业总会获得好的回报的。

寻找开发新产品的方法

【科特勒微语录】

假定市场固定不变时，都是在产品竞争的类别中发生的，没有创造新品或新市场，而是对原有产品和服务的改进，产品本质并未改变。

——科特勒《营销管理》

【活学活用】

现在市场竞争日益激烈，新产品开发的思路同质化，模仿、抄袭严重，企业想要开发出新产品应该开阔思维，找到一个更为新颖的角度去创造适应顾客需求的产品来。

为此，企业首先应该明确“新产品”这个定义，其实，商业里的新产品不仅仅是世界上还没有的全新的产品，总的来说，新产品可以分为以下五种：

（1）全新产品，是指应用科技成果，运用新技术、新工艺和新材料制造的市场上前所未有的产品。同时，它往往要求顾客培养新的消费观、新的消费方式。

（2）换代新产品，是指对市场上已经出现的产品在结构和性能上进行部分改变而形成的产品，它使原有产品的性能得到改变和提高。

（3）改进新产品，是指对现有产品的质量、性能、材料、款式、包装等方面进行改良之后生产出来的产品。

（4）仿制新产品，是指企业仿照市场上已有的产品生产的新产品。

（5）重新定位产品，是指对现有产品开发新用途，或者为现有产品重新寻找顾客群，使其畅销起来的产品。

企业可以根据自身的发展实力，选择自己能够承受的新产品开发方法，比如，仿制新产品，对于那些刚刚起步，进行资金积累，没有足够财力的企业来说，可以大大降低开发成本和风险，能够短期内获得利润，但这种方法不适合大企业的竞争，因为大企业竞争的核心还是拥有与众不同的产品，这样不容易被挤下来。

但是，任何一种新产品从研究到开发再到生产和销售，都是一个充满风险的过程，这种风险既蕴涵着可使企业发展和赢利以及获取技术优势与市场优势的机会，但也存在着失败的风险。新产品的开发、生产和销售存在技术风险、生产风险和市场风险，一旦遇到风险而失败，带给企业的损失是巨大的。

为了使开发出的新产品在市场上获得成功，企业必须认真分析当前顾客需求的心理状况及其变化趋势。因此新产品开发方向应从以下五点考虑：

（1）节能产品。能源短缺是世界性、长期性问题。无论是工业产品还是日用消费品，都应尽可能少耗能源。

（2）小型和微型产品。人们的审美观念已从厚、重、长、大转向轻、薄、短、小。

（3）多功能产品。指产品的性能和用途扩大。产品一物多用，一机多用。

（4）操作简单的产品。新产品趋向使用高科技，但操作要力求简单、安全、自动。

（5）多样化产品。指通过对现有产品的扩大、缩小、部件替换、组合等方法改变产品结构，增加品种、规格、型号等，满足更多顾客在更多方面的需求。

企业的新产品开发策略有以下的方式可供参考：

（1）抢先策略。即抢在其他企业之前，将新产品开发出来并投放到市场中去，从而使企业处于领先地位。采用抢先策略的企业，必须要有较强的研究与开发能力，要有一定的试制与生产能力，还要有足够的人力、物力和资金，要有勇于承担风险的决心。

（2）紧跟策略。即企业发现市场上的畅销产品，就不失时机地进行仿制进而投放市场。采用紧跟策略的企业，必须随时对市场信息收集、处理，而且具有较强的、高效率的研究与开发能力。大多数中小型企业都可以采取这一策略。

（3）引进策略。即把专利和技术买过来，组织力量消化、吸收和创新，变成自己的技术，并迅速转变为生产力。它可以分为三种情况：将小企业整个买下；购买现成的技术；引进掌握专利技术和关键技术的人才。

（4）产品线广度策略。先解释何为产品系列。产品系列是指与生产技术密切相关的一组产品。而一个企业拥有的产品系列的数目，称为产品系列的广度。产品线广度策略按选择宽窄程度，分为宽产品系列策略和窄产品系列策略。前者指企业生产多个产品系列，每个系列又有多个品种，它是一种多样化经营策略，许多大型跨国企业和企业集团一般采用这一策略。后者指企业只生产一两个产品系列，每个产品系列也只有一两种产品。市场补缺者往往采用这一策略。

提炼出一个好的新产品概念

【科特勒微语录】

产品创意是企业自身希望提供给市场的一个可能的产品设想。产品概念则是利用顾客的语言描述你的产品。

——科特勒《营销管理》

【活学活用】

所谓的产品概念其实就是要告诉顾客能够从产品中获得什么利益，给顾客一个足够吸引他购买的理由或者需求。科特勒认为，开发新产品首先要解决的问题应该是产品概念的设计。一个好的产品概念能够起到足够的吸引力，为新产品的推出作出重要贡献。

火锅是很多国人都喜欢的美食，火锅店也开遍了大街小巷。可是小肥羊火锅却能异军突起，在这个传统行业做成巨无霸。这家企业是怎样做到的呢？原因很简单，当小肥羊把“不蘸小料的火锅”这个概念推出来之后，人们先是抱着试试看的好奇心理前去消费，尝过之后发现味道与众不同，这时小肥羊再及时推出“不蘸料更健康”的绿色环保概念，让人觉得这样的火锅代表了新的潮流，成为忠实的顾客。这就是概念营销的魅力。

还有，“脑白金”风靡了几年，现在仍然没有衰减的势头，“脑白金”这个词汇在其推广中起到了非常巨大的作用。总之，现在概念营销已经被运用得淋漓尽致，保健品市场上从当年的“补钙”“补血”到后来的“排毒”“洗肠”——这些都是概念的进一步深化，在功能上、消费主张上得到了进一步深入。

那么，企业怎样提炼出一个好的产品概念呢？其实，产品概念就是一个销售的独特主张，并非词汇有多么玄妙，只要它能够明确告诉顾客购买它会产生哪些好处，那么，就容易吸引顾客了。要以产品的整体概念为基础，抓住产品的核心功能，再考虑新产品表达的理念，以及其服务群体的心理特点。用这个顾客群喜欢的语言风格，用几个简单的词语言简意赅地表达出新产品的理念和新产品的功能特点，使顾客看了新产品概念后能够形成美好的联想，这种联想促其购买产品。

尽管概念在某一个时期会发生市场的催化作用，但它也不是万能的。一个产品的概念有可能很快就会被另一个产品的概念所取代，而且，随着产品同质化严重，媒介的裂变，传播的概念越来越多，顾客就会被概念弄得头昏脑胀，而变得无所适从。当然，概念有助于创造顾客认知，但是如果只是一个空洞的概念，一定会被顾客所唾弃的，最终走向衰亡。我们可以看到无数产品，都曾经在市场上不断地推出新概念，但在市场的竞争中，也未能存活下来。市场中的领先企业在自己的市场类型中都拥有自己的概念词汇。比如，IBM拥有Computer这个概念词汇。通常人们会说，我要买一个IBM机器。他不需要说，我要买一个IBM计算机，一般人们就认为，他需要的就是一台IBM计算机，而不是其他产品。这就是概念的力量。可见，概念并非随便起个名字就可以，而是对产品功能的说明，具有深刻的标示性作用。

新产品推出前试销很重要

【科特勒微语录】

新产品的原型准备好以后，必须通过一系列严格的功能测试和顾客测试。

——科特勒《营销管理》

【活学活用】

试销的整个过程就是市场研究企业按企业的试销计划，对新产品在商店的试销进行全面控制，如货架的位置、新产品的陈列、广告及促销等活动都处在可控之列，并根据货架的动态变化和顾客购买记录来观察新产品的销售状况。还可随机对一些顾客进一步了解他们对新产品的印象。

前期的试销不仅能够保证新产品大规模投放市场时的安全，还可以帮助企业从不同的营销组合中找到最优的方案，此外，试销还可以帮助营销人员了解目标顾客的反映、态度及竞争对手的反应，据此可以调整营销策略和产品，使营销的效果达到最佳，使产品质量得到完善。

美国的干酪产量是全球最高的，但是出口量比较少。因为澳大利亚和新西兰生产干酪的成本比美国低很多，所以，两国在世界干酪市场上占有重要支配地位。但是，美国一家叫做伊诺的食品企业却成功进入欧洲干酪市场，成为第一家向欧洲出口干酪的美国企业。

伊诺食品企业，成立于1973年，其生产的干酪是一种半软的加香料特制干酪，到了1980年，该企业已经占据60%的美国干酪市场，为了企业更大发展的需要，伊诺食品企业盯上了欧洲市场，因为欧洲市场销售量能达到2亿美元，而其在美国虽然占据市场份额很大，但销售总额才仅为1 200万美元，如此巨大的市场，伊诺食品企业非常心动。

1980年11月，在法国巴黎一次重要的国际食品博览会上，伊诺食品企业把自己生产的“朗得尔”干酪引入博览会，并且获得了交易会的好评。之后，企业感觉欧洲市场有利可图，尽管欧洲市场巨大，但还无法确定是否能够进入该市场，为此，伊诺食品企业选择在瑞典进行一次试销。欧洲有20多个国家，伊诺食品企业之所以选中瑞典作为试销地点，是因为，一方面，瑞典国家比较小，试销成本低；另一方面，瑞典的经济发展水平处在欧洲中档，具有典型代表意义，否则，如果瑞典比其他国家富很多或穷很多，那么，试销的信息就失去了准确性；此外，瑞典人的口味也具有代表性，如果他们都喜欢“朗得尔”，那么，其他欧洲人也一定会喜欢。

于是，伊诺食品企业进入瑞典市场，集中宣传，最终，他们仅仅在10个月的时间内，就占有了瑞典特制干酪市场20%的份额，如此辉煌的成果，让伊诺食品企业坚信，打入欧洲市场一定能够成功。最后，他们又着手解决了运输费问题，并在欧洲成立分企业，成功进入欧洲市场。

所以，试销很重要，市场试销的目的是了解顾客和经销商对处理、使用和再购买该实际产品有何反应，以及该市场容量有多大。这一阶段并非必需的，但对于高风险产品或具有新奇特点的产品，市场试销是必需的。

那么，市场中有哪些试销方法呢？

最便宜的一种方法是销售波研究，即通过几次免费或低价提供本企业的产品或竞争者的产品后，企业密切注意有多少顾客再次选择本企业的产品和他们对满意程度的评论。当然也可以不提供产品，只是让顾客接触到几次本企业的广告，然后观察他们的购买行为。

另外一种是模拟销售方法，由企业选择一些顾客，预先并不告诉其本企业的产品，而提供其一定数量的金钱，然后观察其购买行为，确定他们对产品的态度、使用情况、满意程度和再购买意图。这种方法的准确性通常是比较高的。

还有一种是控制销售法，由企业选定一些商店，给予折让或一定费用，让其试销本企业的新产品，控制销售可以使企业得以测试店内因素的影响。并在随后再用抽样调查的方法抽选一部分顾客，征求他们对产品的印象。企业可以不动用自己的销售力量，但这种方法使自己的产品暴露在竞争者面前。

最昂贵的一种方法是全面测试法。一般来说，企业需要与外界的调研企业合作，以选定少数有代表性的测试城市，在那儿，企业的销售队伍努力把该产品推销给商业部门经销及为它取得良好的货架陈列的机会，这样全面的测试费用是相当昂贵的，是正式销售的一次预演。

广泛收集创意，构思新产品

【科特勒微语录】

在新产品开发中，企业从一种崭新的、刺激思维的角度考虑产品的某个侧面，从而催生原创性的理念。

——科特勒《营销管理》

【活学活用】

即便是对原有产品改进的新产品开发也是需要创意思维的，企业拥有更多更为丰富的创意，这样才越能生产出最为合适的、最有发展前景的创意产品来。

当然，创意并非凭空猜想，它需要企业深入消费市场，在研究竞争对手等基础上，调动起全体员工的创造激情，共同找到开发更具创意新产品的方法。

比如，耐克经过市场考察和顾客心理研究，发现更多的顾客希望了解自己的跑步情况，于是，耐克PLAS在鞋子里面装一个传感器，可以把顾客跑步的信息传到鞋子里面。顾客回到家里，把iPhone放到同步设备里面，就可以从电脑里面看到跑步的具体信息，然后可以挑战其他的奔跑者。在1年之内，耐克PLAS所有的奔跑者一共跑了1 000万英里。这个创意，通过数码的方式提升了奔跑的快乐，有一些新的奔跑者也从这个鞋子里面找到一些新的乐趣。

这就是创意，一个好的创意让体验者有了全新的感受，让顾客感到满足和快乐。

那么，企业具体在哪些方面收集新产品开发的创意呢？

1. 从顾客的需求中开发创意

产品生产出来就是为了满足顾客需求的，而顾客的需求是在不断地发生着变化的，企业应该关注顾客的需求变化，多走走市场，多进行市场调查，或者不定期开展一些座谈会，通过用户信息反馈等途径，了解顾客的需求情况，企业一定能够从中发现很多需要改进的产品或者生产适应顾客新的需求的新产品。所以，企业应该在顾客需求中寻找开发新产品的创意。

2. 从竞争者的经验教训中找到创意

任何一个行业都避免不了周围会围绕几个竞争对手，竞争对手的发展轨迹，能够给企业提供经验教训。通过了解竞争对手的情况，企业可以结合自身发展情况，从中吸取其他企业产品中的优势，并在此基础上进一步创新，这样就可以生产出适合自身的能够满足顾客需求的产品。所以，企业应该多留意竞争对手的产品变化，从中寻找创意灵感。

3. 从销售商那里找到创意

现在企业生产的产品有很多都是通过销售商来进行售卖的，销售商是直接与顾客打交道的人群，这个人群也是最了解顾客的需求状况，所以，经常联系销售商，多和他们聊聊天，会受益匪浅。

4. 从科技信息和新闻中获得创意

每一次科技的革命都会给社会带去一定的变化和影响，能够牢牢抓住最先进的科学技术，预测未来发展情况，往往能够让企业产生新的且具有很好发展前景的创意。一些新闻中的有关该行业的发展状况或者政策法规的变化都可能会给企业带去创意灵感，所以，多收集这方面的信息，多了解科技变化，能够帮助企业获得更多的灵感。

5. 发动全体员工进行创意思维

一个人的力量毕竟有限，发挥全体员工的创意，集中大家的思维力量，能够让企业获得更多的创意思维。员工是最熟悉企业的人，他们也同时都是顾客，他们对产品可能有不同的想法，并且也可能有很好的点子，企业应该在制度上建立创新的激励机制，提高员工的积极性，群策群力，找到最适合企业的创意。

当企业收集到足够多的创意的时候，就应该酌情进行筛选，选择那些真正能够给企业带去经济效益的新产品创意。具体可以从以下方面衡量创意。

（1）企业自身条件。

也就是看一看这些创意中，有哪些是企业目前能够凭借自己的人力、物力、技术、设备和销售方面的力量能够制作出来的产品。哪些是企业实力更强的时候才能生产的，还有哪些是需要未来相当长一段时间后才能实现的新产品。

（2）市场条件。

新产品创意能够为市场所接受，该创意的市场目标、利润目标、效益目标、发展目标及提高市场占有率方面的目标也必须能够通过现有能力的努力而实现。

（3）销售条件。

也就是该企业的销售部门是否有足够销售该产品的渠道，原来的销售组织结构是否符合企业的营销目标。

（4）利润条件。

要考虑新产品创意对原来产品的销售是否有影响，其未来的销售情况是否能够给企业带去效益。

总之，企业在收集新产品创意构思时，应该多考虑，不要错误地估计新产品的发展潜力，要根据客观市场发展情况进行分析，不能主观臆断。

合理营销保证新产品成功上市

【科特勒微语录】

管理层一旦决定了该产品的概念和营销战略，那么，就要对该新产品的商业吸引力作出客观评价。管理层必须审查销售量、成本和利润预计，以便确定产品是否满足企业的目标。

——科特勒《营销管理》

【活学活用】

决定新产品上市总是面临着比老产品更多的变数，也面临着更为严峻的市场挑战，新产品是否真的如预期那样能顺利进入市场，顾客是否能够认可这样的产品……

总之，会有很多问题出现，但是，如果产品本身质量没问题，且能保证有效的营销活动，适时地推出新产品，市场总是有的。

统一企业经营项目包括多项和民生消费相关的商品与服务，是一个多元化经营的综合生活产业集团。

现今的饮料市场品类繁多，而在南京市场一向以茶饮料和果汁型饮料为主。时值秋季，在饮料市场日趋平和的情况下，针对市场，统一在南京市场推出“雅哈”咖啡。针对咖啡市场而言，统一“雅哈”的竞争对手主要是速溶咖啡品牌。南京市场上主要有“雀巢”“摩卡”“超级”等品牌，且这些品牌在市场已拥有一部分固定的顾客。

“雅哈”咖啡面向的主要顾客群是刚刚大学毕业的职场人士，他们强烈期望被社会认同，渴望成功，是最注重潮流文化的社会新派。他们看各种时尚、新锐杂志，有广泛的生活情趣及自我修养。因此，为“雅哈”塑造一个总是坚信明天会更成功的品质理念尤为重要。

“雅哈”经前期户外灯箱联动，品牌造势成功。于是，在后期“雅哈”采用电波媒体的跟进和活动的“聚气”来共同完成品牌内涵的传递和消费促成，让顾客参与，进行与咖啡相关的时尚活动。

南京咖啡消费尚未形成气候，咖啡文化有待培育，“雅哈”咖啡借助活动，诠释顾客在喝咖啡时种种“随时”心情，引入“咖啡”话题，营造让顾客拥有“随心随行的咖啡馆”的品牌主张，结果，“雅哈”咖啡获得不俗的销售业绩。

企业可以从“雅哈”的案例中看出：一个新产品的推广计划在新产品上市时有多么重要。能够让产品推广给更多的顾客，让更多的顾客认识并了解该产品，该产品销售量就会更多。

那么，企业怎样才能成功地推出新产品呢？具体应怎样推出营销计划呢？新产品推广要求企业具备组织、策划、控制促销宣传活动的能力与水平，以最小的投入形成最大的推广宣传效果。在超市或学校地区做促销，需要企业大量的人力、物力投入，而企业的人力、物力有限。因此，企业除自行做一些推广宣传活动外，必须鼓励顾客共同参与推广宣传活动。推广宣传与目标顾客群体接触面越广越大，终端的“拉动”效果也就越好。另外，做新品推广宣传活动时，尽量利用条幅、遮阳伞、帐篷等工具，确保营造热烈的终端氛围。

具体来说，要注意以下四点。

1. 推出时间

有些产品有淡季和旺季之分，比如，羽绒服在冬天是旺季，在夏天是淡季，在旺季的时候卖出更容易赚钱。所以，有时候考虑淡旺季，赶在旺季到来前早几天进入，获利更多。除此之外，还要考虑老产品，一些新产品进入市场可能对老产品的推出造成阻碍，那么，可以等到老产品存货被处理掉后再把新产品投入市场。

2. 推出地点

投放地点要考虑产品投入地点的租金、运输条件和人群密度等问题。通常企业应该找到一个人群密度大的地方，进行集中宣传，等到在市场上有了一定的声誉度，就可以转战其他地方，逐渐扩大市场份额。

3. 推出目标

把目标顾客群定在最吸引人的名人身上，比如，一些优秀的人物或者一些明星，让他们打广告，这样会吸引很多人来购买。

4. 注意开支规划

企业不管用什么手段，都要进行有效的规划，在市场营销组合各因素之间分配营销预算，确定各项营销活动的顺序，有计划地开展营销活动。

总之，企业在进行产品推广时，应该注意把握好执行工作的质量和市场吸引力，这两点是出色完成营销的一个重要内容。

第11章　提升服务质量是留住顾客的法宝

提高服务质量，让顾客满意而归

【科特勒微语录】

一个企业所提供的服务质量每时每刻都在经受着考验。如果零售商不耐烦，或者无法回答顾客的简单问题，那么，顾客下次考虑购买他们产品时，就会非常谨慎。

——科特勒《营销管理》

【活学活用】

随着人民生活水平不断提高，人们对消费的需求不仅仅满足于购买到优秀的产品，还逐渐开始关注企业的服务质量。而企业在竞争中也把提高服务质量提升到了更高的高度。

2003年，海尔推出了服务新举措——海尔“全程管家365”，全国20 000名海尔家电“全程管家”1年365天为用户提供全天候上门服务。

海尔“全程管家365”的具体内容包括：售前上门设计；售中咨询导购送

货到位；售后安装调试、电话回访、指导使用、征询用户意见并及时反馈到生产开发部门，不断提高产品的设计。另外，根据用户的预约为用户提供上门维护、保养等服务。

顾客只需拨打海尔24小时服务热线，即可预约海尔“全程管家365”为顾客提供一站到位式的服务。海尔“全程管家365”这种深入人心、饱含亲情化星级服务的推出，不仅带动了国内同行业服务水平的提升，而且在国际上也较好地树立了中国家电企业的新形象。

在中央电视台2003年12月的“对话”节目中，海尔的掌门人张瑞敏再次强调“我信奉的是：顾客永远是对的”（“顾客永远是对的”是一种观念，不是逻辑判断，所以不要去问：顾客怎么可能永远是对的呢），“帮助顾客成功就是企业的成功”“海尔卖的不是产品，而是为顾客提供某个方面服务的全面解决方案”，这就是最朴素的服务营销观念。

他是这么说的，也是这么做的。一直以来，海尔在他这种为顾客真诚服务的观念影响下，从一个濒临倒闭的小国企成为今天国际知名的跨国企业。在美国，海尔为了针对学生市场生产一种小冰箱，多次到校园向学生咨询，了解他们的需求，推出了深受学生欢迎的课桌式冰箱、电脑桌式冰箱，一举占领美国小型冰箱市场的半壁江山。

海尔的成功不仅是依靠优质的产品，广阔的渠道，还有赖于其优质的服务。一个好的服务团队是企业的形象，人们越来越认同这样的观点：服务质量好的企业，其内部也一定是有序、健康发展的，其产品也是优质的。所以，企业应该提升产品服务质量，给顾客留下美好的印象。

企业想要提高服务质量，要从服务的个性化、差异化、有形化、标准化以及品牌化五个方面着手，坚持做好服务。

1. 服务个性化

任何一种服务市场都有为数众多、分布广泛的服务需求者，由于影响人们需求的因素是多种多样的，服务需求具有明显的个性化和多样化特征。任何一个企业，无论其能力有多大，都无法全面满足不同市场服务需求，都不可能对所有的顾客提供有效的服务。因此，每个企业在实施其服务营销战略时都需要把其服务市场或对象进行细分，在市场细分的基础上选定自己服务的目标市场，有针对性地开展营销组合策略，才能取得良好的营销效益。

2. 服务的差异化

服务差异化是企业面对较强的竞争对手而在服务内容、服务渠道和服务形象等方面采取有别于竞争对手而又突出自己特征，以战胜竞争对手，在服务市场立足的一种做法。服务差异化突出自己的优势，强调与竞争对手相区别。

3. 服务的有形化

服务有形化是指企业借助服务过程中的各种有形要素，把看不见摸不着的服务产品尽可能地实体化、有形化，让顾客感知到服务产品的存在，提高享用服务产品的利益过程。服务有形化可以从服务产品有形化、服务环境有形化、服务提供者的有形化（员工的素质、服务方式等）来实现。

4. 服务的标准化

由于服务产品不仅仅是靠服务人员，还往往要借助一定的技术设施和技术条件。技术设施、技术条件的利用为企业服务质量管理和服务的标准化生产提供了条件，企业应尽可能地把这部分技术性的常规工作标准化，以有效地促进企业服务质量的提高。

5. 服务的品牌化

服务品牌是指企业用来区别于其他企业服务产品的名称、符号、象征或设计，它由服务品牌名称和展示品牌的标志语、颜色、图案、符号、制服、设备等可见性要素构成。服务品牌化，是服务企业提高规模经济效益的一项重要措施。因而，企业应注意服务品牌的研究，通过创名牌来树立自己独特的形象，以建立和巩固企业特殊的市场地位，在竞争中保持领先的优势。

了解服务的特点，提高服务质量

【科特勒微语录】

服务具有以下四个主要特点，分别是：无形性、不可分离性、可变性和易消失性。这些特点对于企业制订营销方案具有很大影响。

——科特勒《营销管理》

【活学活用】

服务是指为他人做事，并使他人从中受益的一种有偿或无偿的活动。不以实物形式而以提供劳动的形式满足他人某种特殊需要。服务质量的好坏无法用一个固定的标准来衡量，而以顾客满意为追求之目标。为了能够让顾客满意，企业要了解服务的特点，为顾客提供最优质的服务。

建立在电话直销模式基础上的戴尔，在2009年开始架构重组。企业根据客户类型，把其业务一分为四，大企业客户业务、政府及教育业务、成长型业务（中小企业业务）、消费业务四个部门。每个部门都有自己的销售部门、服务部门及市场部门，类似于分拆成四个虚拟的戴尔企业。以中国企业的大客户部为例，销售团队有600多人，营收规模是戴尔中国四个部门中最大的，不算消费，大客户的营收占商用业务的50%。

戴尔大客户业务部门，全球提出了一个目标——要做全球大企业客户最好的（NO.1）合作伙伴。共有五个策略：第一，增大客户覆盖面，加强客户关系；第二，提供基于开放架构的整体解决方案，帮客户降低整体拥有成本，体现技术创新为客户带来的价值；第三，提供稳定性高、优化的产品和全面解决方案；第四，销售模式由一般销售转向行业销售，提高销售团队解决销售方案的能力；第五，收入来源由硬件扩展到解决方案及IT服务。

中国大客户部主要有三项调整：第一，以行业为导向，组建了电信、金融、能源、互联网等团队；第二，针对重点关注的行业提供针对性的解决方案；第三，除了卖硬件外，现在也开始向客户提供整体解决方案和IT咨询服务。企业成立了解决方案和IT咨询服务团队，为客户提供包括数据中心优化，为大型数据中心提供定制化、虚拟化、统一通信、Unix向Linux迁移等解决方案及服务。

如何做到以客户为中心，大客户部有三个方面的举措：第一，帮助客户降低IT平台的运营成本，提高IT效率。第二，真正了解客户。除了销售和服务团队每天跟客户密切接触，还会通过多种途径了解客户需求，把客户的实际需求体现到新一代的产品及解决方案中。比如，大客户部每半年会通过第三方做一次客户满意度调研；开设了戴尔直通车等网上平台同客户交流；另外，每年都邀请重要客户参加白金客户咨询委员会，企业全球业务部门的领导会向客户介绍企业的最新产品和解决方案以及企业未来的发展策略，跟客户一起探讨未来合作发展方向，听取客户对戴尔现有及未来产品的意见和建议等。第三，帮助客户利用IT新技术开展业务模式方面的创新。戴尔在物流、呼叫中心、电子商务等一些方面都有很多经验，把这些经验变成一个服务产品，提供给客户。

戴尔坚持以顾客服务为导向的原则，全面周到地为顾客提供优质的服务。企业了解服务是一种无形的东西，但是，企业可以把这种无形的对顾客的关心体现在产品上，比如，替顾客提供硬件、解决方案等这些有形的事物上，让顾客从中体现无形的关爱，顾客定然被如此周到的无形服务所感动。所以，其他企业也应该向戴尔学习，替顾客着想，让顾客便捷，让顾客体会到无形的服务。为了体现无形的服务，企业还可以在产品包装、产品设计等方面，为顾客提供巧妙，让顾客感觉到企业的细心周到。比如，上好佳食品，为了方便顾客拿取筒中的薯片，特别制作小小塑料卡，每吃到一个阶段，就可以往上拉，然后用卡卡住筒口继续食用。

当然，服务除了具有无形性这个重要特点外，还有不可分离性。所谓的不可分离性就是当企业在提供服务时，你的一言一行都无法和顾客消费分离，当你的服务态度不好，或者服务不周到，招来顾客的反感时，就会导致顾客放弃购买产品，而此时，你的言行无法收回，你给顾客留下的印象无法收回。所以，这就要求企业在为顾客提供服务时，要谨慎，不要给顾客留下坏印象，一个不好的印象会让其拒绝购买任何物品。

另外，服务还有可变性，因为它依赖于谁提供服务以及何时、何地提供服务。比如，一位顾客突然发现海尔电器的服务人员正抬着他买的货在门口站着，却不敲门。顾客就会感觉很奇怪，问他们为什么不敲门。服务人员说，还没有到预约的时间，所以，不能打扰顾客。同样是送货上门，却给人不同的感受。如果服务人员提前把产品送过来，顾客也很满意。但服务人员到了预约时间才敲门进入，就让顾客感觉到了海尔品牌的严格管理。这时，给顾客提供的服务就发生了变化。

最后，服务是无法储存，极容易消失的。顾客只能短暂拥有服务，一旦交易完成，服务就宣告结束。这种短暂的服务，常常让顾客担忧，顾客担心以后维修产品等会很困难，或者如果企业是个骗子，他以后就找不到该企业了。为了让顾客感到信任，企业可以通过各种方式，同顾客建立长期的关系。比如，定期回访、会员制等方式，让顾客感觉到安全。

由此可见，通过对服务特点的把握，企业可以扬长避短，充分发挥服务的优点，为顾客提供全新的、周到的服务。

进行服务创新，为顾客带去全新体验

【科特勒微语录】

服务的特点要求企业增加服务供应品的质量和创新性，以增强顾客体验。

——科特勒《营销管理》

【活学活用】

服务创新就是让顾客或潜在顾客感受到不同于从前的崭新内容。为了刺激顾客的消费欲望，营销人员要不断调整服务方式和方法，让顾客不断获得不同的体验，吸引顾客购买产品。

对于许多城市的爸爸妈妈们来说，周末带孩子逛街去趟麦当劳或肯德基吃顿饭成了一件很平常的事。让孩子们惦记的不仅仅是快餐店里的汉堡、可乐和薯条，他们更希望得到儿童套餐里的小玩具，参加店里组织的各种儿童活动，或者仅仅是为了在店里附设的儿童乐园中与其他小朋友一起快乐地玩上一会儿，这让他们感到很幸福。

麦当劳和肯德基的成功就在于其能够准确地抓住光临快餐店顾客的需求，

为顾客提供产品之外的附加服务，通过综合性的服务尽量让顾客得到幸福感，从而培养出一大批忠实的小顾客。

要有效培养顾客的忠诚度，对于不同的产业、不同的顾客群体、不同的需求，这就要求这个企业认真研究顾客特点，细分顾客群体，真正满足并引导顾客的需求。

还有，哈根达斯，它也是不断地创新服务，为目标顾客提供全新的满意服务，赢得更多顾客的青睐。

哈根达斯几乎不做电视广告，因为电视的覆盖面太广，对哈根达斯来说，反而是一种浪费。所以大部分的哈根达斯广告都只是平面广告，在特定的一些媒体上发布有针对性的大幅面的广告。这样既节省了广告费，又最大化了广告的视觉效果。

为了锁定那些金字塔尖的顾客，只要顾客累积消费了500元，填写一张小表格，就可以成为他们的会员。到目前为止，数据库里已经有了2万多名核心会员的资料，通过专门的分析顾客的电脑系统，研究出顾客消费的规律曲线，在消费哈根达斯一定时日之后，哈根达斯的电脑系统已经记录了顾客每次消费的具体情况，如吃了什么、吃了多少、几个人吃、消费额度，是他自己付款还是别人帮付的款等详细资料。基于此，哈根达斯分析出了顾客消费冰淇淋的规律曲线。为了挖出这些重要的消费潜力，哈根达斯会紧密“呵护”每一位重点会员，定期给他们寄直邮广告。

除此之外，哈根达斯自办“酷”杂志来推销新产品，还不定期举办核心顾客群体的时尚PARTY，听取他们对产品的意见，进行双向沟通。针对不同的消费季节、会员的消费额和特定的产品发放折扣券等来留住核心客户，提升顾客的满意度和忠诚度。

可见，根据企业自身的条件、产品特点及创新服务，会大大提高顾客的满意度，更多的顾客会被这种全新的体验深深吸引住，成为企业忠诚的顾客。那么，企业该怎样进行服务创新呢?

关键是要树立以“顾客为中心”的创新意识，创新的点子往往来自于顾客的需求或者体验，根据不同顾客群的特点，分析他们的爱好、他们喜欢的事物等，以及他们的人际关系等方面进行服务创新，这样的创新才会让顾客感兴趣，才会引起更多现有顾客或潜在顾客的关注和参与。

同时，企业也要避免一些认识上的误区，比如，创新服务不是一定要高成本才能完成的。只要是能够为顾客服务，给顾客带去全新体验，都是很好的创新服务。比如，让小顾客在喜欢的动画片木偶前照相。为顾客赠送情侣棒棒糖等，这些都是很有创意的能让顾客喜欢的附加服务。

为员工提供培训，提升服务质量

【科特勒微语录】

与西方注重服务传递的效率相比，亚洲人更注重服务方式是否更加以人为本。在亚洲，即使是低成本服务的顾客也希望得到高水平的服务。

——科特勒《营销管理》

【活学活用】

大多数的服务都是由人提供的。因此，企业员工是服务的执行者，对员工的选择、培训、激励可能会导致不同的顾客满意度。科特勒提醒营销人员，企业应当培养具备竞争力、关怀的态度、责任感、主动性、解决问题的能力及良好愿望的服务人员。

依靠经营一些简单的食品，就构筑了一个庞大的食品王国，麦当劳这种松散的以小企业为主的组织何以能蓬勃发展，以致风靡世界？这不能不使人想到麦当劳那标准划一的经营。

麦当劳的“标准化工作手册”可以说是制胜的宝典，该册子对员工如何拿杯子、开关机器，直至加工后的食品只能存放多长时间等都有详尽的规定和标准。而且它能够将这些标准不折不扣地执行下去，并成为麦当劳的信用和承诺。手册中近乎“机械、繁琐”的规范，则是各分店“拷贝”麦当劳整体信用的过程——这也许就是麦当劳成功的诀窍。

也许麦当劳在某一个时间、地点并没有路边的饭馆服务周到、饭菜可口，但顾客却永远知道在任何一家麦当劳会得到什么样的服务、吃到什么口味的食品，因为，标准化手册保证了这点。

麦当劳这种标准化服务，让顾客无论到哪里都能得到该企业同样好的服务，这样高质量的服务，让顾客感觉安心和舒心。所以，企业也应该提高服务质量，多给员工做培训，或者采取一些激励机制，提升员工的整体服务质量。

要建立规范的售前、售中、售后服务模式，通过设计系统的服务软件，强行将企业的服务水平拉升到要求的高度。同时，提高服务管理人员的待遇，引进服务专业人才，强化管理，保证实施效果。

除此之外，还要在制订完各种服务制度后，对服务人员的执行力度进行监督检查，企业可以成立营销稽查组织，采取定期和不定期、明察和暗访的方式对企业营销机构的工作进行考察，将结果纳入企业的绩效考评结果，与个人绩效、薪酬挂钩。

定期对服务人员进行培训，不仅仅是技术上的培训，还要求有素质上的培训，让员工从内到外都能获得提升。

服务质量的好坏极大程度地影响着企业的形象和产品品牌的建立。所以，企业要进行有效的培训、激励、监督等措施，激励服务人员自觉提高服务质量。

实现服务差异化，提高企业竞争力

【科特勒微语录】

解决价格竞争的最好方法就是发展差异化供物、交付或形象。

——科特勒《营销管理》

【活学活用】

每一种服务都会有一系列的特征而区别于其他服务，其中的一些特征可能是实质性的，另外一些则可能是感觉上的。随着社会的发展、科学技术的进步，快速满足不同顾客的需求已经成为了企业竞争的重点。在竞争激烈、产品同质化的情况下，谁掌握了差异化服务的精髓，谁就拯救了企业。所以，树立自己独特形象，进行差异化服务，是保证企业拥有一群忠实顾客，保证企业长久发展的关键。

深圳电信已在深圳特区内的12个电信营业厅内全面启动VIP顾客的差异化服务，对现有营业厅的服务区域、服务环境、服务流程、服务承诺等方面进行了一系列的规划改造，通过VIP服务厅、VIP专窗及叫号，全面实现了营业厅的差异化服务承诺。

深圳电信首个VIP服务厅在黄木岗营业厅二楼正式启用。顾客可凭电信大顾客信之缘卡、商企顾客贵宾卡、公众顾客VIP卡在VIP服务厅优先快捷办理各种业务，并可享受服务厅内提供的休闲、娱乐设施，如网络电视、畅销书籍、杂志、咖啡茶水、免费上网等。每个细节都体现了深圳电信对VIP顾客的一流的服务。各营业厅还针对VIP顾客加强了宣传引导，如叫号器旁X展架引导、温馨提示小卡片、等候区液晶显示屏提醒等。还未建设VIP服务专区的营业厅则通过叫号器优先叫号实现VIP顾客差异化服务。VIP顾客凭VIP卡在叫号器选择VIP顾客按钮，即可享受优先快捷的业务办理。

差异化服务实施以来，已有500多家VIP顾客通过叫号器实现了优先办理业务，得到顾客的一致好评，使顾客体验到了作为深圳电信VIP会员的尊贵感受和周到服务。营业厅差异化服务不仅体现了深圳电信以顾客为中心的服务理念，更加强了对核心顾客的关注程度，提升了服务质量。

那么，企业怎样进行差异化服务，为此，企业应该把差异化服务提升到战略高度，要想实现企业的差异化服务战略，以下几点的执行效果非常关键。

1. 差异化服务战略必须从高层往下开展

不管企业的结构或其业务形态如何，差异化服务战略必须从高层管理阶层开始推行，并向下渗透到整个企业，而不是由中层或基层开始。在这里，领导的态度是非常重要的，最高执行者必须主动支持差异化服务战略的计划，排除阻碍。这意味着不仅要有财务上的支持，而且要积极地以一种指导式、提起式，甚至鼓舞的方式加以支援，让每个员工均清楚了解差异化服务战略的重要性。

2. 扁平化的垂直管理与平行沟通的互动作用

垂直的管理，可使任务准确下达与执行，保持固有的快速反应与连贯性。同时，扁平的管理模式减少了管理过程中的不必要的环节，避免了管理层或执行层相互扯皮、耽误时机。在实行扁平化的垂直管理的同时，组织内部的平行沟通，将使决策层的理念与执行层的思维有机融合，产生互动沟通的合力，并协调一致，通过激情碰撞与营销观念的共享，整合有效资源，使差异化服务战略具备最大竞争性与最大涵盖面。

3. 顾客导向的营销

差异化服务战略要能有效运作，就必须适时关注顾客，随时随地关心各阶层顾客，收集有关资讯，以便了解与满足顾客需求，并获取优质顾客群，而不仅限于制造产品或提供服务。也就是说，它必须使其营销计划更能迎合顾客的需求。更重要的是必须遵循企业的理念：以满足顾客的需求为目的，这是差异化服务战略取得成功所必备的条件。

事实上，差异化服务战略必须成为实际有效的竞争优势，才能使企业在市场上继续生存。

这需要最高管理阶层与执行阶层共同采用新的思考方式和对服务文化的重新认识。

4. 充分授权、清晰明了

对分管人员要充分授权，使差异化服务战略从市场调研、目标确定、整体规划、计划制订到计划执行、效果测定、整体控制，均能够顺畅、有效进行，并获取其他有关部门的有力支持。而授权的清晰化，将有效地调动分管人员在专业上的潜力与能动性，并能合理地控制差异化服务战略的成本与效果。两者有机地结合，可使决策层与执行层之间的诸多理念更易达成共识，连接更加紧密，也使管理过程简单、明确、有效。

打造服务品牌化，提升影响力

【科特勒微语录】

服务正在成为企业的主旨。现在有很多著作指出，许多企业正是因为其出色的服务而获得可观的收入。

——科特勒《营销管理》

【活学活用】

服务具有无形性，顾客在接受服务之前很难识别和把握服务的质量，并且服务基本上是由人表现出来的一系列行为，服务员和顾客的差异，决定了服务的高度异质性，顾客和企业本身对提供服务的质量都很难达到理想的预期。企业非常有必要通过确定一系列清晰、简洁、可观测和现实可行的服务标准，减少质量信息双方的不对称，使顾客可以根据国家、行业和企业标准对服务质量有一个合理的预期，保证服务质量的稳定性。这样也是实现服务品牌化的重要方式。特别是旅游业这样的服务行业，更是要提升服务质量，打造服务品牌。

旅游业在山东省的经济发展中占有举足轻重的地位，同时也是曲阜市的经济支柱产业。作为世界历史文化名城和伟大的思想家、教育家和儒家学派创始人孔子的诞生地，曲阜以悠久的历史文化、丰富的地下文物和雄伟的建筑享誉世界，孔庙、孔府、孔林被世界教科文组织列为世界文化遗产，是国家AAAA级名胜景区。

2004年，围绕山东省提出的“一山一水一圣人”等旅游发展规划，经曲阜市人民政府申请，山东省质监局、旅游局批准设立曲阜市旅游服务标准化试点项目，计划通过建立曲阜市旅游服务标准体系，对曲阜市的三孔景区及交通、餐饮、住宿等相关旅游服务活动进行规范，积极打造三孔服务品牌。

经过1年多的实施，曲阜市已起草制订了三孔名胜景区服务质量要求、解说要求、曲阜市旅游购物商店服务质量要求等十项旅游服务标准，并印发至有关旅游管理部门和企业，作为指导和实施旅游服务标准化的依据，进一步规范三孔名胜景区的旅游服务质量。

山东省质监局标准化工作负责人介绍，曲阜旅游服务标准化试点项目的实施，将促进曲阜旅游资源优势转化成为旅游产业的品牌优势。今后，山东省质监局、旅游局将在此基础上，在全省旅游景点推广曲阜的旅游标准化经验，以推动山东省旅游业和服务业的发展。

企业如何实现服务品牌化，提升企业的无形价值呢？其实，服务品牌化具体就是指企业在销售、服务过程中，致力于向市场和顾客提供标准化、规范化、流程化的服务内容、服务模式、服务技能、服务承诺和服务质量，并形成有形的、独特的、容易辨识的个性化服务标志，建立服务认同和消费忠诚。这是一个复杂的系统性过程，要想实现服务品牌化，就要在产品销售的各个环节上把关，实现高质量的服务，实现标准化服务，同时还要实现个性化服务，树立自己的服务形象，如此才能打造出服务品牌。

企业要想做大做强，要想长久发展，标准化的服务能够帮助企业留住很多顾客群，比如，呷哺、麦当劳、肯德基等都树立了自己的服务品牌，这也让企业获得了丰厚的利润。

定价艺术篇　实现顾客和企业的双赢

定价是一门艺术。人们总认为“昂贵=优质”“降价没好货”，998元只比1 000元少2元，但人们就觉得更实惠。价格的固定心理模式有很多，如同小火鸡的吱吱声对火鸡妈妈的“魔力”，其技巧性值得营销人员好好琢磨。

第12章　定价策略，洞察顾客购买心理

为产品制定合适的价格

【科特勒微语录】

定价策略会极大地影响顾客和市场竞争行为。

——科特勒《跟科特勒对话营销诀窍》

【活学活用】

当企业开发出一种新产品，准备推向市场时，定价这个决策就要执行了。定价策略是一门系统的艺术，定价的高低对顾客心理会产生微妙的变化，即便是一分钱的差距，也会使顾客的心理发生变化，消费行为发生转变。因此，如果价格定得好，不仅有助于销售，还在一定程度上提高竞争能力。

休布雷企业是美国生产和经营伏特加酒的专业企业，其生产的史密诺夫酒在伏特加酒市场享有较高的声誉，市场占有率达23%。20世纪60年代，另一家企业推出一种新型伏特加酒，其质量不比休布雷企业的史密诺夫酒差，每瓶价格却比它低1美元。

面临对手的价格竞争，按照惯常的做法，休布雷企业有三种对策可以选择：降价1美元，以保住市场占有率；维持原价，通过增加广告费用和推销支出

与竞争对手相对抗；维持原价，听任自己的市场占有率降低。

由此看出，无论休布雷企业采取其中哪种策略，它都似乎输定了。然而，该企业的市场营销人员经过深思熟虑之后，却策划了对方意想不到的第四种策略，即将史密诺夫酒的价格再提高1美元，同时推出一种与竞争对手新伏特加酒一样的瑞色加酒和另一种价格低一些的波波酒。其实这三种酒的品质和成分几乎相同。但实施这一定价策略却使该企业扭转了不利局面：一方面提高了史密诺夫酒的地位，使竞争对手的新产品沦为一种普通的品牌；另一方面不影响该企业的销售收入，而且由于销量大增，使得利润大增。

史密诺夫酒通过巧妙的定价策略，战胜了竞争对手，在市场中站稳了脚跟，由此可见，一个好的定价，有时候会给企业带来意想不到的良好销售业绩。但是，如果定价出问题，也给企业的销售业绩带来负面影响，

定价是一个动态的过程，并非新产品一出来之后定的价格就永远固定不变，定价也是要随着产品的销售情况、竞争者的情况以及市场环境的变化而变化。价格是一个杠杆，而不是升1元钱就高了，降1元钱就低了的定点研究。有些企业会认为：价格杠杆的一端是成本，另一端是定价，他们用这个杠杆撬动销量；但优秀的营销者认为：杠杆的一端是企业，另一端是市场，他们用这个杠杆撬动利润。

价格杠杆是整个企业赢利模式的风帆，企业怎样运用价格杠杆，决定了企业的营销方式和赢利模式；企业营销必须学会撬动威力无穷的价格杠杆。

其实撬动价格这个杠杆的方法很简单，所有成功的运作都是提价的时候分阶段、分品种、分区域地进行，降价的时候必须一步到位。

对于营销者还要抓住一点，就是：不是通过价格去销售，而是把价格销售出去。

给产品定价需要考虑多方面因素

【科特勒微语录】

企业在制定价格之前先要对营销的总战略作出决策，然后制定出一个合理

的价格，以便获取利润。

——科特勒《营销管理》

【活学活用】

定价是成本加上利润的结果，定价的高低决定着利润的大小，也因为如此，很多企业家在定价的时候，只考虑成本和利润因素，据此制定出一个价格。然而，定价对未来销售业绩有很重要的影响，影响到顾客需求等，所以，企业需要系统地理解价格，以便更好地制定、调整价格。

商品的价格主要受以下几个因素的影响。

1. 市场需求状况

市场的需求规律就是，如果其因素保持不变，顾客对某一商品需求量的变化与这一商品价格变化的方向相反，如果商品的价格下跌，需求量就上升，而商品的价格上涨时，需求量就相应下降。这一规律反映了商品需求量变化和商品价格变化之间的一般关系。如果某一时期市场上某商品的需求量增加时，适当地提价可以获得较多的利润；反之，适宜采取降价措施。所以，企业在制定商品价格时，市场需求状况常常是主要参考因素。

2. 市场竞争状况

市场竞争状况有完全竞争市场、垄断竞争市场、寡头市场以及不完全竞争市场。很少有完全竞争市场环境，如果有这样的环境，那么，企业就不是价格的制定者，因为价格完全由供求关系决定，是不断变化的。

垄断竞争市场中有一些商业巨头，当然还有小竞争者，在这样复杂的环境中，企业可以通过产品差异化、渠道的不同，来从夹缝中寻找到自己的一席之地。这样定价权也掌握在自己的手中，有一定的定价权。

寡头市场是指市场中只有几家企业生产和销售，定价权由他们共同控制，在这样的环境中，企业就需要密切关注寡头企业的动向，酌情变化。

不完全竞争市场是政府对企业定价有一定的影响。就像我国，为了防止企业的恶性价格竞争，防止价格过高影响人们的正常生活，有些产品的定价是受国家限制的。所以，企业在制定价格时也要考虑政府对该行业的定价指导。

3. 商品的特性

商品的属性或特性也是企业定价时应考虑的因素之一。在顾客心目中，不同的商品具有不同的满足需要的特性，不同的种类对价格有不同的影响。如购功能性商品，顾客着重考虑的主要是商品的实用价值和功能是否与价格相符，而对地位特征品，顾客则一般较少考虑价格与效用的适应，而注重其地位和威望的显示。另外，商品的易腐性、易毁性和季节性，还有商品的时尚性，所处的产品生命周期等特性都会对商品的价格有一定的影响。

4. 企业的实力

企业的生产经营能力和企业经营管理水平对制定价格也会产生一定的影响。规模与实力比较强的企业在价格方面就具有优势，由于企业的规模经济，一般劳动生产率较高，单位成本较低，这样就使得企业在定价方面更有余地。销售渠道如果畅通，控制程度高，那么企业的价格决定能力也就比较强，信息沟通顺畅，与顾客保持良好的关系也可比较容易地调整价格。

通过对这些因素的考虑，企业在制定价格时就有一个清楚的认识。企业在具体定价时还要考虑遵守以下三个原则。

1. 目标原则

在制定价格时，企业必须了解上述影响因素，如市场状况等，但是这些属于背景因素，在实际定价时，企业必须确定制定价格的目的，即制定价格所要达到的目标，这样才能做到有的放矢。

企业确定价格的目标一般有五个：

（1）生存。这是企业最基本的目标，但有时候却可能是企业的最迫切的需要，如生产力过剩、竞争激烈或产品处于衰退期；

（2）寻求最大当前利润。这是经济学上最主要的一个假设，在现实当中，比较少的企业会去考虑这种目标；

（3）追求最高当期收入。有的企业可能把销售收入的最大化当成其最高的目标，认为最高销售收入将会导致利润的最大化和市场份额的成长；

（4）最高销售成长。企业追求销售额的最高成长，这种企业往往追求长期的利润，因此往往采用渗透定价的策略，将价格定得较低，希望赢得很高的市场份额；

（5）产品质量领先。企业为了树立其在市场上的产品质量领先地位，此时价格也应配合其目标，如有的企业采取高质量或高价格策略，获得了成功。

2. 顾客原则

价格归根结底要能够让顾客接受。价格的提高或降低将会引起顾客的反应。顾客的反应基于其对价格变更的理解，不同的顾客对企业的价格行为的解释可能是不同的。如产品降价，顾客可能会认为企业遇到麻烦了，或质量下降了；产品提价，顾客会认为这种产品比较热销，产品质量提高了，等等。所以，企业在定价时，要掌握顾客原则，不要一厢情愿。

3. 竞争原则

企业定价时必须考虑竞争者的反应，处于完全垄断地位的厂商毕竟是少数，大多数企业在市场中总会碰到各种各样的竞争，即便是处于垄断地位的厂商，其垄断地位也往往是暂时的，会有很多后来竞争者与企业竞争。所以，企业在定价时，要求企业能预期到它的竞争者们对自身定价的反应。这就要求企业要调查竞争者的财务状况、最近的销售量与生产能力、顾客忠诚度和企业目标。而且竞争者与顾客一样对于企业的定价可能也会作出不同的解释，因此企业的定价对竞争者的影响也是相当复杂的，这就需要企业进行一定的决策分析。

总之，定价是一个复杂而系统的事情，要合理定价、灵活定价，适时调整，满足顾客购买心理，获得更多的销量。

按照定价程序分步进行

【科特勒微语录】

亚洲的企业处理定价有很多种方法。在小企业，老板决定价格；大企业，事业部经理或产品线经理决定价格。除此之外，销售经理、生产经理、财务经理和会计也会影响定价。

——科特勒《营销管理》

【活学活用】

定价并非某个人头脑一热，拍板而定，定价也是需要一个制定的步骤，要按照步骤一步一步来，这样才能有条不紊地制定出合理的价格；反之，不按步骤进行定价决策，往往会因为遗漏影响价格的因素，导致定价不合理，影响到最终销售。

通常，企业在给商品定价时，按照以下六个步骤进行：

第一步：确定定价目标

有了目标，才有了定价的方向，要完成什么样的目标，就要制定什么样的价格。所以，企业在定价前，一定要考虑企业的整体战略目标。具体来说，需要考虑以下几个目标。

（1）投资收益率目标，企业定价要以达到其预期的收益率为目标。

（2）市场占有率目标，把保持和提高企业的市场占有率（或市场份额）作为一定时期的定价目标。

（3）价格稳定目标，避免价格战的发生。

（4）防止竞争目标，具有优越条件的企业制定价格阻止竞争者的进入。

（5）利润最大化目标，以追求企业长期的总利润最大化为目标。

（6）渡过困难目标，或称维持生存目标。

（7）社会形象目标，以塑造一定的市场形象为目标。

第二步：估计需求

通常情况下，商品价格与市场需求是成反比关系的。价格会影响需求，在正常情况下，市场需求会按照和价格相反的方向变动。价格提高，市场需求就会减少。企业商品的价格会影响需求，需求的变化也会影响企业的产品销售以致企业营销目标的实现。因此，估计市场需求状况是制定价格的重要工作。

对需求的估计，首先要估计需求的价格弹性，了解市场需求对价格变动的反应。当价格变化，需求无变化，就是需求无弹性；如果价格变化，需求变化，就说明价格有弹性。当商品富有需求弹性时，商品价格稍微下降一点，销售量就会显著增加，企业的总收入也会增加；相反，稍微提一点价，销售量就会明显下降，企业的总收入也会减少。价格变动方向同总收入的变动方向成反比。对于这类商品，企业采取低价销售有利。

影响商品需求价格弹性主要有三个因素：

（1）替代品的数目和相近程度。如一种商品有许多相近的替代品，它的需求一定是有弹性的，价格上涨，顾客就少买这种商品。把商品限定得越狭窄、越具体，相近的替代品就越多。如某一种品牌的檀香皂，弹性就大于一般的檀香皂。而一般的檀香皂比普通的香皂更有弹性，檀香皂贵，顾客可以买留兰香型的、茉莉香型的。如果一种商品有可以完全被代替的替代品，它就是非常富有商品需求弹性的。

（2）商品在顾客收入中的重要位置也影响它的弹性。如肥皂、盐、火柴、墨水、急救药品等，在顾客收入中有一席之地，相对重要，是比较缺乏弹性的商品。

（3）商品有多少用途。一种商品可派的用场越多，需求弹性越大。如果价格很高，顾客只购买少量用在最重要的用途上，价格连续下降，则买较多的商品用在不太重要的用途上。

根据不同产品的需求弹性不同，企业的定价应不同。当商品具有一般需求弹性时，对于这类商品，企业不宜采用价格手段进行竞争。在商品缺乏需求弹性情况下，对于这类商品采用低价达不到销售量增加和效益提高的目的，而有限制的较高的定价对企业有利。

另外，需求价格弹性也是随着时间变化有所变化的。企业还必须估计其在不同的销售时期和处于不同的价格区段上的情况。许多商品弹性不是始终如一的，企业要具体测定各区段的需求弹性，以决定正确的方法并找出理想的定价点。

除此之外，是不同的顾客对同一产品的需求弹性有所不同。有时需求强度不同的顾客对同种产品的需求弹性不一样，要认真加以区别，制定不同的方法。

最后，企业估计需求要注意“反常”现象，在用需求规律分析顾客需求及变化时，发现有这样的例外，即在一定条件下，商品的价格上涨，顾客的需求量反而增加；价格下跌，顾客的需求量反而减少。比如，人们通常认为，顾客享用的商品档次的高低反映着顾客经济地位和社会地位的高低。高档商品在一定程度上成了一个人经济地位和社会声望的象征。正是由于这种心理因素的作用，使顾客在某些情况下趋向于选购价格较高的商品。这样，有些商品的价格定得较高，对这些商品的需求量就越大；如果定得较低，对这些商品的需求量反而会下降。所以，还要把握顾客的心理。

第三步：估算成本

企业在制定商品价格时，要进行成本估算，这对任何企业都不能例外。企业商品价格的上限取决于市场需求及有关限制因素，而最低价格不能低于商品的经营成本费用，这是企业价格的下限，低于这个限度，企业无法维持再生产和继续经营。因此，制定价格要在企业目标已定，市场需求已摸清的情况下作产品的成本估算。

第四步：分析竞争状况

企业价格的制定除取决于需求状况、成本状况之外，还受着市场竞争状况的强烈影响。对竞争状况的分析，包括三个方面的内容。

（1）分析企业竞争地位。企业及其产品在市场上的竞争地位对最后制定价格有重要的意义，要在企业的主要市场和竞争能力方面作出基本的估计。列出企业目前处于何种状况，并在分析过程中考虑有关显要的非商品竞争能力，如服务质量、渠道状况、定价方式等。

（2）协调企业的定价方向。企业要通过各种公开发表的财务资料、其他资料，或者从以购物者身份索要的价目表中了解竞争对手的产品价格，以使本企业在制定价格更主动。这方面工作要考虑到竞争企业的定价目标及主要策略。

（3）估计竞争企业的反应。企业要把即将可能采用的价格及策略排列出来，进行试分析，估计和预测采用某些具体价格和策略可能引起的主要竞争企业及同行业的反应。企业的营销情报信息系统要提供有关竞争企业的材料，如财务、技术、管理方面的优势和劣势，非价格因素的长处与缺点，现行的营销策略以及对竞争反应的历史资料，使企业的有关决策人员知己知彼，以制定相应的策略和采用适当的方法。

第五步：选择定价方法

企业定价方法的选定是前四个步骤工作的具体体现。常用的定价方法有三种。第一是建立在成本基础上的定价；第二是根据竞争对手的定价制定出更具竞争力的定价；第三是根据顾客需求情况，酌情制定出让顾客满意的价格。当然，定价的方法有很多种，要综合考虑企业本身情况、市场情况、竞争对手情况，来具体制定一个合理的价格。

第六步：确定最后价格

这是定价的最后一个步骤，最后确定商品价格时，要遵循以下几个原则：

（1）商品价格的制定与企业预期的定价目标一致。

（2）商品价格的制定符合国家政策法令的有关规定。

（3）商品价格的制定符合顾客整体及长远利益。

（4）商品价格的制定与企业市场营销组合中的非价格因素是协调一致、互相配合，为达到企业营销目标服务的。

通过以上这六个步骤的进行，企业必然能够制定出合理的价格。

在成本基础上加价的成本定价

【科特勒微语录】

成本规定了价格的下限，顾客对产品价值的看法规定了价格的上限，企业必须在考虑竞争价格和内外部因素的基础上，在下限和上限之间制定出一个最好的价格。

——科特勒《营销管理》

【活学活用】

成本加成定价法是一种以成本为中心的定价方法，也是最传统的、最普遍的定价方式。具体做法是按照产品成本加一定的利润定价，如生产企业以生产成本为基础，商业零售企业则以进货成本为基础。此方法的优点在于所定价格能保证企业全部成本得到补偿，企业成本材料自己掌握，计算方便，同时在成本没有大的波动的情况下，有利于价格的稳定，并给顾客一种可靠的“保本求利”的印象。

2009年，百胜餐饮集团中国事业部与国内三大鸡肉龙头企业签署采购协议。百胜这次与鸡肉企业商定的价格，就是根据鸡肉产品成本的主要原材料价格来确定鸡肉价格的，也就是根据成本定价的。这种定价方法，大大保障了鸡肉能够源源不断地供给百盛，而不至于出现供应短缺的情况。就如百胜中国供应链管理资深总监陈玟瑞所说的那样：“百胜实行成本定价的根本目的不是追求低价，而是为了获得长期稳定的原料供应。”

可见，成本定价也有成本定价的好处，它有效地抵御了市场中出现的如金融危机、供需不平衡等现象，保证了企业有足够的供给而不受其他环境因素的影响。

那么，通常情况下，企业在进行产品成本定价的时候，该考虑哪些成本呢？

企业要估算的成本主要包括两种：

（1）固定成本，指在一定时期不随企业产量变化而变化的成本费用。例如，固定资产的折旧费、产品设计费、租金、利息、管理费用等。它不能计入某阶段的某项产品之中，而是以多种费用的方式分别计入各种产品之中。这些费用的总体支出水平在短期内是相对固定的，即便企业没有生产产品，也需要支出，而产量增加时，这部分支出并不会出现显著的增加。

（2）变动成本，或称为可变成本、直接成本，指随着企业的产品产量和销售收入变化的成本，如原材料、辅助材料、生产用燃料还有计件工资等。这部分成本随产品产量的变动成正比例变化，它可直接计入各种具体产品之中。一般来说，在一段时期里变动成本总量增长的速度和产量增长的速度成正比。但产量增加到一定水平后，可能会因为要支付加班费、聘用不熟练工人、使用品质较低的原材料等原因，导致变动成本总量增长的速度变快。

但是，这种定价方法忽视了产品需求弹性的变化。因为不同的产品在同一时期，相同的产品在不同时期或者相同的产品在不同的市场，其需求弹性都是在变化的，又不相同的。所以，产品价格在完全成本的基础上，加上一个固定的加成比例这样的成本定价方法，无法适应迅速变化的市场需求，缺乏应有的竞争能力，并且容易导致企业作出错误的决策。

所以，企业要根据实际情况考虑使用这种定价方法。

竞争导向定价法

【科特勒微语录】

在一些少数企业控制市场的行业中，比如，那些钢铁、纸张、化肥等产品的行业，企业都是采取统一定价。而行业中的小企业则是“跟随着领导者”的。它们依据市场领导者的价格变动，再结合自己的需求或成本变化进行价格变动。

——科特勒《营销管理》

【活学活用】

竞争导向定价法是指以竞争为中心的、以竞争对手的定价为依据的定价方法。因为市场竞争非常激烈，而产品同质化严重，这时候，很多企业都想到了通过价格竞争打压竞争对手，让自己占有一席之地。企业的价格制定可以与主要竞争者的价格相同，也可能高于或低于竞争对手的价格。顾客在选购产品的时候，通常与竞争对手类似产品的价格进行比较来决定是否购买产品。所以，企业应该根据竞争对手的定价考虑自己的定价，并且随着竞争对手定价的调整，而考虑调整。

第二次世界大战期间，绅宝企业以制造战斗机而闻名。战后，绅宝利用自己的一批技术力量，按照制造飞机的高要求，生产一种小型、廉价、注重驾驶乐趣的汽车，每年在美国市场售出一万辆左右。20世纪70年代末期，汽车业竞争加剧，美国的通用和日本的丰田在生产经济车方面竞争十分激烈。绅宝也面临着两种选择，要么生产经济车，要么生产昂贵车。

绅宝选择了生产昂贵车，因为按照它的经济实力和设备能力，很难同通用、丰田等汽车企业竞争。如果它也生产经济车，必须年产25万辆才能有利可图，显然它在经济车市场竞争中将处于不利地位。昂贵车市场虽然很小，但由于每辆车利润高，又能发挥绅宝的技术优势，因此进军昂贵车市场才是绅宝的出路。

绅宝估计，到20世纪80年代末，跑车市场将急剧扩大，购买这类跑车的顾客其年龄在25~44岁之间。这一年龄群增长较快，而且大都是双职工，夫妻都有较好的工作，薪水较高，比较富有，他们需要质量高、性能好、驾驶舒适和服务良好的汽车，即使贵也愿意购买。

从1979年起，绅宝推出新的“SAA900”涡轮增压汽车，每辆价格为两万美元，广告强调它是高性能、新款式、独特形象、独一无二的高级车，而且提供顾客想要的各种附加设备，加上适当的促销和销售渠道策略，有钱人对绅宝汽车产生了强烈的购买欲望。

选择高价赚取的策略取得了很大的成功。绅宝汽车1983年在美国的销量超过了2.5万辆，市场出现了供不应求的局面，有些经销商甚至以拍卖方式将车卖给出价最高的人。这一年，绅宝车年增长率为42%，成为汽车行业中销售增长率最高的一家。该企业的最高级管理人员曾自豪地说：“通用汽车企业要卖出‘几百万个汉堡包’，而我们只要卖出极少的‘牛排’便可与它竞争。”

可见，通过与竞争对手的定价进行比较衡量，然后制定出自己的价格，这样更能抓住目标顾客。

通常，竞争导向定价法包括以下三方面内容。

1. 随行就市定价法

随行就市定价法就是将本企业某产品价格保持在市场价格的平均水平上，利用这样的价格来获得平均报酬。特别是在垄断竞争和完全竞争的市场环境中，任何一家企业都无法凭借自身实力在市场上取得绝对的优势，为此，很多企业都会定一个平均的价格，避免价格竞争造成损失。这样的定价通常不会引起价格波动，所以，也不用去了解顾客对价格的反应。

2. 产品差别定价法

产品差别定价法是指通过不同的营销努力，使同种同质的产品在顾客心中形成不同的产品形象，然后，根据自身特点，选择低于或高于竞争者的价格作为产品定价。可见这种产品差别定价是一种进攻型的定价。

3. 密封投标定价法

这种定价方法通常在招标的时候出现，也就是，标的物的价格由参与投标的各个企业在相互独立的条件下来确定。在买方招标的所有投标者中，报价最低的投标者通常中标，它的报价就是承包价格。这样一种竞争性的定价方法就称密封投标定价法。在一些大宗项目承包、采购的时候，常采用这种方法。

这三种竞争导向定价法，在不同的情况采用不同的方式才能起到更好的效果。总的来说，这种方法的好处是可以打压竞争对手，使自己在市场上占有一席之地。但这种方法以竞争对手的价格为定价依据，忽略了自身成本，有可能导致定价所产生的利润太低，容易形成价格的恶性竞争。

以顾客需求为参考的定价

【科特勒微语录】

价值定价是需要再造企业操作过程，以便真正地做到低成本同时又保证高质量，用更低的售价吸引更多顾客。

——科特勒《营销管理》

【活学活用】

以顾客需求为导向的定价，主要是以顾客的需求为中心的企业定价方法。它不是根据产品的成本，也不是单纯考虑竞争企业的定价，而是根据顾客对商品的需求强度和对商品价值的认识程度来制定企业价格。

在中国台湾，自从“宝健375”以低价位（每包12元新台币）、新包装（铝箔包）攻入运动饮料市场后，运动饮料市场被分为两大块：一为易拉罐市场，舒跑在其中称雄；二为铝箔包市场，宝健占霸主地位。就整个市场而言，舒跑以过半的市场占有率遥遥领先其他品牌，宝健则以“实实在在的好朋友”形象排行第二，其他品牌则呈现一片混战，并没有明显的老三，每个品牌的市场占有率也都不大。

这种情况自从“生活”运动饮料介入市场，就有所改变了。1987年，益华食品企业推出每包12元新台币的“生活400”铝箔包运动饮料，这种低价策略顿时受到市场的欢迎，并对铝箔包盟主“宝健375”构成威胁。宝健当年以低价策略掠取了不少封闭市场（如学校、军队福利社、管站等），使其占有率迅速爬升。而“生活400”也如法炮制，以低价渗透封闭市场，颇有收获，使其市场占有率扶摇直上，成为不可轻视的竞争对手。

“宝健375”和“生活400”先后成功是与市场特性有很大关系的。通过厂商多年来的努力使大多数顾客都已知道运动饮料是什么，且大多数人认为运动饮料本身没有太大差异。之所以“宝健375”能够取得成功，建立起铝箔包装运动饮料的王国，而“生活400”低价策略能够成功出击，都是归功于对顾客这种认识的理解。

可见，充分了解认识顾客对产品的态度，企业在制定价格时就能更好地迎合顾客的心理，制定出合理价格。

以顾客需求为参考的价格制定方法，包含以下两种情况：

（1）企业根据顾客对商品及其价格的认识程度和感觉定价，这种定价方法要求企业要弄清楚顾客对商品的价值的判断。

（2）企业根据需求中的差异而进行差别定价。这种定价方法之所以能够实行，是因为在现实生活当中，顾客对同样的产品有不同的需求，其需求弹性是不同的。

这种通过顾客需求进行定价的方法能够更好地迎合顾客的消费心理，企业应该认真总结。

第13章　合理进行价格的修订、调节

差别调价策略

【科特勒微语录】

企业经常根据顾客、产品、地理位置等差异来调整其基本的价格。

——科特勒《营销管理》

【活学活用】

所谓差别定价，就是企业按照两种或两种以上不反映成本费用的比例差异的价格来销售某种产品或劳务。差别定价也分四种形式。

1. 顾客差别定价

即企业以不同的价格卖给不同的顾客同一种产品或劳务。比如，某汽车经销商按照目标价格把某种型号汽车卖给顾客A，同时按照较低价格把同一种型号汽车卖给顾客B。这是根据顾客对产品的需求程度以及对商品的认知不同而制定的。

2. 产品样式差别定价

即企业对不同型号或样式的产品分别制定不同的价格，但是，不同型号或样式产品价格之间的差额和成本费用之间的差额并不成比例。

比如，在中国白酒市场，20年前，汾酒的价格比茅台低1元多，比五粮液低2角。当时，除茅台外，其他名酒在顾客眼中，并无太多差别。企业更多地在销量上竞争，因此，也就不敢贸然提价。而如今，汾酒和五粮液平均差价为200元左右。之所以出现这样大的差距，就是五粮液抓住一切机会适时提价，而不知不觉之间，白酒分化成了高端产品和中低端产品。而五粮液凭借其高价格，品牌实现高端化，与其他白酒拉开了档次。

成功提价后的五粮液进行了品牌资源整合，用精准的差别价格策略，对高端顾客群体进行高高、高中、中高的三档次市场细分，不给竞争对手留下任何市场缝隙，凭借强大的终端网络，建立起高端品牌的形象。

针对私营业主、白领、企业中高层主管、其他高消费人群以及追求成功人士，以“五粮神216”为主打，终端价位在380元，主攻终端酒店A类、B类及超市批发、零售店，走中高端终端渠道，与“水井坊”“国窖1573”“金剑南”抢市场。正是通过差别价格策略，五粮液拥有了更多的不同消费层次的顾客，在市场中占有了足够的地位。

3. 产品部位差别定价

就是根据不同位置或服务分别制定不同的价格，比如，楼盘位置不同，就有不同的定价。这是根据位置对顾客有利程度来决定的。

4. 销售时间差别定价

就是企业根据不同的时间采取不同的定价。比如，中秋节时，是月饼的销售旺季，这个时候，月饼的价格要比往常高几倍、几十倍甚至上百倍。还比如，商场的菜品，晚上的菜价要比早上的菜价便宜。这就是企业根据不同时间段顾客的需求情况来调整价格。这样的调价起到获得更高利润，或者刺激购买的作用。

5. 分清价格敏感和不敏感顾客

有些顾客对打折、促销的信息不敏感，所以，如果企业的目标群体是这样的顾客，那么，利用降价促销来扩大销售的效果就不会太理想。

总之，企业通过目标顾客群的需求和特征，酌情考虑调整价格，以便获得更好的收益，销售出更多的产品。

利用顾客心理的调价策略

【科特勒微语录】

8是圆的、平衡的，所以，让人感觉到一种平和的氛围；而7是带尖角的，所以，会有一种不和谐的感觉。考虑到顾客的心理，企业在定价的时候要多使用8这个数字而少用7。

——科特勒某次演讲中内容

【活学活用】

其实，在定价中有一个细微的调整，顾客的心理就可能产生不一样的感受，就会影响到最终的销售。所以，企业在制定价格时，在价格上稍稍做一点改动，就可能获得更多的销售额。比如，以下这些定价策略就是为了迎合顾客心理而作出的。

1. 尾数定价策略

尾数定价策略是指企业有意将商品制定一个与整数有一定差额的价格，使顾客产生心理错觉从而促进购买的一种价格策略。

很多零售企业在售货实践中发现一种有趣的现象，顾客往往比较喜欢带尾数的商品标价。同一种商品标价29.99元或标价30.17元，比标价30.00元销路要好。在大多数顾客看来，带有尾数的价格比较精确地反映了商品的价格，给人以货真价实的感觉。后来，研究消费心理学的专家又进一步发现，顾客不仅喜欢有尾数标签的商品，而且喜欢尾数是奇数的商品，顾客感觉尾数为奇数的商品比尾数为双数的商品有更便宜的错觉，所以营销学中专门把这种定价方法称为奇数定价法。采用奇数定价要获取最大限度的利润，就必须挑选最大的奇数“9”了。所以在许多连锁超市、仓储式商场中，标价尾数为9的商品大量出现。

当然，尾数定价一般要注意两点：一是只能适用于价值比较低的商品，这样顾客在购买时，才会觉得商家的确是严格定价，货真价实。二是对于高档商品，尾数定价就无法显示出它的高贵身份，顾客就反而不容易接受了。

总之，这种策略针对的是顾客的求便宜心理，往往用于多次性购买的基本生活商品、日用品，或积压等待清仓的商品。

2. 整数定价策略

与尾数定价正相反，整数定价就是将商品价格有意地定为整数，以显示商品的高档，而此时，如果商品定价带有尾数的话，反而使顾客觉得“掉价”，有失身份。这是针对求名望或自尊心强的顾客所采用的定价策略。

3. 声望定价策略

顾客一般都有求名望的心理，根据这种心理行为，企业将有声望的商品制定比市场同类商品高的价格，即为声望定价策略。它能有效地消除顾客购买的心理障碍，使顾客对商品或零售商形成信任感和安全感，顾客也可从中得到荣誉感。

4. 习惯性定价策略

对于某些商品，其价值不高，但是顾客必须经常、重复地购买，因此，这类商品的价格也就“习惯成自然”地为顾客所接受。企业对这类商品的定价，应充分考虑顾客的这种习惯性倾向，不可随意变动价格，应比照市场同类商品价格定价。否则，一旦破坏顾客长期形成的消费习惯，就会使之产生不满情绪，导致购买的转移。若确实需要调整价格，则应预先做好宣传，让顾客充分了解调价原因，先让价格为顾客心理所接受，后行调价。

5. 最小单位定价策略

它是指企业把同种商品按不同的数量包装，以最小包装单位数量制定基数价格，销售时，参考最小包装单位的基数价格与所购数量收取款项。通常，包装越小，实际的单位数量商品的价格越高；包装越大，实际的单位数量商品的价格越低。

这一策略的优点是：

（1）能满足顾客在不同场合的需要。

（2）利用了顾客的心理错觉，因为小包装的价格使人误以为便宜，实际生活中顾客不愿意换算出实际重量单位或数量单位商品的价格。

根据地理位置的不同调价

【科特勒微语录】

企业要想赢得一定的顾客，就要对易货贸易和对等贸易进行认真分析。

——科特勒《营销管理》

【活学活用】

一般来说，一个企业的产品，不仅卖给当地顾客，而且卖给外地顾客，而卖给外地顾客，把产品从产地运到顾客所在地，需要花一些装运费。所谓地区性定价策略，就是企业要决定：对于卖给不同地区顾客的某种产品，是否该制定不同的价格。

1. 原产地定价

原产地定价，就是顾客按照厂价购买某种产品，企业只负责将这种产品运到产地某种运输工具上交货。交货后，从产地到目的地的一切风险和费用都由顾客承担。如果按原产地定价，那么每一个顾客都各自负担从产地到目的地的运费，这是很合理的。但是，这样定价对企业也有不利之处，即远地的顾客就可能不愿购买这个企业的产品，而购买其附近企业的产品。

2. 统一交货定价

这种形式和前者正好相反。所谓统一交货定价，就是企业对于卖给不同地区顾客的某种产品，都按照相同的出厂价，也就是说，对全国不同地区的顾客，不论远近，都实行一个价。因此，这种定价又叫邮资定价。

3. 分区定价

这种形式介于前两者之间。所谓分区定价，就是企业把全国（或某些地区）分为若干价格区，对于卖给不同价格区顾客的某种产品，分别制定不同的地区价格。距离企业远的价格区，价格定得较高；距离企业近的价格区，价格定得较低。在各个价格区范围内实行一个价。企业采用分区定价也有问题：在同一价格区内，有些顾客距离企业较近，有些顾客距离企业较远，前者就不合算；处在两个相邻价格区界两边的顾客，他们相距不远，但是要按高低不同的价格购买同一种产品。

4. 基点定价

即企业选定某些城市作为重点，然后按一定的厂价加上从基点城市到顾客所在地的运费来定价。有些企业为了提高灵活性，选定许多个基点城市，按照顾客最近的基点计算运费。

5. 运费免收定价

有些企业因为急于和某些地区做生意，负担全部或部分实际运费。这些卖主认为，如果生意扩大，其平均成本就会降低，因此足以抵偿这些费用开支。采取运费免收定价，可以使企业加深市场渗透，并且能在竞争日益激烈的市场上站得住脚。

根据买方地理位置的不同，酌情考虑调整价格，使买卖双方都能从中获利，这是一个值得考虑的调价的好方法。

涨价要抓住时机并把握分寸

【科特勒微语录】

企业通常不要制定一种单一的价格，而要建立一种价格结构，它可以反映地区需求和成本，市场细分要求，购买时机，订单水平和其他因素的变化情况。

——科特勒《营销管理》

【活学活用】

市场上有句俗语叫“降价容易涨价难”，也就是说，产品提价如果不成功的话，相反不但增加不了利润，还会影响顾客对品牌的忠诚度。所以，企业在涨价的问题上通常非常慎重。但是，任何企业都可能要面临必须涨价的局面。

2003年，麦当劳部分食品涨价一事，在业内被传得沸沸扬扬，北京麦当劳当时表态：涨价只是“应对市场环境和保持竞争优势及稳健发展”，而对部分产品进行价格调整后，整体餐牌价格平均增幅仅为1%~2%。

针对部分媒体的猜测，北京麦当劳有关人士向记者表示：麦当劳涨价是麦当劳在中国市场的既定策略，而且与中国市场变化有关。麦当劳经过调查发现：中国经济发展迅速，市民生活水平提高，职工的平均工资也以两位数字在逐年增加，顾客也对就餐环境和更高的产品质量提出新要求。为此，麦当劳可以根据自身状况作出选择，当然，“涨价就是其中的策略之一”。

2003年，麦当劳的全国性调价与其在全球范围内的收缩经营战略如出一辙，就是用提高单店的经营收入来确保发展速度，因此对部分产品调价实属必然。在上一年第四财季，麦当劳47年来首次宣布了亏损的消息，并在同年11月8日宣布关闭全球175家快餐店，同时撤出中东和拉丁美洲3个国家的业务，停止在4个国家的“圈地”项目，同时裁减400~600个职位。

麦当劳企业也表示，该企业在全球已有约3万家麦当劳快餐店，规模过于庞大，该企业已无法再保持每股盈余10%~15%的增长速度。

可见，涨价对于企业非常正常，企业要涨价通常是因为生产成本、经营成本等成本费用方面的摊高导致了产品的涨价或者因为原料、运输、税额及竞争对手的变动导致企业产品价格上涨。虽然，企业涨价是有其正当理由的，但顾客不一定买账，所以，涨价的理由与时机一定要恰当。一句话，一定要给顾客一个理解并能承受的理由。

有的企业一看产品在某个市场销量上涨，就随势提价，这样，就很容易影响品牌的美誉度；同时，还给了“同质化竞争品牌”一个争夺客源的绝好机会。所以，当其他企业一浪高过一浪地跟风涨价的时候，企业应该保持清醒的头脑。特别是在价格已经涨到超出顾客承受能力的时候，企业更不要跟风涨价。即便涨价也要根据自身产品的性能、包装和品牌影响力等因素和竞争对手的产品价位拉开档次。否则，企业就离失败不远了。

总之，是否该涨价要结合以下内容考虑：

（1）如果品牌仅仅是一个地方品牌或区域性品牌，而非全国性知名品牌的话，那么价格上涨幅度就不能拉得太长，一定要把价格曲线调整得适度才行，否则，会影响到顾客对品牌的忠诚度。

（2）如果产品还有合理的利润空间，即使在比以前略有下降的情况下，企业完全可以按兵不动，待以后结合产品升级换代再提价也不迟。

（3）记住"你涨我降"并非最好的策略。对行业领导性品牌的涨价，企业或许可以相反降价，但如果它是企业的第一竞争品牌，一味地"比跌"只会导致市场的竞争无序与紊乱。

（4）企业的价格策略应以顾客新的需求与消费水平为出点，而不能被市场一时的风潮所影响。针对市场竞争环境，除应制定一个合理的利润梯度外，还应多考虑、分析市场未来的变化趋势，做到防之有术、攻之有策。

总之，企业在考虑是否涨价，该如何涨价的时候，一定要慢慢涨，结合时机涨，不要一次涨上一大截或频繁地涨价，让顾客感觉企业在牟取暴利。要掌握好涨价的时机和分寸。

顾客认为降价不一定是好事

【科特勒微语录】

在制定好定价结构和战略后，企业还要经常面临价格改变和竞争对手的价格改变，为此还要做出相应的反应。

——科特勒《营销管理》

【活学活用】

企业的产品降价是指企业为了适应市场环境和内部条件的变化，把原有产品的价格调低。企业要降低产品价格的原因主要有三个：一是企业的生产能力过剩，为了扩大销量进行降价销售，以量换价；二是在强大的竞争压力下，企业为了保持市场占有率或者争取更大市场占有率而通过降价进行竞争； 三是因为货币紧缩，价格总水平下降，企业也需要降低产品价格。

虽然有很多顾客喜欢购买降价的产品，但不要忘记还有很多顾客则认为企业降价可能是产品本身有问题，要么就是销路不好。还有的人则认为企业财务上有困难，难以继续经营下去，所以，他们会等待价格再次下跌。总之，通常情况下，顾客对厂商的降价行动基本上持消极态度而非积极态度。所以，降价促销的方法，也要慎重使用。但是，如果使用得当，其也会带来很好的收益。

美国一家商店采用一种自动降价的方式。这家商店陈列的每一件产品，不仅标有价格，而且还标有首次陈列的日期，自开始陈列的12天内，按原价出售，若这件产品未能卖出，则从第13天起降价25%，再过6天仍未卖出，再降低到原来的50%，这样直至将产品送到慈善机构处理，这样的变相降价方式大大吸引了顾客，这家商店每天的营业额高达30万美元。

瑞士一家商店采取了一种所谓的“转灯”降价策略，商店老板雇几位口齿清楚的男士或身着艳丽服装的女士，他们拿着红灯，手执麦克风，从一个铺位走到另一个铺位，介绍特价产品的范围、价格和降价钟点。时间一到红灯便开始闪烁，特价开始生效。所有产品在标价基础上再降50%。这一做法也起到了非常好的促销效果。

日本老板则更为精明，他们针对顾客在通货膨胀下的防卫心理，并不采用打折策略，令顾客感到货币的购买力不如从前，而是采用“100元买110元产品”的偷梁换柱推销术。这种推销术其实打折的程度比100元产品卖90元更低，而且可以让顾客形成一种货币升值的错觉。一家百货企业在采用这种定价策略后，其第一个月的营业额即增加2亿日元。

可见，使用降价策略，也要讲究方法，一个好的表达方法，能够有足够的吸引力吸引住更多的顾客。以下是企业经常用到的一些降价方法，以提高顾客的满意度，可以参考。

（1）价格不变的情况下，厂商增加运输费用支出，实行送货上门，或者免费上门，或者免费安装、调试、维修等。这些费用本应该从价格中扣除，因此，实际上厂家已经降低了产品价格。

（2）产品价格不变，但购买此产品时，馈赠免费的购货券，或赠送其他物品，如玩具、器皿、工艺品等礼品。赠送物品的支出也应从产品价格中补偿，企业实际上也降低了产品的价格。

（3）在价格不变的情况下，企业产品质量提高，性能改进，功能增加。实际上，企业也是降低了产品本身的价格。

（4）增大各种折扣的比例。企业在产品降价策略中往往采用各种折扣或回扣策略，如现金折扣、商业折扣、数量折扣等。

所以，企业在进行降价销售时，应该多开动脑筋，激发顾客抢购欲望，吊起顾客的胃口，同时，也让顾客从购买产品时获得快乐和满足。这里还要强调的是，如果采取价格战去攻击竞争对手，要慎重，以免造成两败俱伤，为其他企业提供坐收渔利的机会。

通过变换产品组合调整价格

【科特勒微语录】

如果某种产品被列入产品组合，成为组合的一部分的时候，该产品的价格就要进行修订。定价是一件困难的事情，因为各种各样的产品，其需求和成本之间存在着内在关系，并且一些不同程度的竞争还影响着该产品。

——科特勒《营销管理》

【活学活用】

大多数企业不单会生产一种产品，还会有很多产品被生产出来，所以，企业为了扩大销售，常常采用组合方式进行营销，也就是把各种产品组合在一起销售，组合的产品作为一个整体来重新定价，这时，营销人员不仅要考虑单个产品的定价，还必须同时考虑本企业各产品的组合定价。通过组合好的产品能够带动次的产品，或者通过组合能产生新的卖点。互补品最典型的定价策略，是将主件定以低价，以大大增加产品的竞争能力；而对次件定以高价，以弥补主件低价所损失的利润，并使整个产品组合获得更大的经济效益。

美国的博士伦隐形眼镜，企业故意将隐形眼镜的镜片定以低价，并多次降价，使得博士伦眼镜具有很强的吸引力，顾客接踵而至。而买了隐形眼镜，必须配套使用专门的消毒液、清洁剂等，而这些主件消费的补充品被定了高价。

在互补品定价策略中还有一个特例，即厂家以主件作为幌子，是一种佯攻姿态；而其“拳头产品”却是次件，主要以次件赢利。一旦主件的销售带动了次件热销之后，厂家甚至可以放弃主件的生产。

20世纪60年代初，美国柯达公司急于想扩大胶卷市场的容量，突然宣布它的专利产品自动相机，任何厂家都可仿制。一时间众多厂家蜂拥生产自动相机，相机热自然带来了胶卷市场的一片繁荣。柯达胶卷虽然价格不菲，却遍布全球，成了胶卷制造与销售市场上的第一品牌。

可见，通过产品组合，重新调整定价，往往能够获得更好的收益。

通常，产品组合定价主要有以下六种方式。

1. 产品线定价

产品线定价是根据顾客对同样产品线不同档次产品的需求，精选设计几种不同档次的产品和价格点。这样就给不同消费层次的顾客提供了不同价位的产品，满足了他们的各种需求。

2. 任选品定价

即在提供主要产品的同时，还附带提供任选品或附件与之搭配。

3. 附带品定价

有些企业在生产某个产品时，还要求顾客再购买其生产的配套零件才能使用。比如，手机充电器，有很多企业的产品就要配套使用才可以，还有刀架和刀片，照相机和摄影胶卷，电脑的硬件和软件等，通常这种企业的定价方式是：主产品低价，附带品高价。

4. 两段定价法

这种定价法多用于服务性企业，他们会先收取固定的费用，然后另加一笔可变的使用费。比如，电信企业常常是固定费加其他使用费一起来进行销售的。通常是前一项收费低，可以吸引顾客，后一项收费高，来获取利润。

5. 捆绑定价

就是几种产品组合在一起以低于分别销售时的支付总额价格进行销售。比如，家庭影院是大屏幕电视、DVD影碟机和音响的捆绑定价。

6. 副产品定价法

在许多行业中，在生产主产品的过程中，常常有副产品。比如，在生产加工食用肉类、石油产品和其他化学产品中，常常有副产品。如果这些副产品对某些顾客群具有价值，就必须根据其价值定价。副产品的收入多，将使企业更易于为其主要产品制定低价格，以便在市场上增加竞争力。所以，制造商需寻找一个需要这些副产品的市场，并接受任何足以抵补储存和运输副产品成本的价格。产品组合得好，定价定得迎合顾客的心理，那么，销量一定会上升。

渠道整合篇　从根本上解决渠道冲突

现在的产品，不仅质量要好，还要做好渠道。如今企业想要通过技术领先和创新保持企业在市场中的竞争力已变得越来越难，销售渠道系统创造的资源对企业的发展起到了很大的弥补作用。如果企业渠道做得好，产品就铺得广，销量自然上升；如果渠道做不好，产品没有足够的铺货率，企业的业绩就会受影响。现在企业之间的渠道之争也已经初见端倪。所以，产品的销售渠道策略，不仅影响其他营销决策和整个营销策略，而且还会影响到企业长远发展以及与其他企业的长期协作关系。

第14章 做好营销渠道的设计和选择

营销渠道是营销战略中的重要环节

【科特勒微语录】

营销渠道决策是企业管理层要面对的最重要决策，企业所选择的渠道会直接影响到所有其他营销决策。

——科特勒《营销管理》

【活学活用】

美国市场营销学权威菲利普·科特勒说："营销渠道是指某种货物或劳务从生产者向顾客移动时，取得这种货物或劳务所有权或帮助转移其所有权的所有企业或个人。"广义的营销渠道包括介入某个生产商产品的生产、分销和消费的所有企业及个人，包括供应商、制造商、中间代理商、辅助商和最终使用者。而狭义的概念仅指介于制造商和最终使用者的中介机构。制造商是销售渠道的起点，最终顾客是其终点，其间便是职能不同的中间机构。在此组合中各方的关系稳定，各自的权利、责任和义务都由相应的协议规定。

营销渠道是一个制造商的产品流向顾客的渠道，制造商对其管理水平的高低和控制力度的大小，对该产品的市场占有率的提高有至关重要的作用，每一个制造商都必须加强这一方面的工作，特别是随着加入世贸组织后外资企业的贸易权和分销权的取得，营销渠道的竞争会更加激烈。为此，企业就需要建立自己的营销战略渠道。企业有没有合理的、完善的营销渠道战略将直接关系到企业的兴衰成败。

位居《财富》杂志500强企业第41位的分销企业英迈就是通过其电子商务系统来实现B2B分销业务的。作为思科的合作伙伴，英迈以满足客户需求为最大原则，打破了传统的产品链模式，转向了新型的价值链模式，创立了网络时代IT分销的电子商务新模式。英迈在实施电子分销模式时，主要通过增值服务来吸引并赢得客户。同时，通过电子分销模式，缩短了资金周转周期，更有效地管理库存，提高货物的周转率，从而达到了降低分销成本的目的。

可见，分销渠道建设得好，企业才能顺利卖出产品，获得丰厚利润，所以，做好分销渠道是非常重要的一个环节。当然，不仅仅是建立一个非常好的分销渠道，企业也可以通过与其他具有庞大分销渠道的企业合作，提高市场占有率，提高竞争力。

比如，就在联想集团不断深化自己的奥运营销战略之时，美国第三大PC厂Gateway悄然进入中国市场。值得注意的是，Gateway在中国市场选择了熟悉联想的“同门兄弟”神州数码作为总代理商。

分销巨头神州数码与Gateway的结合为国内PC市场未来的竞争格局带来了变数，而联想如何应对来自“同门兄弟”的新挑战更成为业内关注的焦点。

神州数码为Gateway所确定的主要有产品和销售两位负责人。其中，前者是一直在操作Thinkpad产品的神州数码科技发展企业的企业办公系统事业部产品总监罗辛；后者则是神州数码东芝笔记本团队中主抓销售的陈淑。

Gateway希望成功进入中国，打开PC市场，而选择联想的“同门兄弟”作为代理商，其目的和战略显然是深思熟虑的，这为它以后的发展打下了深深的根基。

所以，营销渠道的选择非常关键，它关系着产品的销售，也就关系着整个企业发展的战略，因此，应该将营销渠道建设放在战略高度，进行合理规划和选择，力求做大做强营销渠道，为产品销售打通通向顾客之路。

明确渠道目标，保证完成渠道任务

【科特勒微语录】

因为企业的渠道目标常常会随着环境变化而发生变化，为了保证渠道不偏离企业目标，无论是创建渠道，还是调整原有渠道，设计者都一定要把企业的渠道设计目标明确地写下来。

——科特勒《营销管理》

【活学活用】

就如科特勒所言，明确了渠道目标，企业在工作中才能保证时刻朝着目标前行，而不会受到其他各方面因素的影响而改变方向，通过明确目标，就明确了任务，才能更好地、专心地完成渠道任务，有效推动企业的发展。

惠普公司就是严格按照渠道目标，完美地完成渠道任务的。惠普主要是通过长宽相宜的二级分销渠道来发展其业务的。其一级分销商由销售部门的专门人员管理，双方共同规划、探索人员安排及发展的有效途径。二级分销商则由其在全国的分支机构和分公司里设置的专业经销人员专门管理。这种专人管理分销商的办法便于惠普及时掌握经销商的经销状况和切实需求，提高对全国市场变化的反应速度。在选择分销商时，惠普只选择覆盖全国或某地区信誉好的中间商，并通过严格的认证系统来控制经销商的质量。通过经销制分销渠道策略保证了惠普服务器占据国内第一的市场份额，同时，也保证了企业的服务质量，除了完成这些目标外，还促使其在打印机等办公设备业务上也有骄人业绩。

那么，企业在制定渠道目标时的依据是什么呢？企业的整体发展战略目标，这是整个企业未来发展的方向，渠道目标一定要首先考虑到是否符合企业的发展战略目标，它们的方向是否一致。只有在考虑企业整体发展战略目标基础上的渠道目标，才是符合企业发展实际需要的目标。比如，企业需要开展全国业务，希望成为全国的龙头企业。为了实现这个目标，企业营销部门在制定渠道目标时，就应该明确在全国范围内扩展营销渠道，采用多渠道营销系统，帮助企业用尽可能多的方法打开销售渠道，扩大市场占有率。

企业可以根据产品的特性不同而选择不同渠道。比如，一些新鲜的水果、蔬菜，要求较短的运输距离，较少的搬运次数这样的渠道布局。对于一些需要有专业人员说明帮助顾客使用的产品，就要求企业建立直销店或者和了解产品的经销商人员合作，进行销售。而一些日常生活必需品等则只需要由企业销售代表直接销售就可以了。所以，在制定产品的销售渠道目标时，要设计出最适合最经济有效的渠道结构。

另外，企业在渠道任务的设计中，还要明确对不同类型中间商的任务进行区分，要详细分析它们身上的优势和劣势，扬长避短，使营销渠道得到充分利用，发挥最大作用。比如，把容易保存的商品，通过直销的方式销售，一些不容易保存的产品，不易远运的产品，分给附近的经销商。总之，根据营销目标，选择最有能力销售产品的经销商。

最后，渠道策略作为企业整体策略的一部分，还必须注意与其他营销组合策略的目标协调，比如，价格、促销和产品之间的协调，注意与企业其他方面的协调，比如财务的协调，避免产生不必要的矛盾。

企业需要足够长度的营销渠道

【科特勒微语录】

渠道长度策略是指企业根据产品特点、市场状况和企业自身条件等因素来决定渠道的级数。

——科特勒《营销管理》

【活学活用】

所谓的渠道长度策略就是销售渠道层次，在销售渠道这一流程中，产品的所有权每经历一次转移，就构成一个销售渠道层次。根据层次的不同，可分以下五类：

（1）直接销售渠道：制造商→顾客；

（2）一层渠道：制造商→零售商→顾客；

（3）二层渠道：制造商→批发商→零售商→顾客；

（4）三层渠道：制造商→批发商→专业经销商→零售商→顾客；

（5）四层渠道：制造商→全国批发商→地区批发商→零售商→顾客。

直接销售渠道，是指生产者直接销售给顾客，常用的方式有上门推销、邮购和生产商自设商店。随着网络经济时代的到来，网上销售的规模越来越大，直接销售渠道日益成为销售渠道中的重要渠道。服务业的生产与消费在时空上具有同一性，可以看做一种直接销售渠道。其他多层渠道，包含数量不同的中间商。在实际营销中，层次并非这样明晰，可能批发商兼营零售业务，专业经销商直接零售。

莲花味精是中国知名品牌，在市场中拥有较高的认知度和市场占有率。但是，作为一种调味品，产品的市场需求是顾客对食品需求的派生和延伸。虽然家庭饮食离不开它，但顾客的购买率相对较低，每次购买的数量也较少。这样，企业就没有必要投入高成本建立网络直销点。所以，企业要寻找和开辟更适合产品销售特点的销售渠道。于是，莲花味精选择了一些分销能力较强的食品批发企业作为自己的销售代理，通过代理企业把产品分销到各大超市、便利店、仓储式商店和各类食品商店的货架上，这样，用较小的成本，莲花味精同样将产品送到了千家万户的餐桌上。

他们之所以作出了这样的决策，因为他们发现：首先，味精作为一种派生需求，顾客通常都是在食品店特别是副食品店中购买的。其次，顾客对购买味精的便利程度要求比较高，他们都希望随时并且方便地买到该产品。也就说明企业销售点要密集。再次，大多数零售企业的销售规模和经营实力都比较小，他们主要依赖当地的各种食品批发企业进货。所以，莲花味精就想到寻找当地较大的批发企业做代理。最后，他们在渠道选择上做得非常好，如在北京及其周边地区市场，莲花味精找的是北京朝阳副食品批发企业作为该地区的总代理，因为该企业是北京及其周边地区最大的食品批发企业，其年销售额近20亿元，在北京及其周边地区市场有较高市场信誉和销售网络体系，莲花味精在如此强大的代理企业的推动下，迅速占领了北京及其周边地区市场，取得了非常突出的销售业绩。

可见，营销的层次不一定越少越好，也不一定越多越好，关键要看企业营销的产品，要根据产品销售特点来酌情考虑采用什么样的营销方式，如果是一些容易腐烂的水果，人们更愿意直接从厂家购买以便保证吃到的水果足够新鲜。当然，如果是一些像味精这样的产品，直销反倒增加了企业的成本，降低了企业的利润，所以，不妨寻找其他代理商，既保证了铺货量，又扩大了产品的范围。

选择适合的营销宽度和广度

【科特勒微语录】

狭义上理解，影响营销渠道结构的主要渠道的层数和每个层次所包含的中间商数量，也就是层次的宽度。

——科特勒《营销管理》

【活学活用】

在建设营销渠道的时候，每个环节或层次到底选择多少个中间商，就是层次的宽度问题。选择宽的营销渠道还是窄的营销渠道都取决于企业的战略目标、产品特点和顾客分散程度。

合肥华泰集团生产的洽洽香瓜子，几乎在一夜之间响彻大江南北，这与它的营销策略是分不开的。洽洽香瓜子正是在前期做好了营销渠道，在生产出来后，迅速进入北京市的大街小巷。三个月之后，除了西藏以外，全国其他所有的地方都有洽洽香瓜子卖。这样迅速大范围地铺货成功，就是因为它的营销渠道足够宽，能够在每个层次都有足够多的中间商，如此，最后进入市场的渠道定然很多，铺货面积自然很大了。

当然，并非渠道越宽越好，这要根据产品的种类，顾客群以及企业自身情况进行全盘考虑。通常，企业的营销渠道主要分以下三类：

（1）密集型分销渠道，也称为广泛型分销渠道，是指生产商在同一个渠道层级上选择尽可能多的渠道中间商来经销自己产品的一种渠道类型。这种密集型分销渠道，能够将产品尽可能多地铺货到各个商场，提高占有率。通常采用这种方式的产品，多是一些生活便利品，如牙膏、牙刷、饮料、瓜子等。这类产品之间的差别不大，顾客到底买哪个品牌很大程度上根据其对品牌的熟识度来决定。

（2）选择性分销渠道，是指企业在某一渠道层级上选择少量的渠道中间商来进行商品分销的一种渠道类型。比如，在IT产业链中，许多产品都采用选择性分销渠道。因为选择一定的中间商，能够便于管理，也能保证中间商对产品质量的负责，以免出现纠纷。

（3）独家分销渠道，这类渠道主要是指在某一渠道层级上选用唯一的一家渠道中间商的一种渠道类型。比如，在IT产业链中，这种渠道结构多出现在总代理或总分销一级。同时，许多新品的推出也常常选择独家分销模式，这样能够降低风险，等到市场逐渐接受该新产品后，再向选择性分销渠道模式转移。比如，东芝笔记本和三星笔记本的产品渠道就是这样选择的。

不同的产品需要的营销渠道宽度不同，要根据产品的具体情况来决定选择哪类营销渠道。在通常情况下，一般批发环节较窄，零售环节较宽。在零售环节，不同商品的宽度也不同，特殊品、新产品较窄，日常用品、成熟产品较宽。服务业的营销渠道通常较宽，特别是向居民提供生活服务的企业。比如，学校必须建在方便学童就近上学的地方，公共汽车线路须设在方便居民上下车的地点，银行、餐饮的网点要尽可能接近居民住宅区和商业区。

总之，企业在决定选择营销渠道的宽度时，要多了解企业自身实力，以及产品的特点，再考虑渠道的宽窄。

当然，渠道的选择也可以多元化，比如，直销、分销、直接邮购、电话销售、企业网上销售、代销等，这就是增加渠道的广度，以便将产品以最快的速度送到顾客手中。比如，有的企业针对大企业顾客，采用直接销售的方法；针对数量众多的中小企业顾客，则采用广泛的分销渠道；而对于那些偏远地区的顾客，则很多采用邮购的方式来覆盖。

所以，企业可以根据自身情况来选择采用金字塔结构还是扁平化结构的渠道，以便最快最广泛地将产品销售出去。

垂直营销系统的利弊

【科特勒微语录】

垂直营销系统的好处是能够有效地控制渠道行为，消除渠道成员之间的利益冲突。它可以通过规模、谈判实力和减少重复服务而获得良好的效益。

——科特勒《营销管理》

【活学活用】

垂直营销系统是生产者、批发商和零售商组成的统一联合体。通过产权结合方式和特约代理关系组成市场目标和业绩目标一致的实体。也就是说，某个渠道成员拥有其他成员的产权，或者是一种特约代理关系，或者这个渠道成员拥有相当实力，其他成员愿意合作。垂直营销系统可以由生产商支配，也可以由批发商，或者零售商支配。这样的营销系统不同于高度松散的、通过临时契约结合的传统营销系统，而是将营销系统变成了一个可以控制营销渠道行为的系统。垂直营销系统在美国已成为顾客购买市场的主要营销系统模式，占全部顾客市场经营额的70%~80%。

根据其成员间的所有权关系和控制程度的不同，垂直营销系统又可以分为如下三种类型。

1. 企业式

也就是一家企业在单一所有权下，拥有和统一管理工厂、批发机构、零售机构等，控制分销渠道中若干个垂直营销系统。有些企业的垂直营销系统还控制了整个分销渠道，综合管理生产、批发、零售。

比如，美国火石轮胎和橡胶企业在利比里亚拥有橡胶种植园，在美国橡胶工业中心俄亥俄州阿光伦拥有轮胎工厂，其下属的批发机构和零售机构也遍布全美国。

这种营销系统类型也分为以下两种：

（1）大企业拥有或统一管理多个生产单位和商业机构，实行工商一体化经营。比如，美国以零售业著称的西尔斯企业，其货源的50%来自其握有股权的生产企业。

（2）大零售企业。比如，像西尔斯企业现在拥有并经营的零售商店有2 000余家。它出售的商品中，有50%来自它拥有股权的制造厂。

还有以服务业为主的假日旅馆形成了自己的一套供应网络，其中包括地毯厂、家具制造厂，还有大量被其所控制的再分销机构。

这种企业式的垂直销售系统有效地控制了各个地区不同销售点的销售以及供给等情况。但是，这种销售系统也存在缺陷，那就是忽略了经营的复杂性，忽视了很多市场上的现实问题。

2. 管理式

这种类型的销售系统主要是由几个有实力、规模、品牌优势的企业出面组织并建立起来的具有极强稳定性的营销系统。比如，有很多制造商为了实现其战略规划，常常在库存供给、定价、商品摆放、购销业务等问题上与零售商进行协商，并给予有利的帮助和指导。

比如，吉列、宝洁等企业都通过与经销商合作，对产品陈列、货架空间和促销方面进行指导，为了实现共赢而通力合作。

中国一些实力不太大的企业，为了节约成本、人力、物力，也可以通过与其他经销商合作的方式，将自己的产品推出去，实现企业宏大的战略目标。

3. 契约式

就是几个产权独立的企业在不同的生产和分配水平上组成建立在契约基础上的营销系统。这种类型的营销系统主要包括批发商倡办的自愿连锁组织、零售商合作组织、特许经营组织。通过联合的形式，提升整体的竞争力，进而保证自身不受较大的市场冲击，保证经营状况良性发展。

建立多渠道营销系统

【科特勒微语录】

在以前，很多企业都只有单一的市场，使用单一的渠道进入市场。而现在，随着顾客市场细分和可能产生的渠道的不断增加，越来越多的企业开始采用多渠道营销。

——科特勒《营销管理》

【活学活用】

因为任何产品都不存在于一个完全一样的市场环境中，所有的市场都可以进一步细分，在今天竞争激烈的市场中，只依靠单一的分销渠道已经无法满足众多的市场需求，所以，企业需要占领更多的细分市场，满足更多顾客需求，这就需要建立多渠道系统。

多渠道的零售组织也称为商业联合集团，这种营销系统之间既有合作又有竞争，可以扩大企业的市场占有率。其大致可以分为两种形式：

（1）制造商通过两条以上的竞争性分销渠道销售同一商标的产品。

（2）制造商通过多条分销渠道销售不同商标的差异性产品。

利群电子商务采取多渠道营销系统，主要有以下几个平台：网络平台（利群网上商城）、电话平台（大型呼叫中心）、实体平台（利群易家佳社区综合服务点）。

2004年，利群开始着手做电子商务，推出网上商城，前期主要依赖专业物流企业的支持。2008年，成立了独立的电子商务企业。

之后，利群又整合资源，建立并进一步完善了四个营销渠道。

（1）网上商城。把价格定得非常优惠；购买到一定价钱可以提供免费送货服务；支持货到付款，方便顾客；商场集合了超市和百货中的品类，产品品种丰富。

（2）目录销售和媒体销售。通过对会员资料的收集整理，给会员群发会员杂志，通过媒体进行宣传促销。

（3）建立电话营销和呼叫中心后，为电子商务销售工作带来了极大的便利，也提高了顾客的满意度。

（4）企业实体平台——“易家佳综合服务点”在线上线下均有服务，为顾客提供了便利。

通过利群的案例，可以看到，通过这样多渠道的营销策略，企业就降低了很多因为依靠单一营销渠道而可能导致的销路出问题的情况。企业可以通过多种渠道营销，一个渠道不行，也不会影响到产品向其他渠道的输送，保证了企业的正常生产进度。

另外，这种多渠道营销系统会提高传递和共享国际市场信息的能力。也许一些大企业可以建立自己的情报信息系统，不必依赖渠道信息。但是，大多数的中小企业主要还是依赖渠道成员收集市场信息。所以，渠道越多，企业收集的信息越多、越快，同时也保证了获得信息的客观性。

很多企业以为建立多渠道可能会增加成本，其实通过建设多渠道系统，会降低单位产品的分销成本。这样，就等于企业是以很小的成本增加额，换取了较大的市场份额的提高。

最后，企业通过多渠道也能够提高企业对渠道的控制力。因为过分依赖单一渠道，往往会使企业在与经销商合作中处于被动地位。而采取多渠道营销策略，则避免了这一现象，有利于企业选择最为适合的渠道合作伙伴，保证企业的利益。

当然，这种多渠道营销过程自然要投入更多的人力、物力，所以要合理调配。另外，使用这种营销系统还要注意细分市场的准确性，保证企业在细分市场有良好的销售业绩。

第15章　批发商、零售商、特殊渠道经营

批发商要明确目标市场和经营品种

【科特勒微语录】

批发商不能企图为所有人服务，也应该明确自己的目标市场。

——科特勒《营销管理》

【活学活用】

批发商作为中间商一员，有时候让制造商很不满意，因为批发商有时候不积极推销制造商的商品，不愿意多存货，导致无法以最快的速度提供给顾客货品，还有就是他们无法为制造商提供有关市场和竞争情况的信息，他们通常没有工作高效的经理人，虽然是为了降低成本，但是对制造商索取的费用通常很高。

随着一些大型的制造商和零售商逐渐直接与顾客接触，转向直接购买程序时，批发商的地位就有些被动，如果批发商不能提高自己存在的价值，那么很可能就会被挤出局。所以，批发商想要继续生存就要提高自己的服务质量，满足供应商和目标顾客的需求。

作为批发商，首先应该改进的是明确自己的目标市场，就如科特勒所言，不要企图为所有的人服务。那样不仅不容易管理，还无法形成口碑效应。批发商根据具体市场情况选择一个目标顾客群，所选购的产品主要是为他们服务，为他们提供最有吸引力的产品，让更多的顾客成为自己的忠实老顾客。

通常批发商考虑以下因素后，能作出明确的目标市场。

（1）顾客的规模。根据自身实力，然后结合市场的经营状况，看哪些市场还有很大的利润空间，还有哪些市场的消费潜力还没有被充分挖掘完。总之，结合自身物资实力，找到一个有长远发展潜力，未来发展利润空间很大的市场。

（2）顾客的类型。根据自己以前经营的经验或者根据其他经营店的经营情况，看看哪些商店销量比较好。比如，发现卖生活必需品的商店销量稳定，进货比较快，那么，批发商就可以选择这样的商店作为自己主要服务的对象。

（3）顾客的其他一些服务。比如，有些顾客群的运转周期长，通常有赊账欠账的情况，很多批发商不愿意做这样的顾客，如果企业有经济能力，能够满足这样的顾客需要，就可以与他们做生意。他们将成为企业忠诚的顾客。

总之，批发商也要找到自己的目标市场，形成自己的稳定顾客源，这样才能在面对竞争以及一些突发问题时，能够保证企业运转稳定、正常，更容易在市场上渡过各种困难时期。

在企业寻找到自己的目标市场后，就要考虑该供应什么样的商品了。批发商迫于竞争压力，就会尽可能多地增加产品的花色品种，供顾客选择，同时，还要拥有足够的库存，以便能够随时供应给顾客商品。但是，如果这样做，那么结果是，由于一些品种销量不好，造成大量库存积压，最后影响赢利。

为了能够尽可能地避免损失，企业应该多和顾客建立良好的关系，了解他们最需要的产品和服务，然后，再调整自己的产品种类，需要多购哪些品种，少购哪些品种；取消哪些服务，对哪些服务适当收费。也可以建立集中产品和服务的组合，让顾客根据自己的实际需要进行选择。另外，要有一个清晰的营销规划，可以依托一两支主力的具有稳定销售前景的产品，且产品之间有较强的互补功能，这样精化产品，实现产品互补，就能保证经营始终保持在良好状态。

如此，批发商就能有针对性地合理调整自己的产品，提高运营效率，提高赢利。

批发商也要注重服务质量

【科特勒微语录】

在与顾客建立良好关系的过程中，什么样的服务最为重要，哪些服务可以取消，哪些应该收取费用，这些问题的关键是找出一种被顾客视为有价值的独具一格的服务组合。

——科特勒《营销管理》

【活学活用】

现在市场竞争日益激烈，制造商要比批发商有更多选择权，他们可以更为主动和积极地选择批发商，来提高自己的销售效率，增加产品的销售量。而批发商的数量也在逐年增加，批发商将面临更为强大的竞争压力，不求提高，就可能在市场选择中被淘汰，所以，批发商应该更多地提高自身竞争力来实现更好地生存和发展。而提高服务质量就成了批发商得以生存和发展的一大制胜法宝。比如，现在有很多批发商，都是提供送货上门服务，只要商店打个电话过去，批发商就会把所需货品直接送到家里，如此便捷的服务，怎么能不让顾客满意呢？还有的批发商降低价格，为顾客更好地服务。

但是，一种服务不能让所有的顾客都满意，有些顾客图方便，送货到家他很满意；有些顾客要退回产品，批发商没有这项服务，就可能招来这些顾客的不满。所以，要想能够让更多的顾客满意，实行差异化服务更有利于批发商的运营。

定位差异化强调的是与竞争对手不同，而服务差异化则强调的是顾客的不同，每个顾客对服务水平的要求都不一样，所以，企业应该实施差异化战略，尽量满足不同顾客的需求，让更多的顾客满意，就能销售出更多的产品。

20世纪80年代，萨姆·沃尔顿发现一些批发商销售的商品低于沃尔玛的价格。为了能够保持沃尔玛的低价优势，1983年，萨姆·沃尔顿创办了萨姆批发俱乐部。这个俱乐部就是一个仓储型的大商场，这个大商场主要的顾客是一些小企业主和普通顾客。这些顾客只需每年缴纳25美元的会费，就可以加入该俱乐部成为会员，并且可以以批发价购买物美价廉的商品。正是依靠薄利多销的经营理念，该俱乐部吸引了众多城市的顾客和小商业者，取得了极大的成功。

沃尔玛的这种为顾客提供差异化服务的策略获得了很好的成绩，这也启发了其他企业，应该采取差异化服务，针对自己的目标顾客群的特点，满足他们个性化的需求。比如，对于一些经常采购大量商品的商家，为他们提供免费的运输。对那些路途较远的商家，为他们提供休息的地方，这样人性化的服务，定然能赢得好商誉，为经营增添光彩。

批发商定价、促销和销售地点选择

【科特勒微语录】

批发商开始试用新的定价方法，比如，减少某些产品的毛利，来拉拢新顾客。当他们能够借此扩大供应商的销售机会时，他们就会要求供应商提供一个特别的价格折扣。

——科特勒《营销战略全书》

【活学活用】

批发商在定价上的传统做法是按照传统比例加成。比如，用20%抵补自己的开支，其中开支占17%，剩下的30%就是利润。一般情况，杂货批发商的平均利润在2%以下。而现在批发商尝试使用新的定价方法，减少某些产品的毛利，以便赢得顾客前来选购。当他们能够凭此获得巨大的销售业绩时，他们就可以向产品制造商要求以较低的折扣提供商品。比如，批发渔具的批发商，可以将每支钓鱼竿的批发价格降低，比其他批发商的价格低，自然会招来很多顾客，这样批发商就增加了产品销量，产品销量上升了，也就提高了产品的利润。这种薄利多销奏效后，批发商就可以大批量从制造商那里购货，购货量大，制造商也自然能够降低价格。当然，并非所有的产品都可以通过降低毛利润来提高销量，因为有些顾客会认为产品质量出现问题，才降价销售的。有些产品价格定得高反倒销量更好，比如，茅台、五粮液这样的国酒，采用的都是提高档次，提高价格，促成大量销售的。所以，批发商在定价时，要与制造商和顾客沟通，制定一个合理的价格，如果制造商定价高，走的是高端产品线，批发商擅自降低价格，反倒变得被动，销量也定然不会好到哪里去。

另外，批发商建设批发点的地理位置也是决定批发商销售情况的一个重要因素。通常，批发商不一定选在人流较多的市中心，但一定是交通便捷的地方。因为批发商是中间商，他主要和一些销售店联系，和制造商联系，买入或卖出产品都是大批量的，所以交通便捷才有利于运输车的运输。但是，这些地方一定是信息、电力基础设施齐全的。现在是信息化时代，没有信息，何来销路呢？

最后，批发商要提高销量，也要进行一些促销活动，批发商怎样促销才有效果呢？这点上，应该与制造商建立密切的联系，因为制造商的营销人员对产品的营销策略有一个很好的把握，并且也有宣传资料可以提供。

批发商不仅依靠制造商的口头宣传，还要采用一些促销技巧，扩大销量。比如，批发商可采用以下三种常用的促销方式。

1. 随货附赠

当顾客购买某些产品时，可以进行赠送礼品的方式实现促销。在选择赠品上，一定要有所考虑，应该选择那些价格比较低、形象比较好的物品，当然，还要考虑顾客群的特点，赠送他们喜欢的产品，他们自然高兴。另外，要注意的是要及时兑现礼品。

2. 累计销售返利

想要留住更多的顾客，批发商可以采用累积返利的方式，比如，给顾客积分，积到一定分数，就给他们一些回利，这样就很容易将顾客拉拢过来，建立长期合作关系，成为自己的老顾客。

3. 订货会

不定期开展订货会，在订货会上，批发商可以邀请自己下线的批发商或者店商来此采购，会上价格都很优惠，并且有一些抽奖活动，给来此的商家返利。通过举办这样的订货会，促进了与客户的关系，同时也扩大了自己的知名度。但是，订货会通常需要大量资金支持，所以，批发商最好在销售旺季举行，也可以联合其他批发商共同举办。

总之，无论是批发地点、批发定价还是促销形式，这些都是批发商应该慎重考虑的事情，最终的目的是，要在尽量节约成本的前提下，寻找到最合适的批发地点、批发定价和促销形式，实现低投入高产出，实现低利润高销量，保证批发商经营的各个环节都能做好。不要把批发当成简单的事情，把每个环节做精、做细，才能保证有很好的收益。

零售商广阔的经营之路

【科特勒微语录】

我相信在很多国家，制造商和零售商的力量对比正在发生着变化，零售商的力量日益增强。

——科特勒《营销管理》

【活学活用】

零售业能够与顾客实现最直接的接触，对顾客的需求也是最为了解的。作为生产企业来说，了解零售业的发展情况，就相当于了解了顾客的需求变化情况。所以，了解零售商的经营情况非常重要。

现在的零售业已经不再像人们记忆中的那样——街道旁挂着个“商店”的

小杂货铺，现在越来越多的大型零售商纷纷涌现，如国美、沃尔玛等，都是零售业的巨头。现在一些生产商或者批发商，也自己设置了零售机构。随着人们消费需求的日益增多，人们生活水平的不断提高，越来越多的顾客会选购更多的商品。所以，零售业的发展前景非常广阔。

现代零售业的发展趋势主要呈现以下五种：

（1）在组织管理上，传统的独立零售商日益被连锁经营和特许经营所代替。

（2）新的零售方式不断出现，由于竞争的加剧，每一种经营形式生命周期越来越短。

（3）经营战略相互渗透，经营范围突破传统范围。比如，超市经营处方药，百货店经营超市和汽车零配件。

（4）在顾客购物方式上，不断倾向于自我服务、开架售货。这就要求制造企业增加广告宣传并改进包装，以便于顾客认识和挑选商品。

（5）存货管理和售货管理计算机化，商品条码化，实行了科学管理，提高了经营效率。

零售业的这些发展趋势表明，以前依靠独特的商品和最好的地理位置达到广泛销售的目的已经远远不够。因为，大规模和集中化的生产，交通的发达便利，使得各个商店经营的商品种类、品牌突破了地域限制，相差无几，同时商业繁华区的概念也日趋模糊。现代零售商的经营决策实际上已成为一个多方位因素的组合，并力求组合中凸显自己的特色。

零售战略组合的因素主要有：目标顾客（区域、收入水平）、经营商品品种的宽深度、商品品质的高低、为顾客提供服务程度（完全服务或顾客自我服务）、购物环境、促销与广告、商品定价（高加价低销量或者低加价高销量）、地点选择（地点的位置、网点数量）。

确定战略组合后，进一步是制定差异化策略，包括产品差异化、服务差异化。有些企业经营全国性品牌为主，有些经营自有品牌；除了售前、售后服务，还提供各种附加的特色服务。比如，免费停车、分期付款等。通过这样特色产品和周到的服务，才能吸引更多顾客的眼球。

另外，随着零售业品牌迅速发展，使用自己品牌的零售商与制造商实际上已形成竞争的关系，制造商在利用零售商销售产品时，就对使用谁的商品品牌作出了决策。比如，像沃尔玛这样的大零售商，摆放在它铺面上的商品就有很多人购买，而同样的商品摆放在其他不知名的小店或者企业自己建设的小店中销售，其销售价格即便很低，也不如沃尔玛内产品销售的速度。因为，人们已经认可零售商沃尔玛这个品牌，进而愿意购买其店里的产品，这样就无形中与制造商形成了竞争关系。同时，这种现象也给零售商带去了希望，如果零售商能够注重品牌，打造自己的品牌形象，就像沃尔玛那样，人们一想到买东西，就想到沃尔玛。所以，零售商应该向沃尔玛、家乐福等大型零售商学习，将零售业做大做强。

总之，顾客越多，零售业务越繁忙，零售商越应该创新经营方法，利用多种营销手段，打造自己的店铺形象，逐渐做大企业，做成品牌零售店。

零售商确定目标市场

【科特勒微语录】

如今，从终端思想出发，掌握零售，让自己变成零售之王，已经成为一个主导型的趋势和战略。

——科特勒《营销管理》

【活学活用】

科特勒说，现在零售商的力量变得越来越强大。瑞士两家最大的连锁超市，Migros和Cooperative，已经占据了80%的市场份额。一个新的品牌要想在瑞士市场销售产品，首先要得到这两家超市的许可。现在中国市场上，生产商也已经越来越重视重点零售商的作用了。

的确如此，卖给顾客产品的是零售店，顾客想要购买什么东西也要去零售店，所以，零售店抓住了最多的顾客，另外，生产商想要扩大销售，就要把自己的产品尽可能多地卖给零售商，然后通过零售商，产品才能与顾客见面。尽管现在网络已经很发达，但是零售实体店依然是销售商品的主要渠道。

同样的，零售商也面临着很大的竞争压力，想要在零售行业发展壮大不是想象中那么容易，零售商想要长久发展并壮大，首先也需要找准自己的目标市场。

企业可以先了解一下零售商的分类，如下所示。

1. 百货商店

百货商店由多个商品部组成，经营商品品种多、范围广。传统百货商店以经营高级软性商品为主，如服装、纺织品、化妆品，后来增加了小五金、家具用品、体育用品、家用电器等硬性商品。

百货商店的规模一般较大，经营的大类商品的花色、品种齐全，内部装饰华丽，讲究商品陈列与橱窗布置。百货商店一般有较多的售货服务员，可提供商品咨询，提供广泛的服务。

2. 综合商店

综合商店实质是规模较小的百货商店，只是大类商品中的品种较少，档次较低，提供的服务项目较少。

3. 折扣商店

折扣商店突出的特点是比一般商店便宜得多的价格大量销售商品。为达到低价的目的，折扣商店采用以下措施：连锁经营、位置远离市区、简易装修、自助购货。如美国最大的连锁企业沃尔玛，全球有分店6 900多家，其中在美国就有4 000多家。近年来由于竞争激烈，折扣商店扩大经营范围、提供更多服务，并向专业商店发展。

4. 专营商店

专营商店的特点是经营单一大类，花色、品种、规格齐全的商店。

5. 便利商店

便利商店是接近居民生活区的小型商店，营业时间长，以销售方便品、应急品等周转快的商品和服务为主。近年来以特许加盟的形式迅速扩展。

6. 超级市场

超级市场是一种综合型食品零售商店。超级市场开创了顾客自我服务的零售经营方式，并以大规模、快周转、低价格、低成本为其经营特色。现在超级市场的发展趋势是面积更大、品种更多，并扩展到其他行业如体育用具、药店、玩具等。

7. 仓储商店或批发俱乐部

仓储商店的最大特点是成包出售，加价率更低。仓储商店鼓励大批量购物，将个人和小零售商一起作为目标顾客。

以上这些商店都是实体店，有固定的经营场所，现在又有像安利这样的设有实体门店，同时采用上门销售的零售店。

通过对商店类型的了解，可以发现，每一类商店都是有其目标市场的，比如，便利店的目标顾客群是那些图方便的顾客，折扣店的顾客群是一些喜欢低价的顾客，专营店则针对的是某一种商品爱好顾客群而建立的。所以，企业在经营自己的零售店时，也要找到自己的目标市场，根据以上的分类依据或者根据发现的市场空白点，找到自己的目标市场，为目标市场提供周到的服务，这样才会做大做强。

最后，零售商可以根据顾客的需求，调整经营产品的结构，力求实现与其他同类商店的差异性，形成自己的特色，另外在摆放位置上也要适当斟酌，这样能大大提高产品的销售量，提高销售效率。

零售店店址和商品定价选择

【科特勒微语录】

一般情况下，零售商应该在每个城市都开设足够多的商店，这样更能扩大商店影响力，获得分销收益。

零售商品的价格是一个重要的定位因素，所以，零售商一定要根据目标市场、产品服务和竞争的情况后加以确定。

——科特勒《营销战略全书》

【活学活用】

因为零售商店需要有更多顾客支持，所以，零售商店店址的选择一定是能够最大范围地接触到顾客的地方，比如，居民区、商业街、繁华路口，这些都是零售商店选址的好地方，这些地方往往有较大的人流，人多了买东西的人也自然不少，销售业绩自然上去了。所以，零售商店店址的选择成了它能否吸引足够顾客的关键因素。比如，我们在任何一个繁华的路口都可能看到肯德基或者麦当劳，如此的密集，就是因为它要抢占更多的顾客。

那么，具体来说，选择店址要着重考虑哪些因素呢？主要有以下四点。

1. 客流量多的街道

人们经常听到某个城市有一个消费的主街道，如武汉的汉正街，是一个消费的集中点，人们一想到买东西，就想到去那里消费，零售商店如果设在这样的街道上，也是很容易提高营业额的。

2. 商业活动频繁的地区

比如，像西单这样的闹市区，商业活动非常频繁，店铺如果设在这样的地方，营业额一定很高。当然，这样的地方必定租金昂贵，通常一些大的商场都会开在这里。

3. 人口密集区

比如，像居民区、学校等人口集中的地方也是开设店铺的好地方，这里顾客的需要比较集中，产品分类比较简单。

4. 交通便利区

比如，一些地铁站口、火车站或者长途汽车站，这些地方都是人流较大的地方。

当然，除了以上的选择标准外，零售商店要根据自己的产品选择地址，比如，某个繁荣的街道有同类零售商店很多，如果你自身没有特色，销售额定然上不去，还要付很高的租金。所以说，在同类店多的地方，设立自己的特色店；在没有同类店的地方，设立自己的专营店。

除了考虑零售商店选址外，零售商店的定价也是影响销量的一个因素，现在零售业在定价上，要么是高定价低销量，要么是低定价高销量，在竞争日益激烈的今天，所有的顾客都希望购买到物美价廉的商品，哪家零售商店有更多商品做到了比其他商店物美价廉，那么，这个商店一定会迎来更多的顾客。随着平价店、折扣店的出现和盛行，原来和同行业没有多大差别的建议价格，已经无法适应行业变化了，更多的顾客希望得到更低价格的商品，因此大多数零售商也不再采用建议价格了。

定价实际包括了两层含义：一是绝对价格，是零售商自己确定的价格。二是相对价格，反映的是与竞争者相比较而言的价格。任何企业最终的价格必须体现与竞争对手相等或更高的价值。零售商可以通过行业内的价格确定每个品类商品的价格范围，然后在这一范围内选择适合于本企业的价格。这样做的好处在于，零售商对供应商的选择更清楚，减少样品量，同时提高谈判能力。顾客在选择中，也可以减少混淆，便于挑选。

特殊渠道的经营和管理

【科特勒微语录】

正规连锁是指在同一资本控制下的众多分散经营的商店组合。也就是所有商店都归总部直接管理，总部实行统一采购，统一定价，统一核算，统一配送，各门店只具有销售功能。

特许经营是连锁企业通过签订特许协议，将其店名、经营方式和所经营的商品转移给系统以外的商店使用，对其进行统一配货并加以业务指导，并要求其按企业的统一规定进行经营，是几个商店联合成为加盟店，加盟店一般独立核算，在遵守特许协议的前提下有一定的经营自主权。

——科特勒《营销战略全书》

【活学活用】

连锁商店是由同一企业所有并统一经营管理，包括两个或两个以上的商店。这些商店有相类似的商品大类，实行集中采购和销售，甚至有相似的建筑风格和标志。

原来真正意义的连锁商店是指由单一资本经营，对企业的各方面实行高度统一的管理，包括采购、人事、财务、广告、定价，分店只负责组织分店的销售和提供服务。但实际发展中还有其他形式，如自愿连锁和特许连锁。自愿连锁是由批发企业牵头，成员在保持资本独立前提下自愿组织的零售集团，成员在资产上独立，人事上自主，在经营上也有很大的自主权，但所经营的商品必须大部分或全部从总部或同盟的批发企业进货。特许连锁是由企业将自己开发的品牌、商号、经营技术或经营模式以特许形式授予加盟店在规定区域内的经销权，加盟店则需交纳一定的营业使用费。这里，主要谈谈单一资本经营的连锁商店和特许经营。

1. 单一资本连锁商店

连锁经营的优势在于以下方面：

（1）销售规模大，可大量进货，充分利用数量折扣和较低的单位定价及运输成本。

（2）集中管理，连锁企业内部实行专业分工，雇佣优秀专业人员，在总体策划、存货、配送、定价、促销等决策方面实行科学管理。

（3）结合批发与零售功能，尽可能直接对国内外制造商订货。

（4）统一做广告，可使各分店均受益，费用较低。

（5）连锁经营将分散的赢利集中使用，投资于设施和管理的现代化，如建立现代化的配送中心、信息中心，租用通信卫星网的线路。

（6）各分店可以有一定的自由，如商品的地方特色，一定幅度的灵活定价。

总之，连锁商店的优势来源于它的规模。它突破了传统零售商业因顾客和市场分散而造成单店规模发展的局限，通过集中达到规模。规模不但带来强大的讨价还价能力，从而可以压低进价成本，获取经营中的规模效益，如设备的现代化，人员的分工，费用的分摊等。

连锁商店的巨大采购与销售能力及规划管理，特别适合大型、成熟的制造商，尤其是产品相对标准化而销售面较广的企业，两者之间甚至可通过计算机网络实现自行订货。中小企业也可以利用连锁商店的品牌扩展市场，同时连锁店在熟悉顾客的需求基础上，自行确定产品的设计、品质、价格和数量，按计划组织中小生产企业进行生产，然后收购。对农业生产者来说，连锁商店强大的食品销售能力，可以加快生鲜易腐农业、畜牧业、渔业产品的周转，减少损耗，扩大销售。

连锁经营可通过科学化、规范化、集中化管理，提高商业、服务业的管理水平和经营效率；此外，发展连锁业也是一条使分散的中小商业走上规模经济的道路。对于制造企业来说，认清这一发展趋势，开发适合连锁经营方式的商品，与连锁商业集团建立稳定的供货关系，将有助于为本企业产品建立有效的销售渠道。

2. 特许经营

特许经营与其他的经营方式相比，其独特之处在于：特许经营系统的核心是特许权的转让，特许人与受许人之间关系由协议规定，但人事、财务是独立的，双方没有代理或隶属关系，各受许人之间相互独立没有横向联系；特许人在特许期间向受许人提供必要的信息、技术、知识、训练，受许人在特定的期间、区域享有特许人商号、产品和经营技术权利，同时须按协议规定从事经营活动并交纳管理费。

对受许人来说，他可以从特许经销关系中得到以下好处：在自己独立经营的同时得到经营方面的知识、经验和关系，享受已有品牌及相应的广告宣传所带来的利润，并得到特许人在专业方面的指导、培训、采购等服务，这些对新企业尤为重要。受许人面临的潜在问题是：同一地区受许人之间的竞争，特许人由于扩张太快而服务、产品供应能力和促销跟不上，或者受许人有时会感到特许人的干预太多，无法发挥自己的才能。

从整体来看，特许经营主要适合小企业和市场分散的服务业。对小额私人资本来说，特许经营减少了独立开业的失败风险；对市场分散的服务业，一家具有良好商誉和经营技术的企业要接近尽可能多的顾客，特许经营是最快捷也是最经济的方法。对顾客来说，特许经营可使特许人的优质产品或服务更容易让顾客享受到，并使产品的标准、质量得到保证。比如，美国麦当劳的汉堡包，中国东来顺的涮羊肉、全聚德的北京烤鸭。

第16章　物流渠道管理，控制流通环节

供应链管理控制流通成本

【科特勒微语录】

供应链管理的起点要早于实物分配，注重正确输入（原材料、组件和资本设备）过程，有效地把它们转化成制成品，分发到最终目的地。

——科特勒《营销管理》

【活学活用】

从原材料和零部件的采购，到运输、加工制造、分销直到最终把商品送到顾客手中，这整个过程就是供应链。为了能够更好地为顾客服务，现在很多企业把供应链向前后延伸。比如，为了能够更好地了解市场情况，保证商品的质量，某企业把供应商的活动纳入生产活动中，对其加以控制和协调，这就是向前延伸。还有些企业特别是一些知名的大企业通常会把产品售后服务纳入供应链中，保证顾客的满意。

戴尔打破了23年的直销传统，开始由北美的沃尔玛销售低价PC。2007年7

月初，戴尔宣布将通过亚太地区的零售网点销售电脑，正式宣布在亚洲地区建设零售渠道，并已就此事与亚洲的一些连锁店和专门店进行接触。对戴尔而言，此举具有划时代的意义。因为长期以来，戴尔一直将自身标榜为直销模式的先驱。市场分析人士表示，戴尔在亚太地区改变销售模式实质上早已是意料之中的事情，因为亚洲的用户，在购买产品之前，更希望能够接触到实际的产品。

戴尔将继续改善企业供应链，因为戴尔已经通过实践证明，这将是极为有效的方法。戴尔的竞争对手没有拥有像戴尔这样的供应链，因此它们不得不把产品摆放在货架上。由于不需要摆放产品，戴尔的产品零售商就会减少自己的库存开支。顾客是通过货架上展示的产品选择是否购买，戴尔的零售模式是典型的“需求驱动模式”，这完全有别于其他竞争对手将产品摆放在货架上，等着顾客来购买的“供给驱动模式”。戴尔在亚太地区的零售战略是将直销和零售模式结合在一起，这将与戴尔过去的单一直销模式有着很大的不同。

面对戴尔售后服务依旧存在缺陷的市场指责，戴尔南亚区副总裁保罗·亨利·弗兰德表示，当前戴尔每年要接听3 800万个技术电话，为5 500万个系统进行维护，并拥有超过1.2万服务人员。不过他同时表示，戴尔可以做得更好。戴尔想要在自己的产品和服务上建立起强有力的联系，就要确保每个戴尔的顾客都能够对戴尔的售后服务感到满意。

可见，一个完整的供应链，将会发挥强大的作用，保证商品从产生之初到销售每个环节都能实现无缝衔接，保证整个供应链顺畅连通在一起。这不仅提高了产品的生产效率，节约了生产成本，而且还能大大提高销售量，提高顾客的满意度。

所以，当企业在发展中出现衔接问题，如供应商没有及时将材料运送到企业，或者在销售方面，突然出现问题，无法按照计划进行宣传。这时，企业就该好好研究一下自己的供应链，如果能建设一个好的供应链，就能够保证每个环节都不会出现意外，即使出现意外也能及时补进，不会影响整个供应链的运营。

企业的供应链就相当于人体的血管，如果血管出现阻塞，人的其他机能也会出现问题。所以，企业要打通供应链上的各个环节，对整个供应链系统进行计划、协调、操作、控制和优化，保证顾客能够满意地及时地获得自己所需要的数量，质量有保证的商品，并不担心以后维修困难。如果顾客有需要，还能免费按时送到规定的地点。如果企业供应链能够做到这样，相信任何一位顾客都会感觉到购买的愉快与乐趣。

加强仓储管理，控制流通成本

【科特勒微语录】

在商品流通过程中，有很多商品会滞留在流通的各个环节中，造成储存。如何管理储存的商品，保证商品库存量，使其结构和分布都比较合理，有利于加速企业资金流转，降低成本。

——科特勒《营销管理》

【活学活用】

加强仓储管理是物流系统中的主要职能。如果储存管理得好，库存量合理，对于加速企业资金周转，降低流通费用具有重要的积极意义。

1976年以后一直保持着世界复印机市场实际垄断地位的施乐公司遇到了国内外特别是日本竞争者的全方位挑战，如佳能、NEC等企业以施乐的成本价销售产品且能够获利，产品开发周期、开发人员也比施乐短或少50%，于是，施乐的市场份额从82%直线下降到35%。面对着竞争威胁，施乐公司从生产成本、开发周期、营销成本、零售价格等领域中，找出一些明确的衡量标准或项目，然后，施乐公司把这些项目的表现，与佳能等主要的竞争对手进行比较，找出其中的差距，弄清这些企业的运作机理，全面调整经营战略、战术，改进业务流程，很快收到了成效，把失去的市场份额重新夺了回来。

比如，在提高交付订货的工作水平和处理低值货品浪费大的问题上，以交付速度比施乐快3倍的比恩企业为标杆，并选择14个经营同类产品的企业逐一考察，找出问题的症结并采取措施，使仓储成本下降了10%，年节省低值品费用数千万美元。

的确，一个企业不仅要开发出好产品，还要保证产品能够顺畅地在市场上流通。如果没有仓储，产品供不应求，就会形成短期断货现象，企业很容易陷入忙碌不堪的境地；如果仓储产品过多，造成大量积压，也就导致大量成本积压，增加企业运营负担，不利于企业发展。所以，最恰当的形式是适度的存储，既能保证商品能源源不断地供货，又能保证商品流通顺畅，资金能迅速回流。

那么，在仓储管理方面，企业应该怎么做，才能保证商品仓储合理，保证企业顺利发展呢？

仓储管理方法是在科学预测顾客订货时间和数量的基础上，调整企业的生产，确定其库存数量。

首先是顾客订货时间的预测。虽然经验是决定订货时间的常用方式，但以下公式为确定订货时间提供重要依据。

安全订货点=订货前置时间×使用率

安全订货点是发出订单时，企业为了防止商品脱销需要维持的最低存货量。

订货前置时间是自订单发出以后到收到货物所需要的平均时间。

使用率是在某一段时间内，顾客每天购买的数量。

其次是顾客订购数量的预测。顾客在确定订购数量时主要考虑订货成本和存货成本。订货成本是从发出订单到收货、验货发生的订货处理费用。存货成本包括仓储费、资本成本、税金、保险费、折旧与废品损失。

再次是服务水平。企业制订存货水平时，要考虑到提供给顾客的服务是否令其满意，保证顾客的订单及时处理。企业在制订服务水平时应考虑的因素有：信任度、沟通情况、事先通知、送货时间、财务问题、商家对企业的服务期望及竞争状况。

最后是存货水平控制。在确定以上要素后，一方面企业可以帮助顾客建立科学的存货制度，尽量使顾客的成本降低。比如，发达国家正推行的EOS系统就是一种用于零售商盘点和处理订货的管理设备。另一方面预测顾客订货时间和订货数量，适时地调整生产，控制库存量。

物流是成本经济的最后一道防线

【科特勒微语录】

在某种情况下，市场物流的总成本占产品成本的30%~40%。虽然成本昂贵，却不足为奇，专家们称市场物流是“成本经济的最后一道防线”。

——科特勒《营销管理》

【活学活用】

如今，已经有越来越多的顾客要求企业送货到家，他们希望自己购买的产品能够在最短的时间内送到自己家门口，有更为严格的送货时间要求，希望厂家不间断地送货，以便保证自己这一要求。还有顾客希望货物能够直接送到自己经营的商店，而不是转运到分销中心；希望订购的各种货物能够放在同一个货盘中，而不是分开放置……总之，顾客越来越需要以人为本的物流服务，能够满足更多顾客各种需要的完善的物流服务，而企业想要不断发展壮大，就不得不满足顾客的需求，想办法完善物流环节，让顾客满意。那么，控制物流成本就成了非常重要的问题。

科特勒提出了市场物流的总成本有时候会占产品成本的30%～40%，这是一项庞大的开支，现在越来越多的企业领导人开始关注这项开支。

沃尔玛公司为了降低产品的销售价格，对物流运输成本控制非常严格，为了控制运输成本，沃尔玛有时采用空运，有时采用船运，有时还采用卡车公路运输。在中国，沃尔玛主要采用公路运输。

（1）在选择卡车的时候，尽可能选择较大的卡车，通常使用的卡车比集装箱运输卡车还长还高。然后，用产品把卡车装得满满的，这样一次就能运输很多商品，大大节约了成本。

（2）沃尔玛自己购买汽车，司机都是企业的员工，这样就方便沃尔玛随时运输产品，也免去了雇佣运输队的费用，成本大大降低。同时，车队每周每一次运输可以达7 000 ~ 8 000公里，能够保证企业随时都有车运输，保证充足的供货。

（3）沃尔玛采用全球定位系统对车辆进行定位，这样，调度中心就可以很清楚地了解到每辆车的去向、运输路程、送达时间等。这样大大提高物流的效率，有利成本降低。

（4）沃尔玛物流部门，24小时不间断工作，不管是白天还是黑夜，卡车到目的地及时装货或卸货。通常，沃尔玛能保证在15~18个小时内完成整个运输过程，这样的速度是很难有企业能比得上的。

总之，沃尔玛通过巧妙组合，实现运输车队低成本高效率运行，这其中有很多艰辛，正是有这样的成本控制意识，才保证了企业顺利发展。

另外，还有向顾客直接配送，这种直接针对顾客的配送，需要按照顾客的要求，在物流据点进行分货、配货工作，并将货物交给收货人。它要求在配货的基础上，完全按照顾客的要求，包括种类、品种搭配、数量、时间等要求进行运送，是“配”和“送”的有机结合。

从服务方式上讲，配送是一种“门对门”的方式，将货物从配运中心送到顾客的仓库或家中。由于现代消费的“多样化、个性化”，配送要求是“多品种、少批量”。企业在满足顾客要求的基础上，为了降低经营成本，要求将小批量的订货转为大批量商品集合，充分利用运输能力。这就产生了“共同配运”的方式，也就是几个企业联合起来，共同组建和使用一个配运中心，共同制订配运计划，使用配运车辆，共同对某一地区的用户进行配送。

总之，企业领导者要树立控制物流成本意识，采用灵活方式，尽量将物流成本控制在较低水平，保证企业顺利发展。

与专业物流企业合作

【科特勒微语录】

第三方物流随着物流业发展而发展，因为专业化程度不断提高，第三方物流能够有效地降低企业的运营成本。

——科特勒《营销管理》

【活学活用】

当今企业之间的竞争已经更多地体现在供应链上的竞争，现在产品的同质化较为严重，在质量相差无几，价格类似的情况下，谁能更快地把产品送到顾客手中，就意味着谁更快赢得市场。为了适应这一竞争趋势，很多企业建立了自己的物流部门，但随着社会的发展，专业物流企业的崛起，越来越多的企业青睐利用专业物流企业的资源，实现产品运送的专业化和快速化。这样也能大大降低企业的物流成本，提高物流服务质量。

武汉中远物流与海尔已经合作多年，海尔物流的负责人多次表示，海尔与中远的合作是强强合作，是共同的机遇。

海尔建立的物流体系是要把海尔用品的物流需要化零为整，找一个第三方物流的对接口，在现有资源的基础上，把分散的资源整合起来，建立成一个集整理、加工、信息、仓储、装卸、配送为一体的海尔产品物流体系。

武汉中远物流在进入海尔物流系统的初期，在为多家产品物流服务经验的基础上，逐步开始适应海尔物流所需要的个性化服务。海尔产品在武汉市区的配送不利于发挥武汉中远物流的网络优势，于是，武汉中远物流舍去市区配送项目，把目光放在海尔的二三级市场的物流服务上，充分发挥了其网络优势。当条件成熟后，与海尔立刻推进深度合作。

2001年年初，武汉中远物流把海尔物流二三级市场的中转分拨模式变为以武汉为中心的配送管理；2001年年底，改变原有的整车配送为按单配送；2002年年底，全面介入仓储管理。武汉中远物流在自身发展的同时推进了项目的深度开发，为海尔的市场开拓和发展立下了大功。

的确，一个专业的物流企业能够帮助生产企业提供更为优质、专业的物流服务，生产企业也可以通过与第三方物流的合作，将物流服务部分外包出去，让自己能够集中更多精力用于生产好的产品。如果两家企业合作愉快，就是强强联合，实现优势互补，能更好地发挥各自的专长，实现两个企业的发展壮大。

海尔之所以能够与武汉中远物流实现长期合作，主要就是看中了该企业高质量的物流服务。2002年11月下旬，武汉中远物流正式管理海尔HMS仓库。海尔物流企业要求中远招聘和培训IT管理员、仓库保管员、叉车司机、装卸工，布局设计新仓库、转入海尔在武汉地区租借仓库里的所有货物等工作，要在个月时间内完成，而按照常规这些工作做完至少需要两个月。

之后海尔人亲眼目睹了武汉中远物流员工的精神面貌，在转库的30个日日夜夜里，转库高峰时，一天要装卸80车次的货物。转库时发现，因为立体仓库5 000平方米，货架无法按设计安装。中远经理就带着员工，拿着皮尺，一点点地测量，然后，提出调整叉车通道、重新合理安排货架的建议，这一忙就是一个晚上。

就是这样的敬业精神让海尔放心地把物流业务交给了武汉中远，它在之后的工作中，也没有让海尔失望。

生产商在选择物流企业时，应该寻找那些具有较高服务质量的企业，这样，才能保证物流企业能够严格地完成任务，中间不会出现拖拉等不良现象。

可见，与专业的物流企业合作，自己省心、省力、省成本，提高质量，提高档次，提高销售量，所以，企业应该注重与第三方物流合作，实现双方共赢。

信息技术提升物流管理水平

【科特勒微语录】

中国怎样才能建成一个把适当的商品，按适当的数量，以适当的方式，在适当的时间，送到适当的地点的高效率物流体系，这是国民经济发展中必须面对的一个重要课题。

——科特勒《营销管理》

【活学活用】

随着科技的迅速发展，产品间的技术差异越来越小。因此，如何在众多的产品中脱颖而出，服务水平就成了企业制胜的有力法宝。服务是产品整体概念的有机组成部分，企业开展物流服务，则为满足顾客需求提供了一种解决问题的新思路。从中国的企业实际情况来看，近些年来的价格大战、广告大战、渠道大战等均未取得长期竞争优势，反而导致了“内伤”。实施物流服务策略能够提升企业竞争能力，赢得顾客满意。为此，各大企业纷纷在物流环节，采用现代网络技术，发展物流业，保证满足不同顾客的不同需求。

比如，杭州电信与市烟草企业合作，组建了杭州烟草市本级及二区五县零售户一体化的信息网络——“家家e”平台，由此卷烟销售启用了全新的物流配送渠道。通过网络，遍布杭州大街小巷的烟草专卖店可以用固定电话、短消息的方式向烟草企业订货或进行信息交流。通过搭建这样一个批零一体、互联信息的平台，烟草企业可以全面掌握购、销、存的信息，及时获悉销售走势分析、顾客赢利分析、品牌分析等多种信息。

运用在物流各环节中的信息技术，还包括计算机技术、网络技术、信息分类编码技术、条码技术、射频识别技术、电子数据交换技术、全球定位系统、地理信息系统等。

这些物流信息技术的应用将会给企业带来非常多的便利，有利于提高物流的服务水平和物流速度。比如，物流自动化设备技术、物流设备跟踪和控制技术以及物流动态信息采集技术等，都是物流在应用现代信息技术中不可缺少的。

1. 物流自动化设备技术

该项技术的应用主要集中在配送中心，该中心的工作特点是：每天都要拣选各种物品，品种多、批次多、数量大，人工拣选效率低、成本高。现在很多单位，比如，超市、医药、邮政等行业的配送中心部分地引进了物流自动化拣选设备。

有一种设备在拣选货架上配有可视的分拣提示设备，这种分拣货架和物流管理信息系统相连，动态地提示被拣选的物品和数量，指导着工作人员的拣选操作，大大提高了工作人员拣选货物的准确度和速度。

另一种设备能够将拣选后的物品自动分拣，把条码或电子标签附在被识别的物体上，通过传送带送入分拣口，然后，装有识读设备的分拣机就会自动分拣物品，让物品进入各自的组货通道，实现物品自动分拣。

这两种设备会大大提高配送中心分拣货物的效率和准确度，提高了工作效率，降低了工作成本。

2. 物流设备跟踪和控制技术

这项技术主要针对物流的运输载体和物流活动中涉及的物品所在地进行跟踪。物流设备跟踪的手段有多种，可以采用电话、手机等进行跟踪，也可以采用射频识别技术手段跟踪，但现在，中国普遍喜欢使用全球定位系统技术。该技术主要跟踪货运车辆与货物的运输情况，能够帮助调度中心及时了解车主所在的位置和状态，保障整个物流过程得到有效监控和提高运转速度。

在中国，一些物流企业为了提高管理水平和提升对顾客的服务能力，多采用这种技术。比如，沈阳等地方政府曾要求下属交通部门对营运客车安装全球定位系统设备，从而加强了对营运客车的监管。

3. 物流动态信息采集技术

随着市场竞争的日益激烈，产品的生命周期越来越短，交货期也逐渐缩短，这些都对物流服务的可得性和可控性提出了更高的要求。为了确保对物流过程的完全掌控，物流必须掌握更多的动态信息，因此，动态信息采集应用技术应运而生。

动态信息采集应用技术收集货物的名称、数量、重量、质量、出产地、移动载体名称、牌号、全球定位系统知识应用，这些信息可能在物流中反复地使用，所以，正确、快速读取动态货物或载体的信息并加以利用可以明显地提高物流的效率。

特别是一二维条码技术现在已经应用非常广泛，还有磁条、语音识别、便携式数据终端、射频识别等技术。这些技术的应用必将大大提高物流管理与运作效率，降低物流成本。

总之，随着高科技的发展和应用，越来越多的企业需要利用高科技提高物流的运营效率，有利于企业提高服务质量，节约物流成本。

营销组合篇　充分激发顾客的购买欲望

营销组合是商家用以吸引批发商、零售商和顾客购买一个品牌的产品，以及鼓励销售人员积极销售这种产品的一系列激励措施过程。这种激励手段是对品牌的基本利益的补充，并在短时间内改变了这种产品在顾客心目中的价格和价值。

一个好的营销组合总能找到让顾客充满购买欲望的卖点，而营销组合实施得不好，即使再好的产品，在顾客的心里也可能会大打折扣。其实，购买行为很大一部分是由顾客对产品的印象决定的。营销组合在让顾客了解产品价值，促使其购买产品过程中起着非常重要的作用。

第17章　广告宣传，无处不在的沟通

为企业选择一个合适的广告目标

【科特勒微语录】

广告目标主要有四种：宣传广告、劝说广告、提醒广告和强化广告。企业要根据自身的发展情况选择一个合适目标。

——科特勒《营销管理》

【活学活用】

选择一个合适的广告目标，也就是明确企业做广告的目标，是企业做广告的第一步。企业要制定一个合理的广告策略，首先应该知道企业想要通过广告实现什么样的目的。要想选择一个适合企业发展的广告目标，就要了解市场情况、企业状况及产品的特征，通过综合考虑，寻找到最合适的广告。

2001~2002年，海王在海王银得菲、海王银杏叶、海王金樽、海王牛初乳等产品上，投入的广告费高达3亿多元，但市场反应冷淡，海王设计精美的广告，却因为营销策略的失误，而遭受顾客的冷眼。

与绝大多数保健品企业重视疗效和利益点宣传相比，海王生物对企业品牌十分着迷。其旗下所有产品的广告，均重视美感和创意，而对于同业均十分重视的产品功效和利益宣传，却着墨不多。

以海王牛初乳为例，释小龙主拍的广告“人之初，喝母乳，现在就喝海王牛初乳”，拍摄精致、创意新颖、记忆度颇高。但到底为什么要喝海王牛初乳，喝了会有什么益处等关键点，却不加说明，没有给顾客购买的理由。因为缺乏利益点支撑，海王牛初乳广告轰炸造成的结局就是：广告众人皆知，但顾客始终寥寥无几。

海王牛初乳巨额的广告费打了水漂，主要原因就是企业在广告宣传目的上出了错误。其实，中国顾客对于保健品牌，更多关注的是服用后的效果。而海王牛初乳却在广告宣传中没有明确给顾客购买该产品的理由，而只是一味地宣传自己的名字。这样的广告让顾客感到困惑。

可见，广告宣传也要找到合适的广告目标，否则，广告的效果就发挥不出来。下边分析一下科特勒提出的四种主要的广告目标。

1. 宣传广告

这种广告目标是企业最基本的也是比较常用的广告目标，特别是对于新产品的推广，多采用这种方式。这是为了介绍产品才打的广告，广告内容主要是介绍产品各种优点、使用人群、价格、性能，通过这些介绍来刺激目标顾客购买。比如，“不上火的王老吉”“不伤手的洗洁精”等。

2. 劝说广告

劝说广告顾名思义就是通过说服手段来达到销售的目的。通常这样的广告多是产品已经为人们所了解，但还没有形成对该产品的忠诚度，商家通过打这样的广告，来说服顾客选择该产品更好。所以，这样的广告通常采用比较的方式，目的是促使其形成选择性需求。比如，太太口服液的“十足女人味”“女人更年要静心！”还有泰诺广告的“有千百万人是不应当使用阿司匹林的。如果你容易反胃或者有溃疡，或者你患有气喘、过敏、因缺铁而贫血，在你使用阿司匹林前就有必要先向你的医生请教。阿司匹林能侵蚀血管壁，引发气喘或者过敏反应，并能导致隐藏性的胃肠出血。”等。

3. 提醒广告

这种广告主要在一些老牌产品中有体现，虽然他们已经有固定的顾客群或者已经有很高的知名度了，但是为了不让顾客忘记产品，他们会做一些广告加以提醒。比如，“为你准备的百威”等。

可见，在产品的不同阶段，在市场情况不同的时候，广告宣传目的都在发生着变化。所以，企业应该在做好充分考察后，明确宣传目的，选择一个最适合自己的宣传目标，保证广告宣传的成功。

借助合适的媒体宣传

【科特勒微语录】

如果企业能够把目标对准某些顾客，广告将会发挥出让人想象不到的效果。

——科特勒《营销管理》

【活学活用】

每个人每时每刻都在传播信息，传播是每个人生活中不可少的基本资源，作为传播路径中最为重要环节——媒体，为信息传播提供了一个大平台，通过媒体，能让更多的人听到信息，对信息的传播起着重要的作用。广告营销正是需要让越来越多的人了解到产品，所以，利用媒体的力量是广告宣传的有效途径。

滇虹药业为了抢占“药物去屑”市场，跨入日化去屑地盘，做大“药物去屑”品类，做强康王品牌从而带动滇虹药业大发展这个目标，做了大量的广告宣传推广工作。

提升康王品牌价值，首先就要打造一支既能传达品牌独特价值，又能触动顾客的广告片。

他们邀请陈道明作为康王的代言人，利用明星效应提高广告的影响力。

2008年11月18日，滇虹药业相关负责人参加了中央电视台2009年黄金资源广告招标会，顺利拿下中央一套第二单元A时段媒体资源。再加上之前已经签订的安徽、江苏、重庆、河南、东方等10大卫视的媒体投放，滇虹药业建立了庞大的康王品牌传播网，强力覆盖全国市场。

同时，康王还在网络、杂志、地方媒体等其他多个媒体中进行广告宣传，加强火力进攻。

2009年2月1日，春节假期刚过，陈道明代言的康王发用洗剂广告，在CCTV1天气预报后的黄金时间播出。康王抢占“药物去屑”市场的“战役”全面打响。正是通过组合各种媒体的力量，康王成了家喻户晓的洗剂品牌，成功确立“药物去屑”市场的龙头地位。

由此可见媒体的力量之大。但是不同媒体的观众不同，所以广告策划人一定要明白各种媒体特点，选择合适的媒体做广告，这样才能让更多的目标顾客群接触到广告。在众多的媒体中，电视、报纸、杂志、广播因传播范围广，接触顾客多，号称四大广告媒体。近年来互联网技术的飞速发展，使得网络一跃成为广告媒体中的新秀，被称为第五大广告媒体。除了这五种主要的广告媒体，还有一些辅助媒体，如户外广告、直接信函、POP广告等。

如此众多的媒体为企业广告宣传提供了广泛的宣传平台，企业该选择那种媒体来进行广告宣传呢？可以考虑以下因素后作出决定。

1. 媒体的特性

不同广告媒体在送达率、影响力、表现手法、目标受众等方面都不相同，从而产生的广告效果也有显著差异。因此，企业在选择广告媒体时，必须首先了解不同媒体本身的特点，以选到最合适的广告媒体。以下是不同媒体的特性。

（1）电视综合视听，兼具动感，感染力强，送达率高，重复出现性好，受众选择性差，成本高，展露时间短，干扰多。

（2）报纸时效性强，读者面广，针对性强，送达率相对较高，可信度高，制作简单，成本低寿命短，表现手法单调，不易引起注意，重复出现率低。

（3）杂志针对性强，图文并茂，视觉效果好，可信度高，重复出现率高，干扰小，寿命长时效性较差，功效慢，受众接触度较低，版面位置选择性差。

（4）广播覆盖面广，传播速度快，送达率高，成本低，地区和人口选择性强，只有声音效果，注意力比电视低，展露时间短。

（5）网络覆盖面广，具有双向性，灵活，信息含量大，重复出现性好，时效性强，成本低管理不规范，可信度较差，干扰大。

（6）邮寄受众选择性好，灵活，个性化，竞争干扰小，制作简单但投递成本高、传播范围不广。

（7）户外广告注意度高，重复展露多，成本低，竞争少，受众选择性差，受场地限制。

2. 目标顾客的媒体习惯

不同的人由于职业、受教育程度以及生活习惯的不同，对不同广告媒体的接触习惯也不同。比如，办公室人员看报纸的机会比其他人就多得多，年轻人中喜欢看体育杂志的人显然比老年人多，小孩子则受电视广告的影响大。因此，企业在进行广告媒体选择时，必须充分了解目标顾客接触媒体的习惯，选择他们接触最多的、最信赖的媒介。

3. 产品和信息特点

在做广告时，常常出现这样的情况，一些在这种媒体上效果很好的产品广告，拿到另一种媒体上去做，却不能收到同样的效果。这是因为不同的产品有不同的特点，对广告媒体也有不同的要求，或者说，不同广告媒体适合于表现不同的产品特征。比如，功能复杂、需要较多文字详细介绍的产品，应选择不受时间限制的平面媒体如报纸杂志等；对于主要表现外观特点，无须很多文字说明的产品，以选用电视媒体为宜，利用其兼备视觉听觉的效果，让顾客在看广告时产生购买的欲望。

4. 成本

不同广告媒体所耗费的成本相差很大，电视广告很贵，报纸广告则相对便宜。1997年“爱多”勇夺中央电视台黄金时段广告标王称号，出价高达4亿元，这是许多中小企业想都不敢想的。即使是同种媒体，因覆盖面大小不同，费用相差也很大。如中央电视台比省级电视台的广告费用贵10倍左右，黄金时段的广告又比其他时段的广告贵得多。不过，最重要的不是绝对的成本差异，而是受众人数与成本之间的相对关系。企业在选择广告媒体时，应根据不同媒体的广告成本，以有限的广告预算，实现最大的广告效果。

5. 国家政策法规

现在，世界各国都制定了广告管理政策和法规，对广告的内容、发布程序、媒体的业务范围等各方面工作出了明确的规定。比如，许多国家，包括中国在内，就对烟草、烈酒的广告在媒体选择上有一定的限制。因此，在为产品选择广告媒体时，应注意是否存在有关的政策和法规限制。

总之，在信息化程度越来越高的现代社会中，广告是企业促销活动中最有效和最常见的手段。企业要充分利用媒体的力量宣传产品。

了解顾客心理，打造攻心广告

【科特勒微语录】

营销的宗旨是发现并满足需求。

——科特勒《营销管理》

【活学活用】

人都是有丰富情感的，人作出的决策不仅依靠理性，更依靠感性。所以，如果广告能够在感情上下工夫，使广告内容让人想到美好的亲情、爱情、友情等，使广告与人们内心产生感情上的共鸣，那么，顾客更容易接受该产品。

这是一则来自马来西亚纸尿裤生产商Drypers的TVC广告。

妈妈在观看电视台播放的催泪剧集，感动得泪如雨下时，坐在身旁的宝宝看到此景便展开了奇妙的思想过程。经过开动脑筋，决定将自己的纸尿裤贡献给妈妈，妈妈接过纸尿裤擦拭自己的眼泪，突然发现原来是孩子的纸尿裤，感动之余为自己孩子的聪明智慧莞尔一笑。广告不仅突显了纸尿裤超强吸水性，而且更突显出了宝宝的聪慧可爱。

尤其片中可爱宝宝的表情变化令人忍俊不禁，相信不用过多的解释顾客也会被这精彩的创意和可爱的宝宝所打动。对于正在抚育孩子的父母来说，纸尿裤的超强吸水功能可以帮助他们摆脱孩子尿床带来的困扰，但是这则广告已经超越了惯常的产品功能诉求，而是突出了宝宝在片中的可爱、聪明和幽默。在父母心中，一个健康活泼的孩子，显然比其他一切来得都更重要。

宝宝的智慧和纸尿裤广告的幽默赢得了妈妈们的心，成功唤起了她们内心深处的情感和认同。

上面这则广告通过一个生活小片段，勾勒了母子之间的浓浓亲情，让人感动。而下面这则广告则是巧妙地利用音乐的效果，唤起人们的情感。

1998年，百事可乐于成立百年之际，推出了一系列的营销举措。1998年1月，郭富城成为百事可乐国际巨星，他与百事可乐合作的第一部广告片，是《唱这歌》的MTV情节的一部分。身着蓝色礼服的郭富城以其活力无边的外形和矫健的舞姿，把百事可乐一贯的主题发挥得淋漓尽致。此片在亚洲地区推出后，引起了年青一代的普遍欢迎。

1998年9月，百事可乐在全球范围推出其最新的蓝色包装。配合新包装的亮相，郭富城拍摄了广告片《一变倾城》，音乐《一变倾城》也是郭富城新专辑的同名主打歌曲。换了蓝色“新酷装”的百事可乐，借助郭富城《一变倾城》的广告和大量的宣传活动，以“ask for more”为主题，随着珍妮·杰克逊、瑞奇·马丁、王菲和郭富城的联袂出击，掀起了《渴望无限》的蓝色风暴。

由郭富城和珍妮·杰克逊联袂演出的主题广告片《渴望无限》投资巨大，场面恢弘，是百事近年力推的作品。歌曲《渴望无限》由珍妮·杰克逊作曲，音乐从慢节奏过渡到快节奏，最后变成20世纪60年代的House音乐，曲风华丽。郭富城激情的表演和性感的造型，珍妮·杰克逊大气的唱功，使整个广告片充满了浪漫色彩，由来自不同地区、不同肤色的两位巨星共同演绎，更加引人注目。

王菲的歌曲在亚洲乐坛独树一帜，她为百事可乐拍的广告片同样以“渴望无限”为主题，由她创作的音乐《存在》表现了王菲对音乐的执著追求和坚定信念。“渴望无限”的理念得到了很好的诠释和体现。

2002年1月，乐坛天之娇女——郑秀文正式加盟百事可乐家族，成为新一代中国区百事可乐巨星。2002年，F4的百事可乐广告成为当时备受中国顾客喜爱的广告。

可见，音乐的传播与流行得益于听众的传唱，百事的音乐营销成功正在于它感悟到了音乐的沟通魅力，这是一种互动式的沟通。好听的歌曲旋律，打动人心的歌词，都是与顾客沟通的最好语言。有了这样的信息，品牌的理念也就自然而然深入人心了。

所以，想要广告让更多的人关注，不妨加入感情元素。为此，企业还要了解顾客的消费心理特点：

（1）目的性。顾客要购买某件产品，一定是有他的购买目的，或者出于自己需要，或者出于自己喜欢，或者是为了送礼，或者是为了家人健康。如果企业把目标顾客购买自己产品的目的搞清楚，做广告时就可以强调这一目的，引起顾客关注。

（2）复杂性。顾客购买产品时的心理是比较复杂的，他的兴趣点会变化，最终购买同一款产品的人，有的人是因为喜欢这个品牌，有的人是因为喜欢这个包装，还有的人是因为好奇。所以，营销人员要了解自己目标顾客的心理变化。比如，年轻人就比较喜欢新奇的东西，商品新奇，他们更容易购买。

（3）变化性。顾客的心理不是一成不变的，他们的消费心理和行为会随着自己的年龄，所处的环境，以及所接受到的信息的改变而有所变化。比如，同一个人，20岁时喜欢花样多的服装，30岁时，就喜欢品质好的服装。原来当油漆工的顾客，可能喜欢结实耐用比较实惠的产品，当他成了老板，他就开始喜欢购买品牌产品。随着人们知识、阅历的积累，人们就更喜欢有内涵的东西。可见，人的消费心理在不断变化着。所以，企业在宣传产品时，要了解目标顾客所处的环境、文化水平、社会地位、年龄等方面内容，这样，企业才能更好地把握顾客的心理。

利用名人效应宣传产品

【科特勒微语录】

一个经过精挑细选的名人至少能激发起人们对一个产品或品牌的注意力。

——科特勒《营销管理》

【活学活用】

受众对信息来源或宣传者的态度对信息沟通效果有重要的影响。人们更相信一个自己喜欢、认可的权威人士的话，戒备心理会更低。根据顾客这种心理，广告商常常选择影视明星、体育明星等拍广告，就是为了利用名人效应的说服力来宣传自己的产品。

卡地亚作为国际珠宝品牌演绎了璀璨百年的经典神话，其高贵的品牌推广同样闪烁着迷人的光芒。

1847年，路易斯·弗朗索瓦·卡地亚盘下了师傅在巴黎的珠宝铺，正式成立了卡地亚首饰店。当时的巴黎，经过王位争夺的一番动荡后，又恢复了花都昔日的繁华，极大地推动了巴黎珠宝业的繁荣。卡地亚幸运地得到了拿破仑三世年轻的堂妹Mathilde公主的推荐，业务不断增长。1902年，卡地亚的店铺已经从巴黎开到了伦敦和纽约，纽约逐渐成为卡地亚王国的总部。父子相传仅两代，卡地亚已成为世界“首饰之王”。

固然，卡地亚赶上了时代的机遇，但是真正成就卡地亚独特气质的却是其优雅的推广策略——尊贵、神秘的故事演绎。

160年的辉煌历史，来自于卡地亚的众多传奇代言人——皇室与名流。1915年，英国王储威尔士亲王特地从卡地亚订购了27个冕状头饰，并在他被加冕为爱德华七世的典礼上佩戴。两年后，爱德华七世赐予了卡地亚皇家委任状。此后，卡地亚又陆续受到了西班牙、葡萄牙、俄罗斯、比利时、埃及等国王室的委任状，成为这些王室的“御用珠宝”供应商。

1936年12月，继位不到1年的英国国王爱德华八世为了和离异两次的美国平民女子辛普森夫人结婚，毅然宣布退位。爱德华八世的弟弟乔治六世继位后，授予他温莎公爵的头衔。为了表达对夫人的爱意，温莎公爵授意卡地亚为温莎公爵夫人设计了四款首饰，分别是“猎豹”胸针、“bib”项链、“老虎”长柄眼镜和“鸭子头”胸针。

皇室贵族的神秘与尊贵，是所有大众阶层一直探询却无法触及的，卡地亚通过不断与皇室贵族加强关系，使其业务逐渐深入这个奢华阶层中，从而得到了“皇帝的珠宝商”的美誉，并最终得以奠定奢华品牌的基础。

毋庸置疑，产品是品牌传播最生动的展示，加上名人效应对品牌影响的放大，使卡地亚能够轻松地找到进入市场的支点，成为尊贵身份的代言。

在进入中国市场后，卡地亚首先选取了中国香港进行巡回展览，每次展出规模均在5亿元以上，其震撼程度可见一斑。随后在拓展内陆市场的过程中，卡地亚依然利用明星广告进行轰炸宣传。

虽然，卡地亚在广告宣传上耗资巨大，但它最后的经济效益要远远高过广告消耗的资金。

当然，名人效应的使用也要慎重，要考虑名人的形象是否与自己的产品目标顾客群具有和谐关系，要考虑名人的公信力和美誉度，其公信力越强，代言的产品才会赢得更多顾客的认可。最后，名人的个人特点或者经历最好与产品本身有关联度，让顾客看到他就能联想到产品。

入乡随俗，打造本土化品牌形象

【科特勒微语录】

如果能跨越不同文化、语言、社会和经济发展的区域限制，并能在活动中包含一些让人有新鲜感的元素，那么，这个活动就很成功。

——科特勒《营销管理》

【活学活用】

各个地区都有自己的风土民情，风俗习惯，也有各自独特的文化、信仰，而这些不同，直接影响到人们的消费行为。如果企业想要在新的领域站稳脚跟，最好的方式是让自己融入这个地区，让顾客在心里不会产生抵触，迅速认可产品。所以，在打广告的时候，要入乡随俗，融入当地的风土民情，迎合当地顾客。

在红牛进入中国市场11年后，中国饮料市场“诸侯割据、群雄纷争”，但先入为主的红牛饮料不仅没有在竞争中萎缩市场，反而于2006年7月在湖北建设起第三个生产基地，持续呈现业绩提升的趋势，以骄人的业绩一直占据功能型饮料首席位置，并成为能量饮料的代名词，这个过程堪称营销经典。

红牛进入中国市场前期，面临的是一个完全空白的市场。对于许多营销人士而言，那是一个彻底的“蓝海”。当时的中国市场，饮料并不多，知名的外来饮料有可口可乐和百事可乐，运动型饮料有健力宝，几大饮料企业营销能力都非常强，各自占据大范围的市场。红牛饮料要想从这些品牌的包围中迅速崛起，不是一件容易的事情。

作为一个风靡全球的品牌，红牛在中国的风格非常明显，以本土化的策略进入中国市场，为此，他们一是宣称红牛虽然来自泰国，但却是华人创造的配方，在市场进入初期大力宣传这个概念，很有力地让品牌带有中国痕迹，和可口可乐之类的洋品牌有明显的差异；二是红牛的品牌名称完全地中国化，其英文名称只是作为辅助使用，而两头红牛撞出一个太阳的醒目标志更是强化了这一点。红牛，红字当头，牛劲十足，适合中国人吉祥如意的彩头。

另外，其又通过大力的媒介推广、强大的终端建设进行组合，努力和本土品牌靠近，减轻其“外国品牌”的痕迹，这在当时是符合中国顾客实际心理需求的。

于是，在中国的某些城市，红牛刚进入市场，礼品套装就销售得非常红火以至脱销。除此之外，红牛总部最初设在深圳，而后移到北京，并将生产基地也建设在中国，更表明了红牛要在中国大力发展的决心。

通过这一系列本土化策略的实施，在短短的一两年里，汽车司机、夜场娱乐人士、经常熬夜的工作人员、青少年运动爱好者，都成为红牛的忠实顾客群体。红牛一举成为中国功能型饮料第一品牌，在中国享有很高的知名度。

通过品牌形象本土化策略的实施，促进了产品和顾客的接触，有利于产品与顾客建立联系，使产品迅速在人们心中树立形象，促进销售。那么，在树立品牌本土化时，企业该从哪些方面进行广告宣传呢？

（1）突出本质属性。也就是品牌区别于其他品牌的属性。

（2）营造品牌文化氛围。将品牌附带上地方文化氛围，让当地顾客看到产品后立刻想到他们喜欢或熟悉的文化。

（3）针对的目标顾客。广告宣传要围绕目标顾客展开，根据他们喜欢的文化或者元素，来进行广告宣传。

定期评估广告效果，完善广告营销

【科特勒微语录】

评估广告效果有两种方法：一种是把过去的销售量和过去的广告开支进行对比；另一种是利用实验，测试广告效果。

——科特勒《营销管理》

【活学活用】

有很多企业在制订完一个广告后，就持续很长一段时间播出该广告，对于广告的宣传效果，没有太多关注，因为他们认为，只要广告播出去，一定会有人看。这种粗放型的播放广告进行宣传的方法，往往使广告的传播效果不尽如人意。当企业最后诧异于花费那么多广告费而没有起到什么效果时，应该考虑自己是否认真总结过广告宣传策略实施的效果。广告在播出后，要不断调整和完善，这样广告效果才会放大，对商品产生强大的推动力量。

汉王电纸书就非常重视评估广告宣传的效果。在连续多年进行平面宣传之后，2009年，汉王科技选择中国之声开展其主打产品汉王电纸书的全面推广。广告播出后，全国各级市场反馈积极，广播和平面媒体配合投放，汉王在短期内实现了业内领跑地位，市场与企业形象双赢。

随后，他们注重市场调查，重视评估广告效果，以市场反馈为基础，随时调整广告时段和广告版本，最终探寻出最适合汉王发展的中国之声广告模式。

汉王在中国之声投放的广告通过各类场景的营造，让听众感同身受，多角度呈现了汉工电纸书产品的特色。灵活多变的广告内容，不断向最优时段调整的广告投放让汉王电纸书与中国之声拥有的资源紧密结合，充分利用了广播媒体的优势资源。

汉王与中国之声的合作，有效地扩大了汉王目标顾客群体范围，提升了产品的辨识度和关注度，汉王电纸书成为最新阅读潮流。

的确，广告是否有效，关键要看市场反馈，通过对广告效果的评估，企业才会发现问题，寻找到更好的广告方式来适应目标顾客。所以，企业不仅要投放广告，还要做好后期的调整和完善工作，这样做，广告宣传才会更有效果。

企业在具体操作中应怎样进行广告评估?

想要进行广告效果评估，就要先得到广告效果反馈，可以采用电话访问的方式，来进行广告效果反馈，也可以通过问卷调查的方式来了解顾客对广告的印象。

广告策划活动评估，是指广告策划活动实施以后，通过对广告活动过程的分析、评价及效果反馈，以检验广告活动是否取得了预期效果的行为。因此，其评估不仅是对广告后期效果的评估，还应包括对广告调查、广告策划、广告实施发布的评估。

广告效果的评估主要内容包括：

（1）广告计划在取得预定的广告目标上是否有效，所获得的广告效果能否通过使用其他方法来替代。

（2）广告计划在实施过程中是否起到了超出计划外的一些宣传作用。

（3）广告活动在实施过程中是否最大效益地使用了资源。

（4）接触广告信息的目标顾客数量多少，真正注意和理解广告信息的人数是多少。

（5）按照广告导向采取消费行为和重复消费行为的人数。

（6）广告效果达到预定目标与否。

当然，还要根据广告宣传的具体情况，增减其他广告评估内容。通常，评估广告效果的客观标准是经济效益、社会效益和心理效益，以经济效益为主，同时兼顾社会效益和心理效益。

第18章　公关造势，塑造良好形象

公关活动塑造企业良好形象

【科特勒微语录】

公共关系无论是对新产品还是原有产品在建立其知晓度和品牌知识方面都有着特殊的效果。有些情况已证明，营销公关的成本效益高于广告。

——科特勒《营销管理》

【活学活用】

公关活动着重于对特定对象进行全面的沟通，努力解决某个问题，维护、树立企业的正面形象。如今，公关已经成为现代企业营销的一个重要内容，公关营销要求加强企业与社会的关系，树立企业良好声誉。

20世纪80年代，麦当劳因每天都在制造垃圾——废弃的包装物，逐渐成为环保人士攻击的对象。在环保危机的威胁下，90年代初麦当劳推出了“种植一棵树”的绿色公关宣传活动，并着手抓好三方面工作：一是减少包装；二是减少使用有损环境的材料；三是使用较易处置、能物化成肥料的材料。这样使环境污染物减少了60%，在社会公众面前成功地塑造了“绿色麦当劳”的新形象，为麦当劳在激烈的市场竞争中赢得顾客的厚爱，创造了良好的社会氛围和经营环境。

公关就是造名声，造名声就是塑造品牌，其在产品促销方面主要起到间接性作用，其促销功能主要体现在提高企业的知名度，塑造企业的良好形象，从而更好地促进企业的销售。

那么，企业在公关方面主要采取哪些方式进行呢?

1. 宣传性公关

即运用各种媒体开展广泛的宣传活动。具体包括借助报纸、电台、杂志、电视台等大众传播媒体进行的对外宣传。所传播的信息具有新闻性强、可信度高等特点。组织内部的宣传也是这种类型公关的一个重要方面，主要借助内部刊物，小范围的正式传播媒介和途径对内部公众进行宣传。

2. 交际性公关

特指由公关人员通过各种社会交往活动，建立广泛的横向联系，以沟通信息和塑造企业形象为目的的一类公共关系活动方式。可通过个人的交际和团体交往方式，联络感情，听取和收集不同公众组织对企业产品、人事和服务等方面的意见，并对这些意见作出迅速的反应和处理，以消除公众对企业的抱怨。

3. 服务性公关

即以为社会公众提供各种优质服务的实际行动来树立企业的良好社会形象的公共关系活动。具体服务方式包括销售服务、技术服务、知识服务、饮食服务、娱乐服务、咨询服务等许多种类。若把服务性公关活动和本企业的人员推销、广告和营业推广等配合起来，就能向本企业的公众提供统一的、富有说服力的信息，取得良好的效果。

4. 社会性公关

即通过社会性或公益性的活动为企业树立声誉的一类公共关系活动。如与其他社会组织、供应商、中间商和具有某种社会影响的人士建立公开的社会联系，向他们介绍本企业的业绩和所处的环境的情况，说明企业可提供的帮助和作出的贡献等；也可以搞一些庆典活动、大型仪式、社会赞助；与新闻媒介联合组织的会演、竞赛和评奖活动等。

5. 咨询性公关

即建立与顾客的联系制度，答复顾客对本企业各方面的咨询，通过收集信息，为企业决策服务的一类公共关系活动。具体方式包括：民意测验，出访重点顾客，开展信息征集活动，组织职工提合理化建议，建立公共信访制度，设立公共监督电话等。

根据企业不同需要，营销负责人可以灵活使用这些公关手段，以期达到最佳效果。

明确目标，有序进行公关活动

【科特勒微语录】

公关活动尽管在促销组合中属于次要因素，但一个明智的企业会有步骤地来管理与它有关的关键公众关系。大多数企业有一个公关部门专门策划它们的关系。

——科特勒《营销管理》

【活学活用】

公共关系的好坏直接影响着一个企业的形象，在顾客心中，一个高度负责的企业形象更容易赢得顾客的信赖，一个具有创新精神的企业形象更容易赢得青年顾客的青睐，可见，不同的企业形象会对顾客产生不同的影响，所以，企业想要通过公关提升企业形象，吸引目标顾客的关注，就要建立一套公关策略，明确公关目标，有步骤地实施，以便达到良好的公关效果。

暖倍儿内衣为了宣传产品，提升企业知名度，特别赞助了中国“慰问奥巴马奶奶代表团”，该团成员在肯尼亚时间2008年12月24日上午，到达奥巴马父亲的故乡肯尼亚盖络克村，向87岁高龄的奥巴马奶奶萨拉·胡赛因·奥巴马送上了圣诞礼物——中国暖倍儿内衣。

这次赞助的缘由是奥巴马奶奶收养了82个孤儿，为了表达中国人民的感动之情，暖倍儿内衣万里送礼。

而2009年1月初就是奥巴马的就职典礼，在这个时机，暖倍儿内衣的奥巴马奶奶圣诞礼物万里大赠送，其公关炒作目的不言而喻。通过这样有序进行，暖倍儿内衣品牌广受人们关注。

爱国者赞助《大国崛起》启动全国营销风暴。《大国崛起》将视线集中在各国崛起的历史阶段，追寻其成为世界大国的足迹，探究其崛起的主要原因，对于中国的崛起有很着深远的启示而中央台播出的每集节目出现的“爱国者特约，大国崛起”的字幕，同时画外音道白：“爱国者为中国经济助力、为国家崛起奋进！”这样的宣言震撼了每一位中华民族的拥护者，也极大地提升了爱国者的品牌形象。

可见，无论是暖倍儿还是爱国者，为了提升自己的品牌，他们不遗余力地开展各种活动，塑造自己良好的形象，提升产品价值。当然，还有些企业在危急时刻，敢于承担责任，直面危机的公关，也让其赢得了让人信赖的形象。虽然它们有着各自不同的公关目的，但它们在实行公关活动时，主要按照以下步骤来实施。

1. 开展调查

在进行公关之前，一定要先进行调查，调查目标市场中公众对企业形象的评价，分析企业和产品在公众心中的形象和知名度，从中发现不利于企业形象的问题。如果企业认为这个调查活动很大，自身能力、物力缺乏，为了保证调查结果的客观、准确，可以邀请专门公共关系咨询企业或者调研机构合作完成。

2. 确定目标，制订计划

这是指通过调查后发现的问题，以及企业未来想要塑造的形象，来确定一个公关目标。然后，根据产品特点、企业自身情况，以及目标顾客群的喜好来订立一个周密的公关计划，以便通过计划达到公关目的。

在恰逢中国政府纪念郑和600周年之际，波音777-200LR作为目前航程最远的民用飞机，也正在进行着环球飞行的首航。本来首航活动没有中国站，但波音公关部门考虑到中国这个大市场，为了迎合中国市场，他们把这架飞机送到中国来，命名为“郑和号”，参加郑和下西洋600周年的纪念活动。郑和宝船和波音的民用飞机都是它们所处时代最先进和最方便的交通工具，郑和的和平探索精神与波音的品牌理念“探索无止境”也有高度的一致性。这次波音“郑和号”活动不仅宣传了品牌，还加深了波音与相关政府部门的合作与友好关系，成功地协调和满足了各方需求，为其进入中国市场打开了方便之门。

3. 信息沟通和计划实施

公关计划能够有效地实施，需要与策划、营销和活动单位等各方面进行有效地沟通与合作，通过通力合作实现公关活动的成功，所以，良好的沟通是必须的。另外，公关要与公众建立起一个良好的沟通平台，比如，告诉公众自己的活动，告诉公众自己开展活动的目的，邀请公众监督，实现公众与企业的有效沟通，避免对企业造成误解，这对公众了解企业，认可企业形象打下了坚实的基础。

正确使用各种公关手段和载体

【科特勒微语录】

我认为公关是一支笔。如果你有公开的出版物，你可以做一系列的文章。你还可以多使用一些这样的方法，比如，每年赞助一些活动；利用新闻，参与一些社会支持活动，游说，社会投资，包括参与研究机构活动，等等。这些都是非常好的方法。

——科特勒答记者问

【活学活用】

公关活动是一项非常有创造性的工作，它可以利用现有各种工具，采取各种手段开展公关，让策划人充分发挥想象力和创造力。现在，公共活动主要采取以下一些工具和手段。

1. 利用广告公关

企业通过广告不仅可以提高知名度，而且可以塑造企业的风格和形象。公共关系广告与产品广告侧重服务和产品的不同销售点，它侧重于企业在社会上的地位和形象，注重与公众进行情感交流，引发公众的好感达到公关的目的。

公共关系广告的内容多种多样。

（1）宣传企业精神。企业的公共关系广告首先要符合企业经营理念，体现企业精神，反映企业文化。例如，TCL集团的经营理念是"为顾客创造价值"；芬兰移动通信巨头诺基亚的经营理念是"科技以人为本"。

（2）宣传企业标志。企业标志是企业视觉识别系统的组成部分，如企业名称、品牌名称、象征性图案、宣传口号等。宣传企业标志，能让人们看到标志就想到企业形象。

（3）利用公共关系解决商业危机。由于突发事件导致的商业危机具有时间紧、来势凶的特点，稍不小心很可能使事业毁于一旦。如果企业妥善利用公共关系广告，快速给公众一个合理的答复，能够帮助企业迅速走出困境。

2. 新闻媒介的报道

企业应努力争取新闻界（包括报纸、大众刊物、专业刊物、电视、广播等）对自己的支持，充分利用新闻媒介及时对产品作宣传报道，这要比出资做广告的效果好得多。

但是，新闻媒介既可以把你捧上天，又可以把你打入地狱。所以，企业领导和公共关系人员要熟悉新闻工作的规律，如新闻工作的职业特点和规则，各种新闻媒介的背景、风格及其拥有的读者群、听众、观众层面等。还要注意处理好与新闻界的关系，坦诚合作，主动提供方便。如经常向新闻界提供新闻稿，重大事件举办记者招待会，向新闻界分发企业刊物、宣传小册子等，以便以最快的速度将企业内部的信息扩散到新闻界，利用新闻媒介形成有利于企业的社会舆论。最后，要遵守新闻职业道德。企业在与新闻媒介打交道时，切忌用不正当的手段走后门，拉关系，要求记者撰写有利于自己而有损于竞争对手的报道，以免适得其反。

利用新闻媒介树立领导者形象，也是企业公关的重要内容。企业公共关系人员应帮助领导做好以下准备：

（1）明确采访的目的。一般来说，应达到树立企业形象、博取公众的好感和推销企业产品的效果。

（2）模拟练习。利用录像、录音等方式，同时准备一些记者可能提到的问题，学会公众演讲和电视会见技巧。

（3）注意公众形象。注意自己的穿着得体、举止自然大方、面部表情亲切、接受采访时姿势端正灵活、眼神从容。

（4）掌握语言技巧。帮助领导把握谈话内容的重点、语言的详略、语调的平稳等。

3. 举办各种招待会、座谈会、联谊会、茶话会、接待和专访等社交活动

近年来，很多企业都开展了丰富多彩的交际性公共关系活动，成立了企业家俱乐部、企业联谊会、企业家文化沙龙等。这类公共关系活动具有直接性、灵活性和人情味等特点，能使人际间的关系进入“情感”的层次，因而在公共关系活动中得到广泛的应用。

4. 提供各种优惠服务

如企业开展售后服务、咨询服务、维修技术培训等，以行动证实企业对顾客的诚意。这类公共关系活动被称为“实惠公关”，容易获得顾客的理解和好感。

5. 开展公益性的社会活动

这种公共关系活动突出了公益性、文化性，着眼于企业整体形象和长远利益。

6. 企业的展销会、展览会

展销会和展览会是企业扩大其对外影响的窗口和机会。这种场合除了提供优质的产品，尽力获得销售和利润外，还应抓住机遇，营造富有特色的舒适环境，提供彬彬有礼的服务和严谨周到的安排，赠送广告小礼品，介绍非商品方面的有关情况等，这些都能为企业塑造良好的形象创造条件。

另外，公共关系活动是针对目标公众而进行的信息传播和人际沟通，要想使发出的信息全部或大部分为目标公众所接收，就需要选择目标公众所惯用的传播工具来传播信息。公共关系活动中主要运用大众传播媒介、人际传播媒介和综合性媒介等传播形式。

（1）大众传播媒介方式是指通过报纸、杂志、广播、电视电影等向数量众多的人提供信息的过程。其特点是受众极其广泛，影响巨大，带有一定的权威性。

（2）人际传播媒介方式是指个人与个人或少数人之间较为直接的信息传递

过程，如面谈、演讲、开会、写信、打电话等。其特点是富有人情味，易于接受，反馈及时。

（3）综合性媒介方式丰富多彩，可视具体情况予以灵活运用。其特点是容易产生轰动效应，传播和感染的速度快，使目标公众有亲身的参与感，使用时如果与其他方式配合效果更佳。

危机公关挽回企业形象

【科特勒微语录】

企业除了要问“我们怎样接触到顾客”外，还要问“怎样使顾客接触到我们”。

——科特勒《营销管理》

【活学活用】

企业在发展过程中不可避免会出现一些问题，比如，因为一时疏忽，某批产品不合格，造成信誉损害或者有对产品的谣言或者有污蔑产品情况。这样的危机常常突然发生，让企业措手不及，这样的突发事情，也是最能考验企业公关的时刻。

在遇到这样的问题时，首先，企业要勇敢地面对问题而不是逃避问题。事实上，随着传媒产业的日益发达，任何隐瞒和逃避的想法都是行不通的。之后，企业应该对问题进行详细的调查，看其是什么性质的危机事件。总之，实事求是地面对问题、解决问题，一是一，二是二，有问题就承认问题，是自己的错就要承担责任。既不要刻意隐瞒什么，也不要试图逃避责任，更不可以编造谎言欺骗顾客和媒体。为社会和顾客提供有价值的产品，维护顾客生命尊严，促进社会健康发展，不仅仅是每个公民的责任，也是每个企业的责任。否则，就是把顾客和媒体推向自己的对立面，激化矛盾，加重危机。

丰田汽车出现问题后，为了挽回企业形象，企业总裁丰田章男去世界各大市场进行危机公关，来到中国后，丰田章男就召回事件举行了说明会。会上就丰田产品召回的原因和处理方式作出说明，并坚持2010年丰田在华计划销量80万辆的目标不下调。次日，丰田章男与中国国家质检总局的官员会面，就丰田汽车召回问题进行直接政府公关，试图早日化解在华的召回风波。

丰田对“召回门”采取了主动道歉，承担责任，接受批评并承诺改善车辆安全性能，以挽回顾客信心，借此化解外界的不满情绪和敌意。尽管最近丰田问题频出，顾客对丰田汽车信任度有所下降，但其采取的危机公关策略，值得中国企业学习。

当然，如果问题不是处在企业自身，而纯粹是外界的诬陷或不实反映，那么，企业也不能就此罢休，而要寻根究底，一查到底，绝不含糊。

1994年6月9日，美国华盛顿有人声称在百事可乐易拉罐内发现注射器针头和注射器，类似的投诉迅速在美国19个州蔓延开来，这对百事可乐来说是一个关系到生死存亡的危机事件。百事可乐开始时断然否认，但未能消除大众的疑虑。然后百事可乐准备了装罐过程的录像，6月15日在6个新闻节目中播放了录像带，让顾客亲眼目睹在装罐过程中不可能插入注射器的事实。随后，在联邦调查局的协助下抓获了肇事的案犯。随后企业又在广播电视节目里报道了作案者的动机和经过，最终打消了顾客的顾虑。

总之，面对企业突发的各种危机，危机公关要抱着对顾客负责的态度，认真追查事件，给企业、给顾客一个交代，这样的企业才会赢得顾客的高度信任。

参与公益活动，塑造企业正面形象

【科特勒微语录】

公关也曾被称为公众宣传，公众宣传的任务是抓住教育空间（不付费的）

在各种印刷品和广播媒体上促销或称赞某个产品、服务、创意、个人、组织。

——科特勒《营销管理》

【活学活用】

管理大师德鲁克曾经就企业责任问题，着重单列出来说明。德鲁克认为企业能够在自己的发展壮大过程中，不忘承担起社会责任，不忘回馈社会，是企业良性发展的保证。而树立企业负责任的形象方法有很多种，其中参与公益活动就是一种。

公益活动是奉献爱心的活动，多参加公益活动能够使企业赢得政府、社会及相关公众的支持，自然树立了企业良好的社会形象。

比如，安利进入中国市场并不顺利，曾一度被人们认为是传销组织，其这种新鲜的直销模式也让中国顾客嗤之以鼻，因为在他们的思想里，上门推销的产品通常质量不高，虽然它在中国市场遭遇了种种困难，但安利始终坚持不懈地努力开拓自己的市场，随着人们生活水平的提高，安利过硬的产品质量，终于逐渐赢得了一部分中国顾客的认可。近些年来，安利加大在广告上的投入，比如，安利纽崔莱、维C等产品都以促进人们身体健康的产品形象出现。同时，安利还举行了大型的全民运动会，倡导健康、运动，很好地塑造了企业绿色、健康形象，这些公关活动和广告极大地扭转了广大中国顾客对安利的认识，现在，人们一提到安利产品，脑海中产生的是质量有保障，为百姓健康服务的良好企业形象。

可见，公益活动以关心人们的生活为切入点，通过展开各种活动，塑造企业乐善好施的亲切形象，拉近了与顾客之间的距离，获得良好的口碑。

企业参加公益活动，为自己树立了良好的形象，并且参与这些公益活动，成本也并不会多多少，有时甚至比做广告要节省，但其所产生的社会影响却都是正面的。所以，企业在公关计划方面，不要忘记参加一些公益活动，提升自己的企业形象。比如，结合企业本身的主要节日，以庆典或纪念活动的形式扩大影响；还可结合企业的情况，举办各种有文化含义的专题活动；此外，各类赞助活动更是深受欢迎，赞助教育事业，如资助希望工程，建立希望小学，设立教育基金会、奖学金、奖教金、研究基金等；赞助体育运动、文化娱乐活动，如赞助有特殊意义的录像带、电视片、纪录电影等；赞助社会慈善和福利事业，如扶贫工程、残疾儿童福利院等；还可以赞助职业奖励、竞赛活动等。

第19章 直复营销与顾客一对一沟通

直复营销让沟通更直接简单

【科特勒微语录】

直复营销包括与仔细定位的个体顾客实现直接沟通以得到立即答复并培养持久的往来关系。直复营销员在一对一互动的基础上直接与顾客交流。

——科特勒《市场营销教程》

【活学活用】

现今，人们更加追求个性化的产品和服务，不太愿意接受与别人一样的产品和服务。受人们对产品的信任度普遍下降等因素影响，导致大量营销的时代逐步衰败，而直复营销则由于适应了这一发展需要而诞生并以其强大的生命力和适应性迅速席卷所有西方国家，掀起了一场21世纪的营销革命。

直复营销，是以营利为目标，通过个性化的沟通媒介来向目标市场成员发布发盘信息，以寻求对方直接回应或询问的社会管理过程。虽然它与其他营销方式都在致力于劝说顾客购买其产品或服务，但直复营销的特殊之处在于其针对个体单独沟通。

与传统营销方式相比较，直复营销有很多优势，如直复营销减少了销售环节，将产品直接送到顾客手中，大大降低了成本，产品价格自然更加物美价廉；直复营销服务到家，顾客足不出户就可以购买到满意的产品，对于顾客来说非常方便；直复营销顺应了顾客个性化需求，可以为每位顾客量身定制特别的产品；直复营销不需要多少广告成本，就能绑定很多顾客，等等。这些传统营销无法做到的优势，让直复营销不断发展，随着互联网信息技术的普及，直复营销有了更多的营销方式，更容易接触顾客，更快捷地满足顾客需求。直复营销也就拥有了更大的发展空间。现在使用直复营销的企业越来越多，比如，荷兰的CENDRIS就是其中一个。

在荷兰，每年有10%的居民要搬家。搬家之后的居民希望能够通知银行、电信、保险、电力等企业自己的新地址，而这些企业也希望得到居民的新家庭地址。TPG旗下的CENDRIS就从中找到了商机，企业专门设立了用来搬家的红色封面小册子，当居民到市政厅申请搬家时，他们就会收到CENDRIS的小册子，上面写有搬家的信息，还有上百家企业的选项，选择告诉哪些企业自己的搬家信息。而CENDRIS向每家企业收取0.5欧元/每户的费用。

居民凭着这个小册子，就可以重新收到各种单据，而银行、电信、保险、电力等企业也获得了新的信息。

通过CENDRIS的经营状况，可以发现这种全新的营销模式，最大化地减少了企业经营成本，却能有针对性地锁定每一个目标顾客，通过点对点的沟通与服务，能够更好地赢得顾客的信赖，获得顾客的认可，经营业绩也就会更好。所以，企业都可以尝试使用这种营销模式，实现飞速发展。

另外，这种支付营销模式又分为很多种类型，企业可以根据自身情况，酌情使用适合的类型发展。随着网络技术的发展，使用电子制作目录，更加方便快捷。

人员推销，实现面对面沟通

【科特勒微语录】

人员推销就是营销人员直接面对面地与顾客进行沟通，向顾客销售产品并与顾客建立良好的关系。

——科特勒《市场营销原理》

【活学活用】

人员推销是指企业派出销售人员亲自向目标顾客对产品进行介绍、推广、宣传与销售，是与顾客面对面的口头洽谈交易的一种促销方式。具体而言，人员推销的任务包括在营业场所接受订单、上门征订、建立信誉、培养现有或潜在顾客、充当技术顾问、运送产品等。

人员推销必须依靠推销人员来完成。企业可以建立自己的推销组织，使用本企业的销售人员来推销产品，也可以与其他推销组织合作，如销售代理商、经纪人等。推销人员直接面对广大顾客群，是连接生产者和顾客的桥梁和纽带。他们的主要工作就是寻求顾客、沟通技术和服务信息、提供便利服务、销售产品、收集市场状况资料等。推销人员的工作直接关系到人员推销活动的成败，关系到企业生产和经营的好坏。

人员推销是一种双向沟通。人员推销通常是和顾客面对面地进行交易商谈，具有交流充分、服务方式灵活、适应性强、弹性大、效果明显等优点。即使是在通信手段日益先进的现代，人员推销与其他促销方式相比仍然具有不可替代的作用。通常一些没有多少购买意向的顾客，通过与推销员沟通会发现自己对产品的需求，改变主意购买产品，这也是推销员的一项很重要的技能。日本销售界有名的柴田和子就是一个善于说服顾客的优秀推销员。

柴田和子在一次拜访的过程中，认识了一对年轻的夫妇，这对夫妇有一定的保险意识，但他们总是说养老问题可以留给自己的孩子来负担。

柴田和子对他们说："现在是什么时代了，养儿防老的观念已经过时了，更何况现代社会慢慢走向老龄化，目前是平均七个人供养一个老人，以后就是平均三个人供养一个老人，这对年轻人来说，将是很大的负担，这样你们的老年生活质量也会下降。"

客户："你说得真的很有道理，容我们再考虑考虑吧。"

柴田和子："光是孩子的教育费，每个月都得花10万日元以上，你们只要每个月各投保5万日元就能为自己购买终身保险和年金保险，两位合起来也就只有10万日元而已，就当做两位在付孩子的教育费吧。"

年轻的先生再次对柴田和子说："你说得有道理，我们考虑清楚后就答复你。"

柴田见时机成熟，便趁热打铁，马上说："正所谓有备无患。孩子大了以后，我们所依靠的就只有钱了。现在我们有一种'头金制度'，如果一次缴了头金，以后每个月的保费负担就很少了，如果用银行自动划拨，还可以更便宜。"

"怎么样，不用再考虑了，现在就决定吧!"

客户："行，那我们买吧。"

当然，说服潜在顾客购买产品还有很多技巧，只要推销员努力实践总结，会逐渐提高技能的。而人员推销的优势是目录营销、网络营销、电视营销、电话营销等无法比的。推销员的主观能动性决定着企业销售业绩。一个优秀的推销员在与老顾客沟通过程中，还能发展新顾客。他们更了解顾客的需求，也了解企业的产品，能够帮助顾客选择到适合的产品，提高顾客满意度。另外，通过一个推销员的努力，他可能会创造出很大的价值，创造很高的业绩。比如，有的企业仅依靠一两个主力推销员就能养活整个企业的情况有很多。还有就是，推销员能够为顾客提供满意周到的服务，在与顾客互动中能够与顾客建立良好的友谊关系，通过情感来留住更多的老顾客。

但是这种营销方式要求企业要发给推销员工资，这样成本就会增加。但是，如果企业能够充分调动起推销员工作的积极性，那么，推销在短时间内创造巨大收益的效果也是其他营销方式所无法比拟的。所以，人员推销的销量有很大的不确定性，需要企业制定积极有效的措施，提高销售人员的工作积极性。

直邮营销提高效率

【科特勒微语录】

直邮就是指企业在分析顾客需求的基础上，将自身产品、企业等相关信息以邮寄的方式送到目标顾客手中的一种精准的营销方式。

——科特勒《市场营销教程》

【活学活用】

直邮营销这种营销方式能够做到对顾客精准分类、定向传播，具有保密效果好且成本低廉，实名投递，增强关注度和强化记忆力，以及更灵活自主的执行方式等特点。随着现代经济的发展，人们对信息传递的准确性和有效性的要求越来越高，越来越多的广告商也希望提高广告投放的反馈率，希望能够有针对性地对顾客或企业厂商直接投放广告，增加交易量。所以，直邮这种方式已经越来越为企业所青睐。

麦考林就是采用直线职能组织结构，其所有的产品都是通过直邮来销售的，企业也以邮购而闻名于世。麦考林邮购的具体操作程序就是将四本精心设计的产品目录梵庭诗、欧风世家、健康美丽和宠物宝贝邮寄给顾客，通过其中详细的图示和文案来介绍产品，引起顾客的兴趣，促使顾客拨打热线下订单，经过确认之后，再将其所订购的产品在规定期限内送到顾客所在地，货到付款，完成销售。麦考林邮购的业务量占据总业务量的绝大部分。可以说，邮购是麦考林在中国直复营销的根本，邮购销售策略的成败直接关系到企业的整体业绩。

当然，所邮寄的内容不仅仅是介绍产品的目录，还可以是一些优惠赠券，或者是单张宣传企业形象和劳务的海报，总之是一些能够给顾客留下深刻印象，能提升企业形象或吸引顾客购买产品的物件。在传递方式上，可以是通过邮政机构送达顾客手中，也可以将介绍内容作为报刊的夹页随报纸、杂志投递到读者手中。另外，企业也可以专门派人送到直接或潜在的目标顾客手中。

当然，根据不同的顾客就要选择不同的内容以及不同的方式来进行。如果是销售生活用品的厂家，就可以将制作精美的介绍产品促销活动的海报投递给目标顾客群，因为这部分人群是最终购买者，他们通常购买得比较零散，且喜欢打折的商品，搞活动常常吸引这些顾客购买产品。然后把产品目录可以通过电子邮件的方式投递到各地的经销商手中，因为对于经销商，他们要选购产品的量比较大，他们一般不会被漂亮的海报所吸引，而是直接根据所列产品的种类以及价格来选择购买哪些产品。所以，最好给他们大的目录单，让他们选购。

不同的直复营销类型适合于不同的企业，像直邮营销特别适合于商场、超市、商业连锁、餐饮连锁、各种专卖店、电视购物、网上购物、电话购物等各类卖场和虚拟卖场，也非常适合于其他行业相关产品的市场推广。

总之，邮购方式能够直接将企业的产品送到目标顾客手中，很有针对性，大大降低广告宣传等成本，很实用。

目录营销，给顾客足够多选择

【科特勒微语录】

目录营销是一种直销方式，它通过给目标顾客邮寄印刷品、录像、电子目录等资料实现销售。科技的进步和直接化、个人化营销的日益发展，目录营销带给顾客更多全新的体验，随着互联网的高速发展，越来越多电子化目录传递到了千家万户。

——科特勒《市场营销教程》

【活学活用】

严格意义上说，目录并不是一种独立的直复营销媒介，它只是直邮营销的一种特有形式。通过发给目标顾客关于介绍产品、企业以及促销活动的小册子，顾客能够更清晰地了解企业，了解企业生产的产品，并能在众多供选择的产品中，经过细心选择，找到适合自己的产品。

目录营销策略也是家居巨头宜家的重要营销手段，他们认为向锁定的顾客群散发目录手册，远比铺天盖地的广告要廉价和有效得多。所以，自从1999年，宜家试探性地印刷了一本32页的产品目录小册子后，宜家就深深喜欢上这种营销方式。

在与中国当地竞争对手争夺顾客的时候，宜家努力降低成本并不断扩展在华业务，同时，将很多产品的价格降到最低，宜家的产品目录上有一处是专门介绍降价促销产品的。这对宜家争夺顾客群，有效开展促销活动，起到了很好的辅助作用。

随着宜家在中国的发展，宜家又推出五本新品手册。《美好家居指南》五本手册亮点各有侧重，风格也颇为鲜明。这样，宜家不仅通过目录营销促进了销售，还通过这一精美的目录手册进一步巩固了宜家品牌形象，提升了品牌美誉度和顾客忠诚度。

另外，宜家目录手册通过降低厚度，增加印刷册数，以保证让更多的顾客看到宜家目录，使宜家的更多目标顾客拥有这本小册子。

目前的宜家目录手册已经演变成了时尚生活价值观念的演绎者和记录者，未来，随着企业发展目标的转变，宜家目录还将不断调整内容和版式，调整册数，吸引顾客来宜家选购产品。

可见，一本目录不仅仅有宣传促销的作用，还代表了企业的形象和文化，如果某企业的目录能够让大多数顾客看到后就光顾这家企业，那么，小小的手册就成了企业的品牌。如果能做到这样，企业定然蓬勃发展。

总之，不要忽略这个小册子，顾客通过阅读小册子会对企业及产品留下一定的印象，如此反复，就能很快了解企业，那么，购买该企业产品的概率也就大很多。而且目录营销很有针对性，能够针对目标顾客进行分发，有效地降低了营销的盲目性，节约了广告成本。所以，目录营销也值得企业试用，特别是对那些产品品种丰富的企业，送顾客一个目录能让顾客轻松看到所有产品，这也增加了其购买的可能性。

网络营销成为直销新主力

【科特勒微语录】

互联网技术给营销实践带来了很多影响。现在，越来越多的企业开始利用互联网进行营销。

——科特勒《科特勒（中国）战略营销年会》

【活学活用】

在直复营销理论中，“直”是指不通过中间分销渠道而直接通过网络媒介连接企业和顾客。“复”是指企业与顾客之间的交互，顾客对企业的营销努力有明确的回应，从而企业可以通过统计分析这方面的信息对以往的营销努力作出评价和改进。网络的出现为企业和顾客提供了直接交互式营销新渠道，企业和顾客可以直接在网络上展开交互式营销活动，使得营销具有可测试性、可度量性和及时改进等特点，随着网络的普及，在网络上的直销方式越来越被人们看好。

从理论上讲，在网络上可以营销任何产品，但由于现阶段受各种因素的影响，网络还不能满足这一要求。一般而言，适合在网络上销售的产品通常具有下述部分或全部特性：

（1）具有高科技感或与电脑相关；

（2）以网络族群为目标市场；

（3）市场需要涵盖较大的地理范围；

（4）不太容易设店贩卖的特殊商品；

（5）网络上销售的费用远低于其他的渠道；

（6）顾客可经由网络上信息，即作出购买决策的产品；

（7）通过网络可以得到其信息，提高顾客购买信心的商品。

为了与顾客在网络上实现更有效的沟通，企业可以采取以下一些手段：

（1）利用电子布告栏或电子邮件提供网络售后服务或与顾客做双向沟通。

（2）提供顾客与顾客、顾客与企业在网络上的共同讨论区，可借此了解顾客需求、市场趋势等，以作为企业改进产品开发的参考。

（3）提供网络自动服务系统，可依据顾客需求，自动在适当时机经由网络提供有关产品与服务的信息，如汽车商在网络上提醒顾客有关定期保养通知，花店提醒顾客有关家人生日时间，银行提醒顾客定期存款快到期，教师提醒学生考试日期与应做的准备等。

（4）企业各部门人员可经由网络进行网上研发讨论，将有关产品或雏形在网络上公告，以引发全球各地有关人员的充分讨论。

（5）在网络上提供与产品相关的专业知识以进一步为顾客服务。此举不但可增加产品的价值，同时也可提升企业形象。比如，花店提供有关养花与送花的知识，汽车商提供汽车保养常识，厨具商提供烹饪的知识。

（6）开发电子书报、电子杂志、电子资料库、电子游戏等信息化产品，并经由网络提供物美价廉的全球服务。

（7）可利用顾客在网络上设计产品需求，提供个性化的产品与服务。例如，可在网络上选择服装式样与花色的组合，购车者可在网络上决定所需的颜色与配件等。

（8）通过网络对顾客进行意见调查，以了解顾客对于产品特性、品质、包装及式样等的意见，协助产品的研发与改进。

通过如此有效的沟通与市场调查，企业能够更好地、更有针对性地制作出产品为顾客服务。

另外，通过网络营销，企业可以以不多的成本维护顾客，提高顾客的忠诚度。维护顾客忠诚度的方法主要有：

（1）提供FAQ，即常见问题解答。给顾客客观、可靠的建议，培养其对商家的依赖心理。

（2）答疑解惑，解决一些较为深入的问题，如故障排除、产品鉴别等。

（3）营造自己的电子邮件群组。

在网络广告宣传上，有以下一些途径供参考：

（1）主页形式。建立自己的主页，这不但是一种企业形象的树立，也是宣传产品的良好工具。其他的网络广告形式，无论是黄页、工业名录、免费的网络服务广告，还是网络报纸、新闻组，都是提供了一种快速链接至企业主页的形式，所以说，在网络上做广告，建立企业的Web主页是最根本的。

（2）专类产品销售网。这是一种专类产品直接在网络上进行销售的方式。现在有越来越多这样的网络出现，著名的如AutomobileBuyer's Network、Auto Bytel等，汽车商只要在网络上注册，那么他所销售的汽车细节就进入了网络的数据库中，也就有可能被顾客查询到。

（3）免费的网络服务。在网络上有许多免费的服务，如国外的bigfoot.com和国内的www.163.com等，它能帮助企业将广告主动送至使用该免费E-mail服务，又想查询此方面内容的用户手中。此种方式主动性强、统计性好、有较好的针对性。

（4）黄页形式。有一些专门的用来查询检索服务的网络服务商的站点，如Yahoo、Infoseek、Excite等。这些站点就如同电话黄页一样，按类别划分便于用户进行站点的查询。在其页面上，都会留出一定的位置给企业做广告。在这些页面上做广告的好处是针对性好、醒目，处于页面的明显处，较易为正在查询相关问题的顾客所注意，容易成为顾客浏览的首选。

（5）企业名录。一些网络服务提供者或政府机构会将一些企业信息融入他们的主页中。

（6）网络报纸或杂志。通过网络杂志或报纸上做广告。

（7）新闻组。新闻组与公告牌相似，人人都可以订阅它，成为新闻组的一员。成员可以在其上阅读大量的公告，也可以发表自己的公告，或者回复他人的公告。企业可选择在与本企业产品相关的新闻组上发表自己的公告。

在以上几种通过网络做广告的方式中，一般以第一种即企业主页方式为主，其他为辅，但这并不意味着企业只应取第一种而放弃其他。

还应强调的是，企业在投放网络广告前，一定要选择浏览人次多、读者范围广、反馈信息快的网站，这样才能更好地保证网络广告的宣传效果。

总之，企业可以通过网络直销与顾客实现一对一的沟通，将产品直接销售给目标顾客，更便利而快捷地扩大顾客群。网络资源非常丰富，企业应该多开发网络资源，以便赢得更多网络顾客群。

电话营销近距离接近顾客

【科特勒微语录】

电话营销就是利用电话直接向顾客销售商品，它已成为主要的直销宣传手段。

——科特勒《市场营销教程》

【活学活用】

对善于利用电话的销售人员而言，电话是一项犀利的“武器”，因为电话没有界限、节省时间、经济，同时电话营销比面对面直接营销在一小时内能接触更多的顾客。认识人是一个长期的过程，没有谁生下来就有许多的朋友。首先是使用电话，利用电话簿，每天不停地拨电话，一般每天三个小时左右，企业就会逐渐积累很多顾客。

但是，现在人们越来越反感有人打电话推销产品，为了避免吃闭门羹，赢得更多与潜在顾客交流的机会，销售人员要注意学习一些接近顾客的技巧。

1. 准备要充分

打电话找生意，好像上战场一样，越有准备，越有结果。要如何准备呢？一是将准备拨电话给某人要说的资料准备妥当。打完电话之后，将谈话的资料记下，如顾客刚刚患了感冒，嗓子沙哑了，或者情绪不好等，方便他日倾谈之用，如果你能够巧妙地提及客户的往事，他一定会视你为知己。二是将所有打电话时要用的文具准备妥当，方便随时应用，如一支签字笔，一本笔记本，用来记下顾客的资料，甚至一份教你打电话的说话次序的资料。对于第一次接触的，在未念熟对白时，是很难开口的。如果照着事先写好的文字读，便比较方便一些。在单独进行打电话这个步骤时，要有耐心，因为任何一个外人，都会令你紧张和分心，切勿让旁观者打扰你。三是挑选适当的时间去找顾客。四是要有准备。将要说的内容操练纯熟，直到掌握气氛，投入自己的情绪，说话才可以产生效力。如果只是照本宣读，便会失去一种感情，很难打动别人。五是订立一个工作时间表：每个电话时间，以不超过3分钟为限，每天拨电话时间总和以两小时为限。如果工作过长的话，自己的嘴巴会疲累，口舌打结，反应迟钝。通常前面半个小时比较生疏，慢慢才能进入状态。

2. 要利用适当的工作时间

针对不同的顾客需要在不同的时间打电话，比如，会计师最忙是月头和月尾，不宜接触；医生最忙是上午，下午比较空闲；行政人员上午10点半到下午3点最忙；股票行业人员最忙是开市的时间；银行职员上午10点前下午4点后最忙；公务员最适合的时间是上班时间，但不要在午饭前后和下班前；教师最好是放学的时候；主妇最好是早上10点至11点；忙碌的高层人士，最好是早上8点前，即秘书上班之前；成功人士多数是提早上班，晚上也比较晚下班。通过对这些不同顾客忙闲规律的总结，销售人员就可以在他闲下来的时候打电话，这样能增加与顾客交流的可能。

3. 不要在电话里谈的事情

第一，不要在电话里介绍产品，更不能向顾客介绍产品的效果。一定要保持神秘感，见面再谈，千万不能在电话里说得太详细。越是神秘越能吊起顾客的胃口。第二，不要在电话里分析市场大势，如讨论其他企业经营状况，更不要在电话里进行批评，无论是优点还是缺点，都避免在电话里提及。第三，千万不要和顾客发生争执，更不要教人做事。第四，千万不要谈得太多，更不要在电话里口若悬河地演说。谈得太多是销售人员的大忌，如果你在电话里什么都讲清楚了，顾客还想见你吗？

其实，打电话的目的就是要找一个见面的机会。顾客答应的话，及时确定见面的时间和地点。挂断之前，再重复时间和地点，准备确认。

4. 要注意说话的态度

一是语速适中，口齿清楚、清晰。你自己自然知道你在说什么，但是对方明白吗？电话的作用不是让你自言自语，是要求互相沟通的，你自己是专家，别人是第一次接触，太快太急是没有结果的。二是要慢慢练习出一种风格。你试过朗诵没有？当你初次念一篇文章时，感觉到生硬，但念了几十遍之后，你便掌握其神韵，这就是熟能生巧的道理。三是要热情。作为一个销售人员，目的是给别人介绍一套好的方法，为了这个目标要努力工作，如果你自己没有因满意而产生的感受，说话便欠缺了一种诚恳力。所以，你想成功，便要通过诚恳、热情的话语去感染对方。四是说话要充满笑意。当你开口的时候，要含有笑意。笑声是能感染的，对方要见的是一个开心的人，不是要花钱买罪受。五是打电话的时间是正规的工作时间，切勿在打电话时吃东西，甚至吸烟。因为有时赶着吸一口烟而影响发音。对方发现你很随意，就会不尊重你。六是坐姿要正确，不要东倒西歪摇摇晃晃。试着让同事演示给你听一下，你肯定能感受到对方的状态。摇晃着发出的声音和坐好了发出的声音是不一样的。

5. 要闯过对方秘书关

打电话找顾客的技术，要做到好像是熟人找朋友一样。秘书小姐是很精明的，当她知道你是销售人员的话，她会委婉地说："他正在开会……"如何闯过秘书这一关呢？说话方面，要露出一点老友的亲密态度，如果你说："麻烦请找李志文先生！"秘书肯定知道你是外人，如果你说："接李志文！"或"老李在吗？"秘书可能反应慢，便将电话接过去了。其实，什么"开会""正在见客""赴约"之类，多数是挡箭牌罢了。秘书小姐的洞悉能力，往往只是根据最初的两三句话，如果你能够将说话变成好像太太找丈夫一般亲密自然的话，秘书小姐肯定会毫不犹豫地将电话转接过去。如果你直接和顾客联络，他的回答是"是"或"不"，但秘书小姐是受命说"不"的人。不过，切勿欺骗对方。当秘书小姐问你是否是朋友时，不要贸然回答"是"，因为当对方接上电话问你一些背景时，便会很容易发觉你是冒充的。这个时候，对方就会产生抵触心理，更别提你所说的销售事项了。另一个要避讳的方法是切勿在半小时之内，连续找同一个企业的职员。比如，甲君听完你的电话之后，他会很自然地向同事说："又是销售人员。"他的同事便有所警觉，碰上销售人员的电话时，会立即说"不"字，虽然他心里想购买你的东西，或者肯和你见面，但碍于旁边的甲君拒绝了你，他又怎么可以说"是"呢？所以碰上同一企业的职员，最好分开时间去联络，相隔一两天再分别致电，总比连续不断地拨电话好。

6. 掌握电话应对技巧

打电话能带来生意。至于打电话与对方交谈的方法呢？越简单越好。这里介绍一下在电话中说话的程序。请记住以下要点：对人要称呼，如先生、经理、董事等头衔一定要明确叫出来；先说明自己的姓，再说明名字，以便加深印象。如姓李，叫李力，这是尊敬自己肯定自己的方法；要注意礼貌；要强调自己的企业名称，客户比较容易认同企业，这样会多一些信心；如向对方要求会谈的时间，强调只是1分钟，并不是占他太多的时间，有时候，对方知道是1分钟，会让你讲下去；如果对方的答案是“不”的时候，只好收线，拨下一个电话；如果对方太忙的话，你可以这样说：“那么，好吧！我迟些再给你致电，下午3点还是5点呢？”如果对方忙，当然没有时间和你交谈，你指出将会回电话，以便下次交谈。销售工作最难的地方，是克服自己急于求成的心理。回电话是胜利的感觉，销售人员比较愿意。当对方听了电话，表示可以继续下去时，说明绿灯亮了。

总之，打电话也是一门艺术，如何让顾客听到第一声就产生兴趣？如何吸引顾客购买产品？怎样回答顾客的一些疑问？这些都需要推销人员细细琢磨，仔细总结。

电视直销抓住顾客的注意力

【科特勒微语录】

电视直销的主要形式是广告直销。直销商买下电视节目的某个时段，通常是60秒到120秒，然后，在该时段介绍产品并劝说顾客购买，同时，向顾客提供一个免费的订购电话。但顾客也常常会遇到关于某一产品的30分钟的广告节目。

——科特勒《市场营销原理》

【活学活用】

电视以视听结合的优势，深入千家万户，现在，几乎每个家庭都有一台电视，电视的普及率已经很高，电视观众的数量自然庞大得惊人。在电视上宣传产品，进行营销活动，自然会让更多的顾客认识到产品，销量也会随着顾客对产品的认识加深，而逐渐升高。电视直销会展示商品，顾客可拨免费电话直接向厂商以信用卡的方式订货。顾客通过电视的视听效果，能够比较完整地了解产品的各种功能、性能及价格，这种直观感受，更容易打动有需要的顾客，这种方便的购买方式，也促使更多顾客购买。

电视直销是电视购物中的一种，电视购物与家庭购物不同，它不是利用电视媒体和互联网等媒体的在线营销形式，而是以电视上播放广告片的方式宣传产品，并要求通过屏幕上显示的免费电话达成订购的销售方式。

当年，广东珠江电视台推出“美的精品TV特惠店”算得上是国内电视行业中对电视直销的初步试探。1996年，电视直销开始在中国迅猛发展，“百思得”“BTV”“帝威斯”等众多品牌都纷纷进行电视直销。比如，“帝威斯”品牌曾经每天在各大电视台的总播出时间超过了110个小时，大量的电视直销投入，也换来了巨大的利润，1998年，该企业实现销售收入2.24亿元，税前利润2 942万元。1997年，哈慈集团也在四川进行了电视直销试验，结果，1998年仅上半年就创下了日回款1 180万元的奇迹。

1998年，电视直销进入高潮，全国28个省市的大小数百家电视台都有播出电视购物节目，市场规模达到了27亿元。企业在电视购物宣传中获得了巨额利润，各家电视台也在电视购物广告中赢得了巨额利润。

电视直销在进入中国初期，以其方便、便宜和快捷而受到顾客好评。然而，好景不长，一些急功近利者的介入改变了电视直销的面貌。

电视购物广告充斥着各大电视台，顾客看得越来越厌烦，另外，一些产品质量、售后服务等方面都没有跟上，顾客通过电视购物购买的产品，常常是假冒伪劣，并且售后服务严重落后，有些就是直接的欺诈行为。电视直销的信誉不久一落千丈，电视直销逐渐走入低谷。

自1999年以来，中国电视直销市场一直在急剧萎缩。

在中国想要通过电视直销抓住顾客眼球一定要保证质量，保证服务。只有想办法让顾客相信这两点，电视直销的成绩才会有所提升，否则，顾客只会厌烦地认为是假冒产品的宣传，反倒不利于企业的销售。

所以，企业在电视直销时，要注意诚信经营。

第20章　多样促销方式，吸引住顾客

打折促销是最吸引人的方式

【科特勒微语录】

实现促销有很多工具，促销计划应该考虑到市场情况、促销目标、竞争对手情况及每一种促销工具的成本效益。

——科特勒《营销管理》

【活学活用】

折扣价格策略，是企业为调动各方面积极性或鼓励顾客作出有利企业的购买行为的常用策略。顾客出于购买物美价廉产品的心理，常常喜欢关注打折促销的商品，即便这些商品顾客现在可能不需要，他也会抢购备用。所以，在价格上让利的打折活动是最能影响顾客购买行为的促销方式。

日本东京银座“美佳”西服店为了销售商品采用了一种折扣销售方法，颇获成功。具体方法是这样：先发一个公告，介绍某商品品质性能等一般情况，再宣布打折的销售天数及具体日期，最后说明打折方法：第一天打九折，第二天打八折，第三、第四天打七折，第五、第六天打六折，依次类推，到第十五、第十六天打一折，这个销售方法的实践结果是，第一、第二天顾客不多，来者多半是来探听虚实和看热闹的。第三、第四天人渐渐多起来，第五、第六天打六折时，顾客像洪水般地拥向柜台争购。以后连日爆满，没到一折售货日期，商品早已售完。

这是一个成功的打折促销活动，妙在准确地抓住顾客购买心理，有效地运用折扣售货方法销售。人们当然希望买质量好又便宜的商品，最好能买到一两折价格出售的商品，但是有谁能保证到你想买时还有货呢？于是，出现了头几天顾客犹豫，中间几天抢购，最后几天买不着惋惜的情景。

从中我们也可以看到打折的确很有吸引力，现在越来越多的企业使用打折的方法吸引顾客。打折的形式也变得越来越丰富，不仅仅是降价销售，还有其他打折形式。

1. 数量折扣

也称批量折扣。即根据顾客购买数量的大小给予不同的折扣。其中“一次性折扣”是企业为鼓励顾客多购货，根据一次购买数量的大小给予不同的折扣；“累进折扣”是企业为了建立稳定的购销关系而将同一位顾客在一段时间从本企业购买的数量加总，根据累计购货量的不同给予不同的折扣。

2. 季节折扣

也称季节差价。一般在有明显的淡旺季的行业中实行。主要是鼓励顾客淡季购货，以减少供应企业的压力和负担，降低经营成本。

3. 现金折扣

顾客如以现金付款或提前付款，可以在原商品价格的基础上享受一定的折扣。

4. 业务折扣

也称同业折扣。是生产厂家给予批发企业和零售企业的折扣。折扣的大小因中间商企业在商品流通中的不同功用而各异。各国的情况也不相同，中国的业务折扣体现在各主管部门对不同行业、不同品种商品的进销差价上。

总之，折扣价格策略增强了企业销售的灵活性，对于提高厂商收益和利润具有重要作用。但在使用折扣促销策略时，还要注意一些国家的法律限制，保证对所有顾客使用同一标准。比如，美国1936年制定的罗宾逊—巴特曼法案规定，折扣率的计算应以卖方实现的成本节约数为基础，并且卖方必须对所有顾客提供同等的折扣优惠条件，不然就是犯了价格歧视罪。

附带赠品让顾客获得超值感受

【科特勒微语录】

附带赠品就是用较低的代价或免费向顾客提供某种商品，来刺激其购买。一是附包装赠品，也就是把赠品附在商品包装里；二是免费邮寄赠品，就是顾客拿着盒盖之类购物证据换取一份邮寄赠品；三是以低于零售价的价格向需要此种商品的顾客出售，这种称为自我清偿性赠品。

——科特勒《营销管理》

【活学活用】

现在营销想“一招制敌”是越来越难了，附带赠品成了近些年来营销中被证明很有效果的拉动消费的手段，附带赠品相当于是用买一个的价格获得两件产品，顾客的感觉都是很超值，所以，这种促销方式百试不爽。

1996年三得利啤酒在上海大搞深度分销的时候，快速抢占了一片市场，4.5元/瓶的售价让三得利有空间来运作它的“深度分销”。但是近在咫尺的杭州却是西湖啤酒的天下，令所有对手头痛的是当时西湖啤酒零售只卖1.5元1瓶，外地啤酒如果进入杭州，考虑运输成本、营销成本等因素肯定是要亏本的，所以一时间西湖啤酒造就了“铁桶阵”。

但是营销的招式就像十八般武艺，再狠的招都有它的“软肋”，2004年雪花啤酒登陆杭州市场，采用的就是开盖有奖“再来一瓶”的营销策略，结果当年就吸引了大批的顾客，销量大幅攀升，除了收购钱江啤酒厂外，还收购了西冷啤酒厂。后来很多企业都试过这一招，而且都有收获。

这种附带赠品的方式是给顾客让利，让顾客购买到物超所值的产品，在企业营销过程中有很好的作用。但是，这种促销方式使用不当，也会给企业负担过重。

2008年康师傅在受到“水源门”冲击后，瓶装水的销量受到了很大的影响，所以顶津企业决定2009年在茶饮料上面要有所突破，从2月份起开始运作“揭盖有奖”活动，中奖比例逐月加大，从5%、10%、20%到5月的40%。这招果然十分奏效，几乎绝大多数的竞争对手都被它遏制了。后来，康师傅又升级到17%的中奖率，基本等同于买六赠一。

面对这样的情况，竞争对手选择被迫迎战，同年6月，娃哈哈茶饮料在“再来一瓶”的基础上，推出“开箱刮奖”，额外花费千万元；今麦郎茶饮料在原“再来一瓶”的基础上，增加了“奖水一瓶”的促销力度，也额外增加1 000多万元的促销费用；原叶茶起步已落后，只能陈列在各大卖场、搞特价，以至于1.9元每瓶的特价几乎成为常价，单店销量甚微，效益与投入明显不相配。结果，人们开始疯狂抢购，很多厂家出现断货。

但是，因为让利太多，各家企业成了恶性竞争，对于行业的发展很不利。康师傅虽然在短时间内通过让利刺激了消费，但因为让利不合理，导致饮料行业价格战，彼此的利润都很低，并且奖品兑换活动也非常复杂，有些厂家可能因为没有及时兑换奖品，给厂家品牌形象抹黑。

所以，这种促销方式也是一把双刃剑，在使用时一定要考虑周全，通常要考虑以下方面的内容：

（1）在开展这种赠品促销活动前，要考虑活动的合理性。也就是要考虑促销想要达到什么效果，目标顾客群会有什么样的反应，通过促销是否能够赢利，可能产生哪些突发事情，等等。

（2）选择合适的赠品。在选择赠品时，一定要考虑目标顾客群的喜好，赠送他们喜欢的产品。

（3）注重赠品的质量。千万不要把残次产品赠送给顾客，否则，就会大损企业形象，顾客会感到被蒙骗。越是赠品，越应该保证质量，这是维护甚至提高企业信誉、质量的好机会。

（4）赠品不能优于主产品。赠品虽然不能质量差，但也不要因此把优于主产品作为赠品赠送。否则，成本上很多企业无法承受，顾客也会产生东西不好，厂家才大方的错误认识。赠品在价格上应该低于主产品，在体积上要小于主产品。这样才会让顾客感到更珍贵。

免费试用让顾客心服口服

【科特勒微语录】

通常，如果促销活动能把竞争对手的顾客拉过来，让顾客试用产品并使这些顾客永久地转换过来，那么，这项促销活动非常有效。

——科特勒《营销管理》

【活学活用】

新事物总是让人很好奇，但是，想要让顾客掏出腰包购买，光让顾客感到好奇还不够。谁都不知道新产品是否真的有效，所以，顾客对于新产品都是顾虑重重，只有在听到别人说购买，并试用不错后，才有购买的决心。为了能够打消顾客的顾虑，让顾客更快地接受产品。现在很多企业都让顾客免费试用，这一招果然奏效，帮助很多企业打开了销路。

维克斯家庭药品企业的维克斯药膏最初是一种尚未被人们接受的新产品，销路很差。尤其是这种新药品尚未得到顾客的肯定。他们最欢迎那些大规模制药企业的业务员，因为他们每次都会带来几十种大家所熟悉的药品，而维克斯药品企业只提供1种药膏，所以，常常被药店和经销商拒之门外，之后，维克斯药品企业就决定要采取一种更有力的促销方法来展现产品的药效，并以更直接的方法刺激顾客的购买欲望。

后来维克斯企业采取赠送免费试用品的方式，他们规定任何药店只要订购12打的维克斯药膏，就可获赠24瓶免费药膏，让店老板来赠送给特定的女性顾客。

之后，维克斯进军美国北方城市，就在报上刊登附有优待券的广告，免费赠送试用品给顾客。广告登出几天后，业务员上门拜访各药房，免费送给他们12打装的维克斯药膏，但规定他们必须把其中的72罐免费送给熟悉的老顾客，维克斯企业则补贴给药店老板1瓶25美分。

后来，他们又选择邮寄方式赠送试用品，寄送试用品给全美国的顾客。企业派了8辆装满维克斯药膏的货车驶向西部各州，大约7周之内，美国西部3 100万人口中的大部分都收到了注明收件人是“贵住户”的维克斯邮件，里面装的是免费试用品。

结果，顾客在试用了试用品感到满意后，纷纷向当地药房指名购买维克斯药膏。短短两三年时间，几乎每个美国家庭都收到了维克斯寄来的试用品，每家药店也都知道有维克斯这种药膏。维克斯药膏的销路也因此从1912年的75 000美元，上升到1917年的613 000美元。

先让顾客试用产品，让顾客用完后心服口服，这样，他自然会来购买产品了。所以，企业在促销产品，特别是推广新产品时，使用这种策略非常有效。

但是，在使用这种促销策略的时候，也要注意产品的特点，如果像增白化妆品之类的能够立刻产生效果的产品，可以在某些固定的卖场，进行现场试用。如果是一些药膏之类的需要一定时间才能看出效果的，可以通过免费赠送试用品的方式来促销，当免费赠送时，要选择目标顾客群出现比较多的地方。

促销不能以降低品牌形象为代价

【科特勒微语录】

产品领导者的地位是靠扩大整个产品的市场份额来实现的，关键是许多消费包装品企业感到，它们使用促销方式会降低品牌忠诚度，增加顾客对价格敏感度，淡化品牌概念，偏重短期行为。

——科特勒《营销管理》

【活学活用】

使用促销手段能够在短时间内调动顾客积极性，拉动产品销量。但是，仅仅依靠促销方式拉动销量是不可能的。因为频繁使用这种方法，会削弱顾客的品牌价值感。特别是对于那些已经有品牌的产品，不能为了短期的销量而损害品牌形象，作为品牌产品要兼顾销量和品牌价值塑造。另外，有些品牌产品如果只想通过降价达到促销的目标，还可能适得其反。

比如，在金融危机期间，LV的一种皮包曾经由原来的28 000元降价到了15 000元，本想以此扩大销量，迅速回笼资金。结果却是买包的人十分少，根本就没有达到预期的目标。

之所以这种方式没有达到预期的目标，是因为购买28 000元奢侈品包的顾客，一定不是一般的工薪层，对于顾客来说LV品牌本身带来的情感满足，要远远大于其功能满足。所以，购买LV品牌的顾客，一定是为了其品牌和所代表的地位。LV降价而且降价幅度接近50%，反倒在一定意义上伤害了原有顾客的情感，也不利于对现有顾客的扩展。所以，LV品牌这样做就是在损害自己的品牌形象。

当然，这也并不是说拥有品牌的产品就无法做促销活动，其实，名牌产品也可以做促销，并且有的产品在促销过程中还能扩大知名度，提升品牌价值，关键是要看具体做法，而不能简单地进行降价促销。

还拿LV包来说，其降价促销时一定要先考虑怎样保留并激发老顾客的购买欲望，最终不仅能达到销售目标，还能通过促销适当增加老顾客的品牌忠诚度。比如，LV可以与顾客进行情感沟通为目的，给老顾客写上一份优美的感谢信，然后，赠送一个礼券，表达感谢。这样既不有失顾客身份，又可以让顾客愿意购买。

可见，只要企业多动动脑筋，转变角度，定然能够保证在品牌价值不变的情况下提高产品的销量。为此，在具体操作中，企业可以参考以下几条意见：

（1）要给促销找一条让顾客信服的理由。比如，过节的时候促销，是为了回馈顾客。千万不要无故降价促销，没有理由，顾客可能会以为企业的产品出现问题了。

（2）降价幅度要在合理的范围内，如果让利太多，让顾客感觉是不值钱的产品；让利过少，又刺激不了顾客购买欲望。要根据自身品牌价值和产品的利润空间适当让利。

（3）让顾客有实惠的感觉。感觉到实惠不一定就要通过大幅度地降价来实现，还可以通过相对让利幅度让顾客感觉实惠。将顾客的注意点引导到产品本身的质量、功能上。这样就避免打价格战，还能维护自身品牌形象。

（4）促销形式上可以变化，让人有耳目一新的感觉。

（5）促销频率上要适度。

成功促销必备四因素

【科特勒微语录】

促销是营销活动的一个关键因素，它包括各种属于短期性的刺激工具。

——科特勒《营销管理》

【活学活用】

促销的方法有很多，不管企业使用哪一种促销方法，都要注意掌握四个要素，掌握好这四个要素，才能保证促销活动取得成功。

1. 合适的时间

某地方名牌洗发水踌躇满志地在各大超市推出了买400ml装送精美浴刷的促销。依照前一年成功的经验，这样的促销能够提高80%左右的销量。4周过去了，销售结果让人大跌眼镜：销量只提高了12%！在新任的市场部经理抓耳挠腮百思不得其解的时候，一个经销商的电话道出失败的原因：联合利华和宝洁的促销装我还没卖光呢！

由此可见，并不是想要促销的时候就能促销，在促销前，要看看该产品是处在淡季还是旺季，淡季促销效果通常不如旺季促销效果。还有一方面是看竞争对手情况，如果竞争对手也在促销，特别是行业内名牌产品促销，这个时候，最好避开锋芒，选择更好的时机促销。另外，产品处于什么样的成长周期、促销主题与大环境是否合拍等都要考虑进去。

2. 合适的地点

四川某酱菜厂的一种酱菜在当地非常好销。为了扩大销量，他们动起了浙江市场的脑筋。在一番市场调查后，他们了解到在浙江已有了四川的同类产品，销量还不错。而且，他们通过当地办事处对千余名顾客的调查，也发现能接受辛辣食品的顾客也比原先有较大的增长。于是该厂开始大举进攻浙江市场。他们花了很多钱在小包装的免费赠品和食品的折扣上。在风光了3个月后，四川酱菜厂开始走下坡，销量萎缩到只有原来的50%。厂家有些着急了，通过多方了解他们发现竞争对手在终端上加大了投入，并且开始出“加量不加价”的促销包装。于是四川酱菜厂也搞了一个“一大一小”的赠品装。但几个月拼下来，销量依旧没有大的起色。新来的市场部经理是一个宁波人，他的一句话提醒了企业老板：我的妈，这东西这么辣啊……怎么吃啊。

可见，不一样的地方口味不一样，所以，产品是否好销还要看其销售地的顾客是否喜欢这种产品。所以，企业在某地推广产品时，最好先让顾客尝试一下，看看效果再说。

3. 明确的目标顾客

某地方瓶装水企业决定对某直辖市的零售小店举行“进一箱（12瓶）水送5包餐巾纸”的活动。开始的两个星期里，活动在终端零售小店取得了很大的成功。后来，因为众多的连锁超市、卖场也提出促销要求，该企业决定将活动的范围扩大到连锁超市、卖场。结果，这一块的促销效果非常不好。之所以出现这样问题，原来是，小店从渠道进货后可以把5包餐巾纸卖掉，所以，促销品的价值有4元左右。而卖场则不能这么做，结果销售情况不好。

所以，厂家要明确目标顾客，根据不同的顾客做不同的促销活动。

4. 变化多端的方式

屈臣氏1年24期常规促销活动，形式非常独特，与其他零售店的方式完全不一样，“自有品牌商品免费加量33%不加价”“60秒疯狂抢购”“买就送”更是丰富多彩，促销商品品种繁多，如滋润精选、如丝秀发、沐浴新体验、皓齿梦工场、唯有新健康、营养街、清亮新视界、知足便利店、关爱自己、完美纸世界、小工具课堂、优质生活、开心美味园、健康情报站、潮流点缀、旅游自助魔法、美丽港……非常多的趣味主题，介绍众多的个人护理用品，引导着顾客购买。

总之，企业在营销时牢牢把握以上这四点，就能拥有更大的成功把握。

促销组合发挥整体力量

【科特勒微语录】

企业在制定促销组合战略时，要考虑多种因素，包括产品、市场类型和产品的生命周期等。

——科特勒《营销管理》

【活学活用】

促销组合是一种组织促销活动的策略，具体内容主要是企业把广告、公共关系、营销推广以及人员推销这四种促销方式组合在一起，让企业的全部促销活动互相配合，协调一致，最大限度地发挥整体效果，以便顺利实现促销目标。比如，人员推销的优势是信息沟通直接、反馈及时、可当面促成交易；但是它的缺点是成本高、占人数多。广告虽然能够声情并茂地把产品宣传出去，节省了人力，但花费较高。公共关系主要对产品起间接作用，主要是树立企业形象。企业在进行促销组合时，要根据自己促销的目的，以及想要达到的目标，然后充分利用促销组合中各个元素的优点，实现优势互补，将整体的效果发挥到最大最好。

比如，Swatch金属手表系列2003年新品推广过程，就是一个元素优势互补的结果。其利用媒体的作用，在华南召开媒体发表会，利用媒体的宣传力度，为产品推广助力。

活动别出心裁地选择了广州动物园海洋馆内的海底世界。五彩斑斓，充满神秘色彩的海底世界正好映衬出夏季清凉的气息，与Swatch2003金属系列的广告主视觉正好吻合。

活动创意围绕着海底世界给人新鲜的感觉：美丽的人鱼身披轻纱，悠然入水和感触敏锐的在场来宾一同探寻时间藏身的神秘之处。“美人鱼”在珊瑚环绕、鱼儿漫游的海底世界托出巨型贝壳，Swatch2003金属系列手表的潜水新款在贝壳里跃然展现，缓缓浮上水面的靓丽新款寓意Swatch2003金属手表系列正式上市。又见“美人鱼”在水底轻盈转身，组成一个象征Swatch视觉标志的“十”字形，新颖而感性地尽情表现Swatch的品牌形象。

同时，企业还邀请广东省顶级服装设计师韩剑飞为本次活动设计了包括人鱼服装在内的三大系列服饰，他旗下的全国著名模特儿为Swatch的时尚形象再添惊喜——靓丽的模特儿经过“Swatch的时空隧道”走进会场，来到来宾身边，把精致的Swatch2003金属系列手表向来宾一一展示。

美女、名表和优雅的音乐，让在场的媒体感觉好像在隔世仙境一般，身心都得到了极大的满足。

在正常活动中，需要广告部门把广告创意元素融入活动中，推广人员需要选择地点、联系相关参与人员。可见，这次活动是各个营销部门的通力合作的结果。只有通过促销组合使企业促销活动的效果才会发挥得更好。

可见，一个完美的促销组合，能够帮助企业将产品的价值放大，宣传效果也会有一个更好的提升。那么，实施促销组合需要通过哪些步骤呢？一般需要有以下六个步骤。

1. 明确促销对象

企业通过市场调研，明确产品的目标顾客群，清楚地了解目标顾客群的一些生活习惯、居住地点等详细信息，这样更有利于后期开展活动的针对性。

2. 确定促销目标

在不同的时期和市场环境中，企业需要有不同的促销目标。有的时候是为了新产品推广，有的时候是为了进一步促销上市产品。据此，企业要制定一个促销想要达到的目标。企业需综合考虑短期和长期的促销目标。

3. 设计促销内容

企业要写出目标对象所要表达的诉求，然后，刺激其反应，促其购买产品。通常诉求分为理性诉求、感性诉求和道德诉求。

4. 选择促销渠道

也就是通过什么渠道促销，是搞活动还是播广告来实现与顾客的沟通。这要根据企业的实力及产品的属性和顾客群来选择。

5. 确定促销的具体组合

就是安排人员推销、广告、营业推广和公共关系这些促销方式的行动，根据产品的属性，规定在什么时期使用什么样的促销方式，通过各种方式在不同阶段的组合，实现产品营销。

6. 估计促销预算

通过对以上事情的安排来估计预算，然后根据企业具体情况，再进一步完善调整，力求以最低的成本，实施最好的促销组合。

另外，企业在市场营销过程中，也需要不断地优化促销组合。要根据以下一些情况的变化和调整来优化促销组合。

1. 市场状况

因为目标市场的顾客需求和市场规模等都会发生变化，企业应该据此调整促销组合。比如，顾客由注重口味到注重包装，那么，企业就应该在促销内容上进行调整。

2. 促销目标

企业在不同时期和不同的市场环境下会有不一样的促销目标，所以，促销组合也要随着促销目标调整而调整。

3. 产品类别和生命周期

因为促销产品不同，促销组合也要发生变化。比如，消费品可以用广告宣传作为主要促销手段；而生产资料则更多地采用人员推销。另外，在不同的产品生命周期中，促销工具的采用也应该有所差异。比如，在初期做广告更好，在中期搞活动更好。

总之，充分利用各种促销元素，广告、公关、促销和人员的优势都发挥出来，通过完美组合，企业销售业绩会有很大的提高空间。

第21章　整合营销传播发挥合力效应

借助整合营销传播，树立品牌形象

【科特勒微语录】

整合营销传播就是企业的所有部门都为顾客利益共同工作，一方面整合对外的传播工具与传播信息，以便通过“一种声音”传递清晰信息，建立对外统一的“品牌形象”；同时，还要整合企业内部营销、生产、研发等部门，通过协同合作，建立“信息源”，使顾客在各种“信息接触点”中获得很好的印象。

——科特勒《营销管理》

【活学活用】

中国已经进入各种品牌高度竞争的时代，各种宣传广告充斥大街小巷，企业该怎样让自己的品牌在众多品牌中脱颖而出，这是一个必须严肃对待的问题。整合营销传播则能充分利用各种传播和营销手段，始终传达企业的品牌形象，通过合力的力量将品牌推出，实现品牌的异军突起效果。

中国糖果业以前都是国有企业，现在有越来越多的民营企业进入这个行业。随着民营糖果企业数量的不断增加，行业内的竞争也日益激烈。

福建雅客集团在中国糖果市场中起初并没有什么名气，当时有名的糖果企业分别是河南金丝猴、上海喔喔、南京冠生源等知名品牌。这些企业已经占据了糖果市场的大部分份额，对于雅客来说，要想在众多知名品牌的竞争中打响品牌，就必须付出更多的精力。

通过细分市场，他们发现人们更关注健康，于是，雅客集团结合市场状况和自身的资源优势，经过大量调研后将自己的目标锁定在了维生素糖果市场。

通过反复研究，他们将主打产品命名为雅客V9，又研究其包装，最后确定以橙色为主体色再加上明星图片的包装，橙色加上明星效应无疑拉动了终端的销售。

为了推广雅客V9品牌，雅客在充分分析顾客特征后，制定了以下传播组合策略。

1. 平面和网络软文

毕竟对于维生素糖果概念人们还很陌生，这个市场还需要雅客进行稍加培养。于是，在正式投放前，雅客V9利用大量的软文向顾客介绍维生素糖果。同时，还通过报纸媒体的广泛性对雅客V9的代言人和费用做了大量宣传，吊足人们的胃口。在一定程度上刺激了人们的购买欲望。并且在电视广告宣传后，随着雅客V9的知名度提升，雅客又通过软文进一步宣传了其功能和核心品牌价值。

2. 电视广告

2003年8月末，雅克V9的广告在中央电视台的黄金时段播出，广告一开始介绍“本年度最具创意的糖果雅客V9诞生”，随后由周迅说明雅客V9的功能：“每天两粒补充每日所需的9种维生素”。同时将跑步的运动感和体育精神融合在一起，让人感受到健康与活力，非常有冲击力和感染力。

之后，雅克一直选择中央电视台集中投放广告，这让顾客无形中在心中树立了雅克维生素糖果第一品牌的形象，这样的集中投放，树立高门槛，让那些竞争对手望而却步。

3. 其他广告轰炸

不仅在中央电视台进行广告轰炸，雅客利用车体、灯箱、写字楼、社区等媒介进行宣传，人们到处都可以看到雅客的广告。

4. 锁定终端拦截

在消费终端，雅客设计了很多有趣的游戏，并且还有积分活动，吸引顾客的注意，同时也与顾客实现了互动。同时雅客还设计网络游戏来宣传产品，与顾客互动。

5. 事件+活动

当一系列的宣传让雅客的知名度迅速上升后，雅客就开展大规模的新品派发品尝活动，这样雅客的品牌进一步深入人心。

最后，雅客V9就是借助周密完美的整合营销，实现了打造知名品牌的目标，它无疑成了2003年糖果行业里的一匹黑马，以惊人的速度创下这个奇迹。

通过雅客传播的成功，可以看到，企业在宣传自己产品的时候，一定要紧紧围绕顾客展开，借助各种宣传手段和措施让更多的顾客了解产品。安排好各种宣传活动的前后顺序，通过促销组合将各种宣传工具的宣传效果发挥到最好，同时还要建立一个顾客资料库，准确掌握顾客需求的变化。

整合营销确定传播受众和目标

【科特勒微语录】

市场营销人员心中首先要有明确的目标受众。这个受众可能是商品的潜在购买者、正在使用者、决策者或影响者，也可能是群体、个人、特殊公众或普通公众。市场营销人员可以寻找目标受众的认知、感情或行为反应，也就是说，市场营销人员要给顾客灌输一种想法，改变他的态度，使其行动发生改变。

——科特勒《营销管理》

【活学活用】

在整合营销传播实施之前，一定要明确整合营销传播的受众和目标，只有明白了整合营销的受众，明白了目标受众的特点，营销人员才能在营销计划中更好地迎合目标顾客的需求，促使目标顾客购买产品。

在确定完顾客群体之后，企业就应该综合各种营销手段和传播方式，迎合顾客需求，推动潜在顾客购买产品。促成顾客购买产品是营销的目的之一，同时，整合营销还有其他的营销目标。比如，主要目标是提升企业形象，树立产品品牌等。所以，在进行整合营销前，企业要明确整合营销的目标，再结合目标顾客的特点，通过多种宣传策略的使用，让目标顾客受到影响，最终实现营销目标。

步步高为推广“青花瓷”音乐手机通过多项营销方式，提升产品价值，提高产品销售量。步步高与搜狐合作，搜狐针对该款手机定位的是时尚、年轻的女性顾客的特点，选择2009年夏天的两部热映影片《非常完美》和《麦兜响当当》作为媒介主打。虽然这两部影片形式完全不同，但观众群体却非常一致，多为时尚、年轻的都市女白领，所描写的题材和内容也多与都市生活相关。不论是《非常完美》的大腕明星章子怡、范冰冰的加盟，还是《麦兜响当当》配音阵容中宋丹丹的精彩表演，均使两部电影在公映前后获得了巨大的媒体关注度和热烈的市场反响。

同时，搜狐又通过在影片前后的贴片广告、影片专题的特约赞助和产品植入，将步步高音乐手机的品牌、产品形象与两部影片进行了完美的结合，让都市女性观众在线欣赏高清晰大片的同时对步步高音乐手机与都市生活产生了强烈的关联印象。

搜狐娱乐借势对《非常完美》进行打造，每天硬广软文持续热推，将没有去院线的观众分流到搜狐视频上来，9月4日上线当天，《非常完美》的观看次数便突破70万。庞大的观众群保证了步步高“青花瓷”的传播效果。

不仅如此，搜狐还利用互联网独特的互动特征，结合电影情节与步步高产品特色，开设了“电影达人玩转十一长假”互动娱乐专题，利用互动活动让观众的观影体验进一步升华。通过电影知识在线问答、产品功能在线问答等一系列简单且易于参与的“砸金蛋”小游戏，把观众在观影过程中对步步高产品、品牌的体验固化下来，进一步提升了营销效果。

作为2009年在娱乐营销中大手笔投入的步步高公司，非常成功地推出了“青花瓷”手机。

步步高手机的目标是推出手机，打造该手机的品牌，步步高通过与互联网合作，结合目标顾客群特点，通过电影娱乐营销组合，最终成功推出产品。这说明企业在进行整合营销传播前，一定要明确自己的营销目标，以及目标顾客，如此，才能让营销更有针对性，更有效果。

总之，整合营销传播一定要明白营销传播的一切手段都应该围绕目标顾客，并且是正确的目标顾客，如此营销才有效，同时，不同目标顾客的认知水平不同，要根据不同目标顾客的特点决定传播信息、传播组合及公关活动。另外，一定要明确营销的目标，并始终坚持朝着目标方向发展。

整合营销传播内容和沟通渠道

【科特勒微语录】

整合营销传播是一个完整的沟通过程，它不仅仅针对最终顾客，也不仅仅是指新品发布、广告投放。企业要采用多种传播沟通渠道，使整个价值链的各个环节都参与到营销传播中。

——科特勒《营销管理》

【活学活用】

在具体进行营销操作的时候，企业要研究该怎样宣传，传播渠道在哪里等问题，这些都是营销实施过程中非常重要的问题，如果这些问题不能得到有效解决，那么，整合营销传播最终就无法实现想要达到的目标，所以，一定要把传播信息写清楚，也要把传播渠道设计好，让传播的效果达到最好。

传播内容的设计主要解决的问题是说什么、怎样有逻辑地说、以什么形式说及由谁来说的问题，以达到更好地传播效果。

在设计信息内容时，企业一定要注意以下几点：

（1）信息内容。营销者一定要设想目标顾客在听到什么样的信息后才能产生所期望的反应。营销者需要对主题的构想给顾客传达独特的销售建议，引起顾客关注，促使顾客购买。

（2）信息形式和结构。信息是否有效，不仅仅要靠内容，形式和结构问题也不可忽视。

营销员应该在信息设计上设计出一种比较有力的表达形式。比如，通过对文字字体、颜色、插图别出心裁的设计，引起目标顾客的关注。还可以利用广告，将文字转化成集视听、表演于一体的声情并茂的宣传情景，提升宣传效果。

根据不同顾客群的特点和产品的特点，应该采取不同的结构。比如，如果目标顾客都是一群受过高等教育的人，他们都有广泛的学识，且产品的使用不太复杂，在结构上就不必太繁琐，他们会对试图提出解释的做法感到厌烦；反过来，如果目标顾客群受教育程度不高，且产品使用比较复杂，就要进行详细的解释和说明。

（3）信息来源。如果信息出自一个知名权威人士所说所写，产品的宣传信息就可以借助名人效应得到更好地传播。如果信息来源于历史名著，也可以吸引目标顾客的眼球。总之，利用其他事物的名气扩大产品的宣传会起到非常好的效果。

在设计好信息内容后，市场营销人员就要选择有效的信息沟通渠道来传递信息，信息沟通渠道是联系产品和顾客的重要通道，所以，营销人员要增加信息传播渠道，扩大宣传范围，达到更好地传播效果。

通常说的沟通渠道，一般指具有沟通性质的市场营销工作，比如，各种形式的广告、竞赛、赠品券、赠送样品、彩券以及宣传等。具体来说，沟通渠道分为两种类型：

（1）人员沟通渠道。这主要包括彼此直接沟通信息的两个或更多的人。人员沟通渠道可以进一步分为倡议者、专家和社会渠道。在推广新的产品时，使用这样的沟通渠道更好。

（2）非人员沟通渠道。这种沟通方式，不通过人员接触或相互作用来传递信息，主要利用媒体、气氛和事件来达到与目标顾客沟通的目的。对目标顾客很有激发作用。

可见，沟通渠道很多，企业在具体营销传播过程中，需要根据不同的顾客，以及想要达到的目标、产品特点，酌情考虑使用多种沟通渠道，以便足够吸引顾客。

有些企业非常聪明，把一些复杂而有趣的拼图拆散，分装于不同的产品包装内，顾客要想集齐这些拼图，不反复购买几十次该企业的产品恐怕不行。拼图完成后，有可能是一辆翻斗大卡车，有可能是一架波音747飞机，也有可能是一个电子宠物，顾客根据拼出的图样，就可以到商家指定的地方，领取一辆非常不错的电动玩具翻斗大卡车或一架电动玩具波音747模型飞机等。拼图游戏就又变成了寻宝游戏，这样的游戏对少年儿童有很大的吸引力。

一家方便面企业就把名著《水浒传》中的一百零八将做成精美的卡片，置于方便面袋内，如果想集齐，即使运气好，每次都能买到不同的卡片，至少也需要消费方便面108包。当一些小朋友忙于收集、交换《水浒传》一百零八将的时候，厂家就在旁边偷着乐。

不单是儿童食品，一些成人产品的生产厂家也喜欢“玩”游戏。比如，最近在北京建材市场上，就流行用拼图游戏促销。顾客从商家处取得拼图游戏后，如果能够按照商家规定的条件将拼图完成，就可以得到商家的价格优惠。因为优惠幅度较大，顾客踊跃参与，一些顾客甚至乐此不疲。

这些有效的沟通渠道，让顾客乐在其中，企业也可以扩大自己的销量，并且企业将目标顾客紧紧锁定，对自己品牌的打造有很好的作用。

总之，企业应该开动脑筋，寻找到适合自己产品的沟通渠道，并不断完善沟通渠道，让更多的人喜欢上自己的产品。

定期衡量整合营销传播结果

【科特勒微语录】

其实，只有10%的促销活动能产生超过5%的响应率，企业大部分的营销费用都浪费掉了，并且这种浪费更多营销费用的趋势还在继续。

——科特勒《营销管理》

【活学活用】

并不是花费的费用高，就一定能够获得好的传播效果，所以，营销人员千万不要以为自己花了很多财力、人力、物力，就一定能够取得好的效果，以后就高枕无忧了。营销人员要进行整合营销传播结果的测评，客观地评估传播结果是否达到了预期的目标，如果没有达到预期的目标，那么，企业就要进行分析和调整，避免更大的浪费，保证营销效果。

在营销推广方案实施后要对其有效性进行总的评估，对营销推广效果评价方法的选择，应根据营销推广目标的要求或营销推广活动中所要控制的各种指标具体而定。常用的营销推广效果评价方法有：

（1）销售量变化比较评价法。销售量变化比较评价法是通过比较营销推广前、中、后各时期销售量的变化情况，来评价营业推广效果的一种方法。一般来说，营销推广会带来销售量的增加，但有些情况需要具体分析。

一种情况是营销推广时的销售量增加，但一段时间后销售量下降，并逐渐恢复到正常水平，而且不会比营销推广以前水平更高。这说明营销推广促销只是改变了顾客购买的时间，没有扩大产品的总需求量，不具有长期效果。

另一种情况是营销推广时销量增加，之后销售量下降，但过一段时间后，销售量再次增加，达到比以前更高的水平。这说明营销推广在扩大产品销售量的同时吸引了新顾客，取得了长期的效果。

还有一种情况是企业产品的市场份额在营销推广期间只上升了很少或没有改变，活动期一过，销售量就回落并停留在比原来更低的水平上。这说明该产品基本上处于销售衰退阶段，促销活动只是延缓了衰退速度，但无法改变衰退的趋势。

（2）推广对象调查评价法。推广对象调查评价法是指通过对推广对象进行调查，了解他们对营销推广促销的反应和行动。如推广对象对营销推广活动的印象，是否购买了本企业的产品，对企业或产品的意见和建议。定期研究营销活动所影响的顾客群对产品的品牌，或产品的印象和感觉较之前有什么样的变化。

（3）实验评价法。实验评价法是指通过选择一定的推广对象进行实验，测定能够反映企业营销推广目标的有关指标的变化情况，以评价营销推广效果的一种方法。通过实验评价，可以弥补营销推广决策或方案中某些可能给企业带来更大损失的缺陷。

基于初步调查的结果，针对上述任何一部分或全部进行必要调整，然后再回到“执行”的步骤。

当然，为了保证营销实施的质量，企业也可以组织监督人员进行监督。

比如，“百威·品客夜”联合营销传播活动中，为了保证营销的质量和联合双方利益的公平，百威和品客特别成立了由双方人员共同组成的促销执行监督小组，专门负责监督联合营销的执行情况。一旦发现问题，促销执行监督小组就可以及时向总指挥中心汇报。而总指挥中心也可以根据具体情况，在最短的时间内作出反应，将问题带来的损失控制到最小。

有了总指挥中心和促销执行监督小组的双重监督和控制，“百威·品客夜”整个联合营销的执行工作进行得非常顺利。第一个测试城市——广州，营销效果显著，双方的销售增长都很明显。“百威·品客夜”首站即宣告大获全胜。于是，他们乘胜追击，深圳、上海、北京、南京、厦门……接下来十个城市陆续“开工”，“百威·品客夜”遍地开花。整个“百威·品客夜”联合营销取得了圆满成功，经过这次联合营销之后，百威和品客都获得了令人惊喜的销售增长，远远超过了预期的目标。

可见，整合营销传播活动做完还只是个开始，后期的评估和调整很重要，只有评估才知道效果好坏，才能为未来的营销推广方法奠定基础。

创意营销篇　与时俱进开创营销新局面

随着世界经济的发展变化，国际市场竞争环境已经发生了很大的变化，另外，顾客的需求和观念也在不断地变化着，网络时代的到来，不仅给顾客的生活带来了巨大变化，也改变了顾客的很多消费观念。国际营销的发展是大势所趋，越来越多的企业面临着冲破国际壁垒，走向国际市场的局面。这一系列的发展变化，都给企业带来了机遇与挑战。企业一定要立足自身发展需要，紧跟时代潮流，创新营销新思维，实现销售业绩的飞跃。

第22章　水平营销创造新的生存路径

水平营销创造了新的发展空间

【科特勒微语录】

水平营销是指通过接近那些我们在对产品或服务做市场界定时所淘汰的一种或多种需求、用途、目标或情境来实现市场开拓。

——科特勒《水平营销》

【活学活用】

现在市场竞争日益激烈，高度集中的竞争，要求各行业的众多企业提高营销能力。然而，传统的广告促销等营销方式已经很难激发起顾客的过高兴趣。另外，企业之间的成本竞争、价格战让企业生存越来越困难。而传统的营销方式，遵循“需求是市场的起点”原则，提倡市场细分、目标界定和定位策略，通过差异化方式为细分市场提供个性化的产品，它使企业的专业化营销能力得以提升，最终惠及顾客。但与此同时，过度细分激发了顾客的需求，也把市场切割得过于细碎，进而导致新产品、新企业进入市场的成功率降低，并在一定程度上诱发了金融危机。对此，科特勒创新性地提出了水平营销战略，水平营销就是横向思考，它跨越原有的产品和市场，通过原创性的理念和产品开发激发出新的市场和利润增长点，是对产品做适当改动产生新用途、新情境、新目标市场以开创新类别，重组市场，提升企业竞争力。

一想到医院，人们脑海中第一印象就是白色的世界和庄重的建筑，即便环境再好的医院也无法和度假区相比。然而，位于泰国曼谷市中心的康民医院内，却拥有金碧辉煌的灯光，五彩缤纷的喷泉，富丽堂皇的大厅，美丽的迎宾女郎，空气中弥漫着星巴克咖啡的香味，银色的沙滩和湛蓝的海水向远处绵延。不要说它不是医院，它的确是医院，是亚洲首家通过国际认证的医院，也是世界上最现代化的医院。

这家国际性现代化医院虽然装潢讲究华丽，但费用很低。比如，在美国需要800美元才能治好的病，在这里只需要100美元就足够了。那么，他们凭什么赢利呢？其实，他们在经营上有着自己的一套独特的赢利模式。

他们只接受海外就医人员，在治疗他们病痛的同时，还让他们在这里享受到了旅游的快乐。他们的赢利就是在旅游服务方面。它所提供的旅游服务，能够吸引190个国家的45万多名外籍患者前来治疗，外籍患者数量高居全球第一。

这些外籍患者通常有两类人：一类是休闲游客，他们通常没有什么大病，只是做个身体检查或者做个小手术，根本不用住院；还有一类人是要做大手术的，但是，这类人通常在做手术前想要逛逛当地的景点。

康民医院就是把治病和旅游这两个毫无关联的产业联系在了一起，从而创新性地创造了新的赢利方式，正是这种让患者可以同时兼顾健康与娱乐的方式，令康民医院的生意越做越大。

可见，康民医院正是以市场需求为焦点，在“就诊”需求之外增加了一种新的功能，这就是水平营销模式。它引导了外籍患者在就医之外的旅行需求，让患者在就医的过程中还体会到了更多快乐，这样的快乐就医可与以往的严肃的就医氛围不同，怎么能不让人向往呢？

水平营销是一种创造性的思考，科特勒称为“跳出盒子的思考”，它与纵向营销的逻辑思维有着很大区别。水平营销思维的思考步骤，首先选择一个焦点，然后进行横向置换以产生刺激，最后建立一种联结。

通常，水平营销主要依赖于以下六种方法：替换、去除、反转、夸张、组合、换序。比如，根据“情人节男士送女士玫瑰”这个焦点元素，企业就可以使用这六大方法进行水平思考，会得出以下创新结论。

替换：把玫瑰花替换成百合花，创造情人节专门送百合花的新含义。去除：情人节不送玫瑰。反转：1年中除了情人节，其余的日子都送玫瑰。夸张：情人节送999朵玫瑰。组合：情人节送玫瑰和戒指等其他礼物。换序：情人节由女士送男士玫瑰。通过以上这样的水平思维方式，我们会发现很多全新的卖点，这样的创新很可能会引领全新的消费潮流。

总之，就如德鲁克所说的那样：“我们无法左右变革，我们只能走在变革时代的前面。唯独可能取得成功的方法就是努力创造未来。努力创造未来肯定要冒很大的风险，但是，它的风险与被动地接受未来相比，要小得多。”企业在进行水平营销时，就要大胆创新，开拓思维，在激烈的市场竞争中通过产品创新、营销创新、文化创新，找到企业发展新的着力点，创造更好的业绩。

水平营销成功实施需要三个步骤

【科特勒微语录】

水平营销是要选择一个层面，然后把该层面的某一因素展开，比如，对其用途、目标市场等进行横向思考。

——科特勒《水平营销》

【活学活用】

市场营销就是要满足顾客的需求，立足顾客的需求来开发产品，而科特勒的水平营销则是立足产品或服务，通过扩展思维，从产品或服务中挖掘出新的需求，唤醒顾客的潜在需求或满足顾客的个性需求。通常，进行水平营销需要进行以下三个步骤：

1. 选择一个焦点进行横向置换

这里所说的“焦点”一定是顾客非常关注的东西、事件或问题，比如，“拍电影”这是一个焦点。然后，在拍电影这个层面进行横向思维。通常，传统的纵向营销有三个层面，分别是市场定义层面、产品层面和营销组合层面。在这每个层面又有很多因素，比如，市场定义层面包含顾客、怎样营销等因素。那么，“拍电影”营销层面就可以包括它的目标市场、营销方式等，通过在这个层面各个元素的组合，就能催生出全新的产品，而不是思考怎样拍，有哪些素材，否则这就成了纵向思维。

2. 进行横向置换形成空白点

在横向置换的时候，就会出现连接中断，就会形成空白区。比如，将“导演拍电影”置换成“群众拍电影”，导演和电影之间，是正常的逻辑关系，导演拍电影赚钱，而群众通常都是看电影，群众与拍电影之间就出现一个逻辑空白点。又比如，母亲节送百合，把百合置换成玫瑰。母亲节送百合就是祝福幸福、平安等之意。而玫瑰代表爱情，母亲节与玫瑰之间在逻辑上就有空白点。还比如，产品打折促销，这个符合逻辑思维。如果是产品提价促销，这个就在逻辑上让人感觉不合常理，中间也形成了空白点。

3. 想方设法建立联络

以上这些空白点，就是建立了一种不合情理的功能、目标、用途或情境，但是，正是在这种全新的背景下通过寻找一个有效的解决方法，企业就可以提出了一个新的卖点，达到了横向思维的目标。比如，群众自编自导电影给他们带来全新的体验，一种全新的娱乐方式；母亲节送玫瑰，表达儿子不会“有了媳妇忘了娘”，一样爱母亲，产品高价代表一种档次。当然，以上这些空白点还可以有其他解决的方法，总之，通过以上各种解决办法就找到了新的卖点。

关于在两个不合情理的元素之间建立联系，要分析刺激中的信息并对其进行价值评估。具体的评估技巧有以下三种：

（1）跟踪购买程序寻找刺激点。就是假设购买者购买产品后都做了什么，通过跟踪找到卖点。比如，某一对情侣买了一桶爆米花，但吃着吃着就很口渴，这时候，不妨提出一个解决吃爆米花口渴的办法，那么，在卖饮料的时候，免费提供爆米花，就可能卖出更多的饮料。

（2）寻找积极因素。也就是可以在不合理的刺激中找寻到积极因素，让顾客忘记不合理刺激，采纳积极因素。比如，情人节不送花，这个不合理，但是如果说情人节不送花，送钻戒，那么肯定绝大多数人会转怒为喜。脑白金的广告“今年过节不收礼，收礼还收脑白金”就是一个寻找积极因素的营销广告。

（3）寻找一个适当的环境。就是通过变换环境、地点、时间、场合等来使刺激产生意义，然后转移顾客注意力，让其满意。比如，一般顾客都不买华丽外壳包装的月饼，但如果将其用来送礼，这就激发了顾客的购买需求。

总之，开动脑筋，开放思维，通过建立各种有效的联系，来创造出新的卖点，会让企业找到更多销售空间。

改变思维，开发市场层面营销新法则

【科特勒微语录】

“维度”是指用一种视角从多方位、多角度、多层次来评价和确定某一事物，套用在营销上就是指产品的生产和提供所具有的多方位的功能和条件。

——科特勒《水平营销》

【活学活用】

在企业发展中，想要改变产品，就可能要改变生产设备，还要进行人员培训，总之，企业的软硬件都要转变方向，无法利用原有资源进行开发生产，会形成很多成本压力，因此，很多企业都不希望改变原有产品，那么，企业就要在市场层面开发思维，进行营销。在市场层面，主要可以从需求、目标、时间、地点、情境、体验方面转变开发思维，找到有效营销方法。

比如，哈根达斯借助房地产的渠道资源进行推广。但凡标榜高档的项目，在举办开盘之类的活动时，会给顾客免费品尝哈根达斯，以显示自己的贵气、大气。从哈根达斯来看，营销渠道拓宽了，在卖房子的地方卖起了雪糕，利用别人的渠道资源去网罗自己的顾客。

从开发商来看，则是借助哈根达斯的牌子营造氛围，为顾客创造特殊的价值和体验，成为开发商吸引顾客的一部分，帮助开发商提升顾客价值。这是双赢的局面，彼此达成合作的基础是面对共同的顾客群体。

一个是食品一个是居住场所，两者没有本质的联系，但跳出食品这个行销领域，哈根达斯利用房产的营销渠道为自己开辟了一个更大的市场。这就是跳出来，转变思维，开辟新市场的成功典范。企业在进行产品营销时，也需要开阔思维，寻找新市场。

科特勒认为，改变思维角度可以从以下四个方面着手。

1. 开拓多样功能

一种产品可能有很多功能。比如，一根冰激凌基本功能是用来解暑，而哈根达斯则将其宣传成了一个时尚的符号，所以，即便不为了解暑，只为了追求时尚这一点，也会吸引很多年轻顾客在大冬天购买哈根达斯。这就是厂家通过对功能的拓展，让其有了新的满足顾客某种需求的卖点。

2. 扫除顾客障碍

比如，上电视表演只有一小部分人能够实现，而现在随着大众文化的发展，很多电视台，开办平民大舞台，帮助观众扫清了障碍，观众喜欢参加，也喜欢看，这样也就提高了电视的收视率。

3. 改变时间

也就是通过时间段的调整，产生新的营销手段，刺激顾客消费。比如，在一些地区晚上商店都关门，而某一家商店营业24小时，这极大地方便了顾客，生意自然会好。又比如，有一家餐厅，顾客用餐时间在某个时间内，就打折优惠。这些都是通过改变时间来产生营销效果，提高营业额的措施。

4. 改变地点

通常在顾客的逻辑思维中，都是雪糕在冰柜放着，在电影院里吃爆米花。如果能改变这种逻辑情境，比如，在滑雪场吃冰冻爆米花，在炒锅里取冰激凌，这样的创意思维一定会吸引很多顾客。所以，企业不妨通过对固有情境的改变，找到消费卖点。

当然，除了通过以上这些思维的改变之外，企业也可以寻找到其他的改变思维的方法，比如，把十大感动人物，搬到企业，做成十大感动顾客，并进行颁奖，这些营销手段一定会让人耳目一新，提高顾客对产品的关注度和销量。

组合层面进行水平营销

【科特勒微语录】

多数情况下，在组合层面进行的水平营销会产生亚类别或者创新性商业战略，但不会产生全新的行业或类别。在这个层面进行水平营销的结果可能与纵向营销的结果出现重合。

——科特勒《水平营销》

【活学活用】

科特勒不仅提出了对市场、对产品的颠覆性的水平营销，还提出了对营销组合水平营销理论。这种水平营销以横向置换为焦点，通过其他营销组合来改变产品或服务的方式。这种方式不会改变产品或服务的本质以及其使用情境，也不会改变需求、目标，但是，其能够在短时间内产生新点子，提升营销效果。

通常，营销组合层面主要包括三个市场：创意市场、资金市场和人才市场。

所谓的创意市场是指为人们创意提供的平台，在这个平台里，人们会形成头脑风暴，相互之间进行讨论和激烈的思想碰撞，通过相互交流思想，不断产生新的创意思想。有很多企业鼓励员工提出各种建议和想法，集合大家的思想，企业更容易获得更好的创意和想法。如果企业能够成立专门负责部门，定期搜集创意，并能够花一定资金试验这些好的创意，那么，企业一定会源源不断地拥有更多的创意。

除了创意市场外，水平营销框架还可以在人才市场和资金市场上对营销组合作出影响。

在人才市场中，企业一定要拥有一定数量的人才去开发最好的创意，企业要充分发挥市场营销调研员、电子工程师或其他人员的才华，集合大家的力量进行创意创造，保证企业创造出更好的产品。

另外，人才还在横向置换中起联结的角色。水平营销过程第一部分的横向置换，可以一个人单独完成，然后就可以找到三个层面上的任意一个层面，之后，利用六种横向置换技巧中的一种或几种，通过置换创造空白，进行创意联结，创造出新颖的方法。

当然，有些置换可能会在试验中被淘汰，其他一些置换可能被评定为是有潜在价值的，所以，可以只展现那些存在潜在价值的创意。

在资金市场方面，企业需要投入一定的资金来衡量具有吸引力创意的最终价值。一个好的创意可能需要10万美元的支持，来让研究人员进行研究；一个创意构想，可能需要6万美元的资金支持其进行测试，所以，拥有一定的资金支持才能让好的创意变成现实，所以，资金数额和创意自身有关。

资金不仅可以支持创意试验，而且还可以投入到人力和创意市场中，作为物质支持。因为通过资金的奖励能够激发出更多的创意，而一些人才也需要有资金的支持调动他们工作的积极性。所以，资金市场是一个基础性市场，对于开发创意有非常重要的作用。

在具备以上三个市场之后，水平营销小组还应该定期召开水平营销工作会议，在会议上将各个营销因素进行组合、商讨，开发创造出更多、更有见地的创意。

第23章　网络营销引领营销新主流

网络营销是未来营销的主流

【科特勒微语录】

网络营销并不单纯指电子商务。因为营销涵盖了从产品生产到销售的整个过程，网络营销就是把这一切通过网络连接起来。

——科特勒《水平营销》

【活学活用】

所谓网络营销是指企业以计算机互联网技术为基础，通过与顾客在网上进行直接的接触，为顾客提供更好的产品和服务的一种营销活动。

随着科学技术的不断发展进步，世界经济已经进入网络时代。利用互联网的广泛宣传渠道进行产品销售，将产品直接销售给顾客已经成为很多企业的营销方式。网络这个有机的整体，在不断地创造资源。

刚满25岁的张小姐，工作之余在网上开了一个以经营化妆品、香水、各式精致小提包为主的网上店铺，早早地尝试了当“老板”的滋味。她于2005年1月份开业的店铺至今已成为网站化妆品经营的佼佼者，每日的客流量常常多得令张小姐应接不暇。由于经营得当而颇受顾客好评，短短1年时间不到，张小姐的网上小店月平均销售额已达5 000多元。

可见，网络改变了人们的消费方式，网络也为创业者提供了全新的营销渠道，给了更多人创业的机会。只要你能发现商机，利用网络这个销售平台，就能接触到更多的顾客，赚到钱。

不仅如此，网络时代的发展，实现了顾客与营销机构的双向互动，顾客既能体会到参与的乐趣，又了解了产品的特性，企业也宣传了自己的产品。

作为2005年度市场营销、文化传媒、娱乐经济领域拥有巨大社会影响的活动，“超级女声”不论在电视、报纸，还是手机、互联网上，都取得了空前的成功。

“超级女声”网络营销与电视传播、移动传播形成了良好的互动、响应、共振。“超级女声”官方网站新浪网、搜索引擎服务商百度、“超级女声”参选者（如李宇春、周笔畅、张靓颖、何洁等）的支持者、歌迷会均利用互联网发布了大量新闻、评论、观点、图片，并通过发起网络投票，引发网络争论、传播网友观点等行为，通过网站、论坛、即时通信（QQ、MSN等）、搜索引擎等工具，赢得了巨大的经济效益与社会效益，实现了各自的网络营销目的。正如“超级女声”网络营销案例评论者所说：“从表面上看，草根阶层造就了超级女声。但最终，草根们是通过网络营销的手段成就了超级女声。”

在网络互动交流中，“超级女声”达到了最大的宣传效果，广播电视等单位也创造了不断飙升的收视率。

如今，互联网正迅速渗透到社会政治、经济、文化等各个领域，进入人们的日常生活，并带来社会经济、人们生活方式的重大变革。人类已开始步入网络化社会，越来越多的企业认识到互联网对企业经营发展的作用，纷纷挤占这一科技制高点，并将之视为未来取得竞争优势的主要途径。

据中国国家信息中心有关统计数字表明，目前全国有8万余家企业已加入互联网，并涉及网络营销，其中以计算机行业、通信行业、金融行业较为普遍，计算机行业占34%，通信行业为23%，金融行业为11%，其他为32%。

利用互联网营销策略，企业可以更直接地与顾客接触，更全面地了解顾客的个性化需求，可以为不同的顾客量身打造不同的产品。网络营销策略还为顾客提供了更为低廉的产品价格，这样企业通过网络销售，就可以扩大产品的销量，取得良好的业绩。作为企业也免去了很多不必要的销售环节，使售前、售中和售后都能在网络上完成，减少了程序，让销售过程变得更加简单高效。另外，利用强大的网络平台，使营销不再受地域限制，有利于打造国际化知名品牌。总之，网络营销为企业带去了极大的便利，带去了全新的营销方式。

现在更多的网络营销已开始被中国企业广泛采用，各种网络调研、网络广告、网络分销、网络服务等网络营销活动，正异常活跃地介入企业的生产经营中。

但是，在进行网络营销的时候，企业也应该注意以下一些问题。

1. 产品性质

网络上最适合的营销产品是流通性高的产品，如书籍报刊、软件信息、消费性产品等。如果是推土机、车床等较冷门的专业产品，应该网络定位在企业的形象与品牌的推广上，而产品本身的营销就需要特别加以推广或借助其他媒体工具。

2. 网络特性

目前网络上最热门的网站，也就是浏览人数最多的网站，其内容都以丰富的信息为基础。因此营销模式应以产品情报、产品趋势、生活和教育信息运用等为主导，而后再进一步展开商业行为。

3. 整体营销的考虑

积极的营销策划除需要网络营销的运行外，更需要促销活动及其他媒体的共同运行才能发挥最大的整体效益。

4. 网上推广技巧

网点、网页的推广往往在互联网中相互合作，营销规划时可考虑与适合营销产品或顾客群体相近的网站合作，如搜索引擎的登录、一般广告交换和Web Ring等。

网络已经渗透到人们生活的方方面面，网络营销已经日益成为企业营销中不可或缺的重要手段，但是，并不是任何产品利用网络营销都能起到良好的效果，要根据产品自身特点和企业的营销目标及网络营销的特点等进行全面、充分考虑，然后再作出恰当的营销策略。

网络营销为创意营销添彩

【科特勒微语录】

网络营销强调个性化的营销方式，这要求企业必须以顾客个体需求为出发点，以满足顾客个体需求为归宿的策略来进行企业营销。

——科特勒《与科特勒对话营销诀窍》

【活学活用】

网络是一个开放的互动平台，网络营销可以充分利用这一平台，向顾客提供个性化的创意服务。网络营销已经越来越以满足顾客个性化需求为归宿，这也就要求营销人员以顾客为导向，利用更多的创意策划吸引更多顾客的光临。

团购网站拉手网，在上千家的团购网站中脱颖而出，它之所以能够在竞争中站稳脚跟，就是因为它根据顾客的个性，利用网络营销的特点，创新营销推广方式，一次次吸引住了顾客的眼球。

它第一个引人关注的活动是1元抢iPad，那时正值iPad在中国受到苹果迷的热捧，拉手网借助这个势头成功地利用iPad吸引住了无数顾客的眼球。

第二个引人关注的活动是拉手宝贝活动，在北京、上海、广州等多地的街上出现穿比基尼的拉手宝贝，引导路人注册拉手网，这次活动又是因为其与众不同的营销创意，吸引住了众多顾客，引起了广泛关注。

第三个引人关注的活动是引入SNS游戏，这款游戏的引入，为年轻顾客提供了一个很好的游戏放松环境，成功吸引了很多网络用户的关注。同时，这款游戏还可以积分，积分还能够换成现金券直接在拉手网上购买产品，如此一个游戏和团购完美结合的创意营销，把很多顾客都牢牢吸引在了这个平台上。

第四个引人注目的活动在七夕节，拉手网推出7.7元团购，又一次成功吸引住了众多年轻顾客的关注。

层出不穷的创意，都是针对上网购物这一年轻群体量身打造的，通过这些营销创意的推广传播，一个充满活力和创意的拉手网已经深入年轻顾客的心中，这样的团购网站怎么能不发展壮大呢？这也启发企业，在进行网络创意的时候，一定要根据目标顾客的特点，通过新奇的创意，带来有效的销售业绩。

当然，企业要注意创意与网络的特色相结合。网络的特色主要有以下四个方面：

（1）虚拟环境。网络平台是一个虚拟的环境，在这个虚拟的商业环境中，需要企业学会并善于收集和控制资讯，同时，还要掌握在虚拟网络化环境下进行企业管理运营的技巧和技术。这可以保证顾客在虚拟环境中进行交易时，不会出现一些技术错误或管理问题造成网络交易平台混乱，给顾客带去不便。只有像管理实体企业那样管理虚拟企业，让虚拟商业平台有序发展才能让企业运营平稳发展。

（2）高附加值。网络是一个提供给顾客和企业良好互动的平台，在这个平台上，企业可以通过多种调查方式直接去了解顾客的需求情况和其对产品的意见反馈。同时，通过网络信息，也可以了解目标顾客群的人数变化、心理变化以及需求变化等，通过对这些信息的搜集和研究，企业可以随时调整商品结构，以及产品的销售数量等策略。那么，在了解顾客的需求中，能够为顾客提供高附加值的产品和服务是非常重要的。

（3）个性化。网络有很多工具可以装饰自己的网站，随着网络技术的不断进步，企业还可以利用网络为顾客提供更为个性化的服务。比如，看电子报纸的时候，通过单击报纸中某个事件的标题，顾客就能看到该时间的视频资料，让顾客更为全面地了解事件的发展动态，如此的个性化服务，必然让很多人喜欢。

（4）关联性。网络上的机遇实在太多，网络上有各种提升企业与顾客互动的平台，有各种推销商品的方式，所以，企业可以利用网上关联度比较好的网站进行宣传推广。

总之，网络营销为企业带去了个性化服务，为企业提供了创意营销平台，企业应该充分挖掘网络的优势为其所用，创造出更多的营销方式为企业的发展助力。

网络营销提供了安全便捷的支付环境

【科特勒微语录】

对电子购物的安全性，顾客主要担心两个方面：一是担心非著名企业产品的安全性；二是怀疑企业网站所采取的安全措施的安全性。

——科特勒《与科特勒对话营销诀窍》

【活学活用】

网络营销成功后，顾客有购买需求，就要进入结算环节，目前，人们可以通过网上银行或者支付宝等多种方式进行交易。

但是现在，特别是中国的网络管理措施还很不完善，网上交易的密码保护等方面的措施是否安全，为顾客的网上消费带去了担忧。通常，在进行交易的时候，需要有第三方——银行的介入。但是，目前国际金融体制不健全，各个专业银行之间缺乏关联性，各银行之间跨行业务的互联、互通、金融监管和宏观调控政策等方面都不一样，这样就为交易带去了障碍。目前，各银行信用卡支付标准还不一样，无法统一交易平台，给顾客网上消费带去了极大的不方便。所以，网络营销对支付环节的安全性和便捷性提出了挑战。

支付宝是淘宝网企业为了解决网络交易安全性特别设定的一个功能，通过使用支付宝，企业为顾客提供了“第三方担保交易模式”，买家先将货款打到支付宝账户，然后，支付宝向卖家发出发货通知，买家在收到商品并确认后，再由支付宝把货款打给卖家，通过这样的程序才能完成网络交易。

2004年12月，支付宝独立成立了浙江支付宝网络技术有限公司，进一步完善了支付宝的功能，力求建立信任，以技术的创新带动信用体系的交易平台。

现在，中国工商银行、农业银行、建设银行、招商银行、上海浦发银行等商业银行以及中国邮政、VISA国际组织等大型机构都已经与支付宝建立了长期深入的战略合作，根据顾客需求不断推出新产品，逐渐成为金融机构在电子支付领域最值得信任的合作伙伴。

对顾客来说，支付宝的建立为其提供了安全保障，顾客不必去银行汇款，在家里单击几下鼠标键就买到了产品。卖家也避免了去查账号的麻烦，并且账目清晰，避免了交易中的麻烦。正是支付宝为买家和卖家提供了极为便捷的支付方式，让支付宝成为中国最火的交易平台。2009年2月底，支付宝注册用户数达到1.5亿户，日交易额峰值突破7亿元，日交易笔数峰值达到400万笔。

支付宝交易平台的建设是互联网发展中的一个创举，如今，越来越多的第三方支付模式被商家所利用。比如，其他企业还研发了易宝支付、网银、快钱、财付通支付等优秀的在线支付平台。

虽然在支付方面各个行业都在探索并创新出了很多安全的交易方式，但互联网还是缺乏管理，企业应该在网络上提升自己的知名度特别是诚信度，这样才能获得更多顾客的青睐，同时还要构建和完善有效的交易规则，尽量避免交易上的麻烦给顾客造成不快。

网络营销成功要素

【科特勒微语录】

网络营销的重要思想是以顾客为中心，因此，企业在网络营销策略上应该处理好与每名顾客的关系，注重互联网优势的发挥，多为顾客提供个性化的产品和服务。

——科特勒《与科特勒对话营销诀窍》

【活学活用】

网络营销很重要的特点就是让企业和顾客之间的联系变得越来越密切，沟通变得越来越频繁，互动变得越来越频繁。但是，如果企业因此就认为把广告放在网页上就起到宣传产品的作用，那就不对了。因为，虽然广告也许会让一些顾客看到，但是，现在网络上的广告太多，顾客对这些广告真假难辨，对广告的关注度在逐渐下降。所以，企业不仅要把广告放在网上，还要利用各种网络营销方式搞营销活动，这样才能吸引更多顾客的眼球。

凡客诚品在还没有出现之前，PPG已经是家喻户晓。但凡客诚品的出现，却改变了行业规则。凡客诚品利用合理的广告投放和创新的营销手段，成功打败了PPG，也奠定了凡客诚品行业的龙头地位。

凡客诚品的创意营销手段中，最为耀眼的要数“凡客体”，“凡客体”的出现掀起了一场轰轰烈烈的全民恶搞运动，而“凡客体”的出现就是源于凡客诚品的一则广告，凡客诚品使用一段灵活的语言，充分阐释了凡客诚品的定位，也打造了独特的语言风格，而由此便产生了风靡网络的“凡客体”。一则广告能够吸引这么多眼球，如此四两拨千斤的宣传效果，怎么能不让凡客骄傲和自豪呢！

通过凡客的成功可以看到，其成功并不一定是其经营模式多么好，产品多么好，关键就是营销手段不同，打出了品牌。

其实有很多网站企业不逊于凡客，但是，就是因为凡客已经宣传到位，成为家喻户晓的品牌，所以，谁都与它看齐，谁都关注它的发展。这样，顾客自然就不会少。所以，营销手段是否足够吸引人眼球，的确是值得企业认真研究的。

在进行网络营销的时候，企业应该充分考虑网络特点，结合产品特点，进行网络营销推广，保证营销的成功。为了保证营销推广的成功，企业需要注意以下一些问题。

1. 亲自参与活动

有经验的网络营销都有这样的体会，仅仅策划网络营销计划还不够，营销人员还要亲自参与到活动中，通过亲身体验，通过与顾客实现互动，才能更真切地体会到营销策划中哪些还不完善，哪些地方需要更改等。千万不要怕浪费时间，在运作过程中多花些时间，为今后企业进行网络营销的策划提供宝贵的经验。

在与顾客进行互动时，可以通过个性化的E-mail、欢迎信等与顾客建立良好的互动关系。

2. 重视记录顾客资料

一次营销活动的结束并不意味着与顾客联系的终结，网络销售需要与顾客建立长期的互动关系，如此才能保证拥有足够多的忠实顾客。所以，企业要注意积累顾客资料，经常与其沟通，了解其需求变化，以便为其制订个性化的服务，留住顾客，避免顾客流失。

3. 进行互动式营销

网络营销与传统营销活动的最明显区别就是网络的互动性。企业可以随时随地与顾客进行互动式交流，而顾客也可以采用一种新的方式与企业进行互动交流。这种交流应该是双向的而非单向的。

因为互动式营销需要顾客主动寻找信息，所以企业要在顾客选购前先树立自己的品牌形象，有了品牌，顾客就会自动搜寻产品，而企业就可以更为主动地与顾客沟通交流；并且商家在线服务要随时快速地解答顾客的疑问，不要让顾客等待太长时间，否则，很容易让顾客反感，阻碍了其以后交流的主动性。

4. 进行软文营销

也就是发布一些宣传产品的广告语，或者在论坛里发表一些推荐语，还有就是通过邮件发送一些产品目录给目标顾客，等等。通过这些软文对产品的介绍，用事实进行宣传，要比企业进行空口宣传更有效果。现在软文广告比较多，营销人员要考虑设计更能吸引人的软文进行营销，传播上更有针对性地进行营销，效果会更好。

如果企业在推广过程中，能够保证在以上四方面都做得比较好，那么，企业在网络推广营销方面就做得很成功了。

第24章　国际营销给企业带来机遇和挑战

国际营销的机遇和挑战

【科特勒微语录】

国际市场营销要比国内市场营销具有更大、更多的差异性、复杂性和风险性。

——科特勒《营销管理》

【活学活用】

20世纪90年代，国际上就形成了全球营销观念，该理念要求跨国企业把国家市场看成一个小市场，把具有相似需求的潜在顾客群体归入全球细分市场中，在企业的需要和国家的允许下，企业就可以实施全球营销战略。中国自从加入WTO后，与国际市场的交流越来越频繁，为了能够跟上世界经济的发展，中国企业也迫切需要学习全球营销战略，力求将自己的产品打入国际市场，并成为世界知名企业。随着市场的开放，中国也有一些企业走出国门，成功进行了国际营销，在国外站稳了脚跟，比如，海尔就是最典型的代表。

海尔的国际化战略目标是不仅仅要把产品出口到国外，还要让产品逐渐成为当地认可的产品，并在当地建设连锁店，在当地设计，为当地顾客服务，最后成为当地的名牌。海尔认真践行这个目标，最终成功实现了目标。

海尔在进入国际市场时，主要以产品出口的方式，通过产品在国外销售，逐渐让国外顾客认同海尔产品和品牌。在走出去的战略中，其没有和其他知名电商那样，先包围发展中国家，再进军发达国家。海尔采用的是先进入发达国家，然后再覆盖发展中国家的先难后易策略。

为了让产品真正扎根当地市场，海尔在当地投资，将产品生产基地部分转移到国外，实现当地设计、当地生产的模式。先后在十多个国家建立自己的海外工厂。同时，在欧洲也实现了当地设计、当地制造、当地销售。

海尔依据“当地融资、当地融智、当地融文化，创本土化的世界名牌”的方针，充分利用当地资源，生产世界级的品牌和本土化的产品，成功实现品牌本土化策略，将产品与当地的文化、生活习惯紧密联系在一起。

产品以质量取胜，出口先难后易，生产坚持本土化，海外销售形成网络化，产品定价遵循国际标准。正是依据这样的标准，企业一步步地实现本土化的营销策略，以及高质量的产品，让海尔得到了世界顾客的认可。海尔成功塑造了国际化形象，成为世界知名企业。

海尔走向国际化的道路说明外面的世界很大，企业的发展空间不仅仅是国内市场，还有广阔的国外市场。企业要有信心走出国门，走向世界。

虽然走向国际化的道路很诱惑人，但是，企业也应该看到它的挑战性，走向国际化并非一朝一夕的事情，也并非出去就能成功。国际化营销之路还面临很多阻碍。因为国家和国家之间的风土民情、风俗文化、语言、法律法规、社会制度等方面都存在着大大小小的差异，自己的营销策略是否会得到当地顾客的认可，自己的营销策略是否会触犯当地的规章制度和某些禁忌，这些都要全面考虑。另外，企业参与国际市场竞争，还要面临巨额外债、边界转移、不稳定政府、外汇问题、关税和贸易壁垒、贪污腐败和技术剽窃等风险。比如，国内政治的不稳定性、政策的不连续性、社会动乱及暴乱、国界纠纷、战争威胁以及本国与目标国之间出现摩擦等，都会给国际营销战略带去危险。就中国在叙利亚的企业来说，这次叙利亚战争就导致中国企业损失惨重。

还比如，法律风险。进行国际营销的企业处在不同的法律环境中，当有些法律法规发生变化时，原先使用的营销策略现在被禁止，企业发展就会出现危机，如果不能及时处理，就可能出现企业危机。

在外汇方面，由于各个国家之间货币的汇率不同，如果其他国家汇率发生变化，也会给企业带去不小的影响。

企业在看到希望的同时也要看到挑战。国际化营销是大势所趋，未来必将有很多企业走国际化营销道路，所以，要提前做好准备，考虑全面，一步步走向国际化道路。

国际营销要了解当地消费特点

【科特勒微语录】

某些产品必须不断地改变，以适应多样化的市场需求。

——科特勒《跟科特勒学营销》

【活学活用】

适应目标市场的顾客需求特点，是从事国际营销活动的企业产品策略上的主导方向。各国家的顾客对产品的认识和用途是与其所在国的各种环境尤其是社会文化状况密切相关的，对产品每一层次的不同需求，是随着营销环境的变化而变化的。产品的某一层次在一种营销环境中可能是重要的，而在另一种营销环境下则可能不重要，故销往国际市场的产品要适应各国营销环境的要求。

日本丰田在进入美国市场之初，其汽车空间比较小，这对于拥有高大身材的美国人来说，乘坐这种小型车非常难受，因此销售不佳。后来，丰田进行了认真的调查，针对美国市场的特点，及时改进了产品。其将轿车内部装修得精致典雅，有舒适的坐椅，柔色的玻璃，发动机的功率和性能比大众汽车企业提高一倍，汽车扶手的长度和腿部活动的空间都是按美国人的身材设计的。如此调整，大大满足了美国大众顾客的需求，一经推出，很快成为热销轿车，迅速占领了美国市场。

可见，在一些特殊情况下，有些因素会迫使企业或吸引企业去改变出口产品。为了适应国际市场对产品进行改变，也分为强制性改变和非强制性改变两种。像丰田为了适应国外市场主动调整产品，以便提高市场占有率属于非强制性改变。还有一些国家为了保护本国顾客的利益，维护已有的商业习惯，会对进口产品制定出一些特殊的法律、规则或要求，有些是永久性的，有些则是临时性的。通常非强制性改变具有更大的弹性，可以说，因非强制性的因素而改变产品是企业从事国际市场营销成败的关键。

通常非强制性产品改变主要基于以下四个原因。

1. 文化的适应性改变

文化是影响顾客对产品的认知和购买行为的重要因素。处于不同文化环境中的顾客，对产品的需求差异主要体现在价值观、道德规范、行为准则、宗教信仰、消费偏好以及使用模式等方面。国际目标市场的顾客是否接受新产品和新行为方式的主要障碍既非收入水平，也非由于自然环境的差异，而在于产品所面对的目标市场的文化模式。

2. 各国顾客的收入水平

收入水平的高低在很大程度上影响顾客对产品效用、功能、质量、包装及品牌等的要求。

3. 顾客的不同偏好

各国顾客的不同偏好主要是由社会文化和习惯所决定的。由于文化影响而产生的顾客偏好的差异主要体现在对产品的外观、包装、商标、品牌名称及使用模式等方面，而很少体现在产品的物理或机械性方面。对一个以市场营销为导向的企业来说，当涉及产品的外观样式、味道、包装、颜色图案和文字时，入乡随俗是必要的。

4. 国外市场的教育水平

国外市场的教育水平也是促使企业改变其产品的非强制性因素。发达国家的顾客平均受过10年以上的正规教育，而且生长在一个高度商业化、工业化和技术化的社会中，他们文化水平高，易于识别、掌握和使用技术复杂的产品。而在一些贫穷落后的国家中，顾客受教育的程度有限，甚至许多是文盲，他们难以掌握和使用技术复杂的产品。

总之，在进入国际市场的时候，企业要以满足当地顾客需求为主要目标展开营销策略，并根据当地消费环境的变化而适时调整产品，以便实现产品本土化，让更多国外顾客认可产品。

国际市场渠道推广差异化策略

【科特勒微语录】

虽然企业参与国外市场竞争会面临很大风险，但是，作为在全球行业中销售产品的企业，除经营国际化外别无选择。

——科特勒《营销管理》

【活学活用】

企业在进行全球营销时，要根据各个国家的发展情况来酌情考虑营销策略，要考虑当地的市场情况。营销渠道是企业的产品流向顾客的主要渠道。企业对其管理水平的高低和控制能力的大小，反映了企业在该国的市场占有率，是衡量企业经营效率、竞争力和经营安全的重要标准。

2003年，中国本土手机品牌以较低的价格、渠道渗透力强、市场反应快速等优势迅速发展。诺基亚和其他国外品牌所采用的总代理制已经无法再适应当前市场，为了弥补各原有渠道策略的不足，诺基亚着手对渠道进行了具有中国特色的改革，在保留原有的全国代理制的基础上，采取了省级经销制，同时还对零售终端进行了集体整顿。

1. 从总代理制到省级经销制

2000年之前，诺基亚等国外品牌手机占据中国市场主导地位，他们的销售渠道主要是找一家或几家全国总代理，通过总代理向全国市场铺货。手机主要覆盖一级城市，利润都比较高。但是，国内的二三级市场更大，国内手机迅速占领二三级市场。到了2002年，诺基亚开始在各省寻找分销商，在全国范围建立了一个大的销售网络。

2. 从代理制到直供制

2003年，手机专业连锁店成为手机销售的主要渠道。诺基亚也开始试验直销模式，最后，诺基亚直接向各大卖场铺货，诺基亚的产品覆盖又有了一个大的进步。

3. 混合渠道模式

2004年，诺基亚又根据市场发展，开始了新一轮的渠道变革，随着全国总代理的成功转型和省级代理商数目的增多，诺基亚可以通过他们的相互配合，渗透到以前很少能够到达的二三级甚至农村市场。后来又逐渐渗透到发展三级城市以下的地区。

诺基亚根据中国市场的发展变化情况，有效地改变了销售渠道，从而保证了在中国市场的高占有率，但是，诺基亚在其他国家的市场扩展，并非如中国这样，它要根据当地市场的特点，采取差异化的营销策略，如此才能让产品适应当地人的消费习惯，取得良好的销售效果。

虽然在产品营销方面采取差异化策略能够使企业成功地在各地发展，但有些企业也会针对不同国家中相似的目标市场统一开发一项业务来满足其共同要求。

总之，国际化营销策略需要根据企业自身情况来酌情采取相应措施。当然，无论企业在各地怎样调整自己的营销活动，但其所有的营销活动一定都服务于企业的整体战略目标，有时候，对一个外国市场的取舍，不仅只是根据它自身的赢利潜力，而更多的是考虑其在实现企业整体目标过程中所起的作用和所处的地位。

国际市场的定价策略

【科特勒微语录】

跨国企业在国际市场上推销产品时，必须处理好价格方面面临的问题。

——科特勒《跟科特勒学营销》

【活学活用】

价格是市场营销组合的一个重要因素。产品价格的高低，直接决定着企业的收益水平，也影响到产品在国际市场上的竞争力。国内定价原本就很复杂，当产品销往国际市场时，运费、关税、汇率波动、政治形势等因素更增加了国际定价的难度。所以，企业必须花大力气研究确定国际营销中的定价策略。

面对不同的国外市场，企业的定价目标不可能完全一样。有些企业将国内市场作为主导市场，而将国外市场看做国内市场的延伸和补充，因此针对国外市场往往会采用比较保守的定价策略。另外一些企业将国际市场看得和国内市场一样重要，甚至把国内市场当做国际市场的一部分，这类企业采取的定价策略往往是进取型的。企业针对各个国外市场设定的不同目标，对定价策略也有很大影响。在迅速发展的国外市场上，企业可能更注重市场占有率的增长而暂时降低对利润的要求，采取低价渗透策略。而在低速发展的国外市场上，企业可能更多地考虑投资的回收，而采用高价策略。与当地厂商合资的企业，在定价上除了考虑自己本身的目标外，还必须考虑合作伙伴的要求。

2006年，联想在全美10个城市发布了Lenovo品牌的低价笔记本和台式机。美国《商业周刊》分析认为，基于当前在美国市场的颓势，联想此举可以为自己树立品牌，为跻身巨头俱乐部做准备。此外，Thinkpad和Lenovo品牌在高低端两个市场双管齐下，可以填补IBM长期忽略的中小企业和消费市场。

在联想收购IBM的PC业务的半年内，联想将总部搬到了美国纽约州的温彻斯特县（离IBM总部不远），留住了关键的IBM高层，在美国用IBM Thinkpad的品牌推出了几款新的PC。

2006年2月23日，该企业推出了一系列面向顾客和中小企业的低价PC。虽然联想在中国主导了这些市场，但在美国，面向顾客和中小企业的销售却相对薄弱，这也是IBM一直专注于大企业顾客遗留下的问题。

在美国市场，联想的份额仅为4.2%，和戴尔的30.5%以及惠普的19%都相差甚远。此外，联想的微弱份额在2005年第四季度还处于萎缩中。所以，尽管联想进一步稳固了在中国的优势，但正如J.P.摩根香港分析师Johnny Chan在其报告中所说的那样，美国和其他海外市场的挫折使其实际赢利出乎财经人士的意料。

为了改变这种局面，作为中国低价笔记本电脑领先者的联想决定放手一搏：向顾客和中小企业销售全新设计的低成本笔记本电脑和台式机。比如，新的笔记本最便宜仅卖600美元。这些产品将使用长期合作伙伴AMD的处理器，而不是价格更高的英特尔。

联想为了扩大市场占有率，采取低价销售笔记本策略，可见，定价策略对企业的战略发展起到重大作用。但无论出于什么目的，无论是定高价还是定低价，企业都要研究成本问题，这是定价的基础，只有了解了成本核算，才能进一步做定价。那么，在国际营销市场中，该怎样进行成本核算呢？

国际营销与国内营销某些相同的成本项目对于两者的重要性可能差异很大。比如，运费、保险费、包装费等在国际营销成本中占有较大比重，而另外一些成本项目则是国际营销所特有的，如关税、报关、文件处理等。现在就将对国际营销具有特殊意义的成本项目分别进行说明。

1. 关税

关税是当货物从一国进入另一国时所缴纳的费用，它是一种特殊形式的税收。关税是国际贸易最普遍的特点之一，它对进出口货物的价格有直接的影响。征收关税可以增加政府的财政收入，而且可以保护本国市场。关税额一般用关税率来表示，可以按从量、从价或混合方式征收。事实上，产品缴纳的进口签证费、配额管理费等其他管理费用也是一个很大的数额，成为实际上的另一种关税。此外，各国还可能征收交易税、增值税和零售税等，这些税收也会影响产品的最终售价。不过，这些税收一般并不仅仅针对进口产品。

2. 中间商与运输成本

各个国家的市场分销体系与结构存在很大的差别。在有些国家，企业可以利用比较直接的渠道把产品供应给目标市场，中间商负担的储运、促销等营销职能的成本也比较低。而在另外一些国家，由于缺乏有效的分销系统，中间商进行货物分销时必须负担较高的成本。

出口产品成本还包括运输费用，全部运输成本占出口产品价格的15%左右。可见，运输费用是构成出口价格的重要因素。

3. 风险成本

在国际营销实践中，风险成本主要包括融资、通货膨胀及汇率风险。由于货款收付等手续需要比较长的时间，因而增加了融资、通货膨胀以及汇率波动等方面的风险。此外，为了减少买卖双方的风险及交易障碍，经常需要有银行信用的介入，这也会增加费用负担。这些因素在国际营销定价中均应予以考虑。

通过对以上成本的核算，企业在成本基础上再根据不同战略目标和当地消费情况，作出合理的价格，才能顺利实现战略目标。

选择合适的国际市场准入模式

【科特勒微语录】

当企业决定要进入外国市场时，需要确定进入该国市场的最佳方式。

——科特勒《营销管理》

【活学活用】

企业进入国际市场的方式有很多种，比如，出口、投资或者契约等方式。不同的进入方式直接影响企业在目标市场上获得的利益和发展战略。所以，基于企业不同的发展需要，企业要慎重选择一个合适的进入方式，这样企业在未来的发展才会更加顺利，离目标更近。

目前，中国海外投资大多以合资为主，进入方式以创建为主，收购为辅。这种局面必须改变，在市场进入策略上应实施全部股权和多股权为主的战略。在发达国家应以收购为主，因为中国企业规模较发达国家小得多，优势较少，若在发达国家创建子企业，很难与发达国家的大型企业进行竞争。相反，在发展中国家应采用以创建为主的战略。中国企业相对于一些发展中国家的企业来说，整体实力相对较强，在发展中国家市场中具有竞争优势，所以投资时，应以创建为主。当然，随着中国企业进军国际市场的步伐加快，未来进入的方式还会更多样。下面就介绍一些进入方式以供企业选择，具体来说，进军国外主要有出口进入模式、契约进入模式、直接投资进入模式这三大模式。

1. 出口进入模式

这种进入国际市场的方式是最为简单的。通常在出口进入国际市场时，企业都要在国内或国外寻找中间商，帮助产品出口。这种模式又分为直接出口和间接出口两种。

直接出口就是不在国内寻找中间商，企业直接进入某国市场，或者直接到某国市场找中间商出口产品。这种出口方式需要企业自己去做好目标市场调查，寻找买主，联系分销商，准备海关文件，安排运输和保险等事宜。如果没有足够的实力和能力，特别是对于刚刚进入国际市场的企业来说，最好还是寻找国内有经验的中间商来完成，这样能够更顺利地进入，避免因为自己对国外市场不熟悉而出现出口障碍。

间接出口就是在国内寻找中间商，让中间商将产品销往国外，这种方式在不增加出口成本的前提下，风险小，并且不会对目前销售利润造成影响。

2. 契约进入模式

契约进入模式是指企业与目标国家的法人单位保持长时期的非股权联系，企业向目标国家法人转让技术或技能。这种模式又包括以下两类：

（1）合同制造进入方式。这种方式是指企业向外国企业提供零部件，由外国企业组装，或向外国企业提供详细规格标准由其仿制，企业自身保留营销的一种方式。这种方式让企业摆脱了繁琐的制作过程，能够集中营销环节，同时，还可以在一定程度上降低制作成本，所以这种方式是一种有效的进入国际市场的方式。

在中国一些制造业中，很多都是帮助国外的大企业代加工，如诺基亚等企业在中国进行产品组装，因为中国劳动力价格低廉，降低了诺基亚的制作成本，提高了其利润。

（2）许可证进入方式。这种方式是指企业在一定时期内向国外法人单位转让其工业产权（如专利、商标、配方等无形资产）的使用权，以获得提成或其他补偿。

这种进入方式成本低，并且还可以绕过进口壁垒。比如，当出口因为关税的上升而不再赢利，或配额制限制出口数量时，企业可以利用许可证进入方式。当目标国家货币长期贬值时，企业也可以将自己的出口方式转向许可证进入方式，规避出口风险。

（3）特许经营进入方式。这种模式是指企业把商业制度和其他产权诸如专利、商标、包装、产品配方、企业名称、技术诀窍和管理服务等无形资产特许给独立的企业或个人（特许方）。被特许方用特许方的无形资产投入经营，遵循特许方制定的方针和程序。被特许方要向特许方支付初始费用，以及定期支付给特许方一定的销售利润作为报酬。这种进入方式也降低了企业进入风险，保证了一定的稳定利润回流。

（4）管理合同进入方式。管理合同是指具有管理优势的国际企业经由合同安排委派其他管理人员到另一国的某个企业承当经营管理任务，并获取一定的管理费。管理合同实际上是一种国际性的管理技术贸易。这种合同上的管理权，可以用于管理某个企业的全部经营活动，也可以只是管理该企业的某一部分经营活动或某项职能，如生产或营销。无论管理范围是大是小，承担管理责任的国际企业都不能享有所有权，它得到的只是合同所规定的管理费，该管理费可以是固定数额，也可以根据销售摊分或是在固定数额之外再加上分红。

（5）交钥匙承包进入方式。这种模式是指企业通过与外国企业签订合同并完成某个大型项目，然后把该项目交付给对方的方式进入外国市场。在这里，企业的责任主要包括项目设计、建造，在交付项目之后提供服务，如提供管理和培训工人，为对方经营该项目做各方面的准备。

这种方式不仅仅发生在企业之间，还常发生在企业与外国政府之间，其中有许多是一些大型公共基础设施项目，如医院、公路、码头等。

3. 直接投资进入模式

这种模式是指企业直接购买外国当地企业的股权或自己直接投资当地并设厂。这种投资模式也分两种形式。

（1）合资经营。就是企业与当地的企业共同合作组建企业，共同经营，共同分享股权及管理权，共担风险。合资方式可以是收购当地企业的部分股权，也可以是当地企业购买企业的部分股权，也可以是双方共同出资建立新的企业，共同承担风险，分享利润，共同负责管理运营。

（2）独资经营。这种方式是企业直接投资在当地建厂，并进行产销活动或者直接收购当地企业来实现的。独资经营并不是指拥有企业100%的所有权，主要指拥有完全的管理权和控制权，一般只需拥有90%左右的产权即可实现独资经营。

可见，进军国际市场并非遥不可及，它只是为企业提供了一个新的市场，企业可以根据自身情况灵活使用进入模式，让自己顺利进军国际市场，赢得一定利润，扩大发展空间。